融合共生

现代产业人才培养创新与实践研究

魏萍 孔原 周海燕 廖海 编著

河海大学出版社
HOHAI UNIVERSITY PRESS

·南京·

图书在版编目(CIP)数据

融合共生：现代产业人才培养创新与实践研究 / 魏萍等编著. -- 南京：河海大学出版社，2021.12
 ISBN 978-7-5630-7418-1

Ⅰ. ①融… Ⅱ. ①魏… Ⅲ. ①职业教育－产学合作－人才培养－研究－中国 Ⅳ. ①G719.2

中国版本图书馆 CIP 数据核字(2021)第 276416 号

书　　名	融合共生：现代产业人才培养创新与实践研究 RONGHE GONGSHENG：XIANDAI CHANYE RENCAI PEIYANG CHUANGXIN YU SHIJIAN YANJIU
书　　号	ISBN 978-7-5630-7418-1
责任编辑	齐　岩
特约编辑	余　迪
特约校对	储亚梅　余智忠
装帧设计	红骑士设计
出版发行	河海大学出版社
地　　址	南京市西康路 1 号(邮编：210098)
电　　话	(025)83737852(总编室) (025)83722833(营销部)
经　　销	江苏省新华发行集团有限公司
排　　版	南京布克文化发展有限公司
印　　刷	南京迅驰彩色印刷有限公司
开　　本	718 毫米×1000 毫米　1/16
印　　张	17.25
字　　数	328 千字
版　　次	2021 年 12 月第 1 版
印　　次	2021 年 12 月第 1 次印刷
定　　价	80.00 元

产教融合培养现代产业人才的指路明灯

阙明坤

目前,我国正处于百年未有之大变局的深度调整期、百年未遇之大疫情持续影响期和"两个一百年"奋斗目标的历史交汇期。长期以来,我国人才培养供给侧和产业需求侧在结构、质量、水平上还不能完全适应,仍然存在"两张皮"现象,大学生"就业难"与企业"招工难"并存。在此背景下,深化产教融合、校企合作,是促进教育链、人才链与产业链、创新链有机衔接,推进人力资源供给侧结构性改革,加快我国职业教育高质量发展的迫切要求和重要举措。当前,行业企业参与办学的程度还不高,职业院校与行业企业之间的沟通交流偏少,教学内容与产业存在脱节现象,校企协同育人的良性格局还未形成,教育和产业统筹融合不够,职业教育对经济发展和产业升级的贡献度有待提高。

问题是时代的声音,也是创新的起点。只有聆听时代的声音,回应时代的呼唤,才能真正解决重大问题,推动理论创新。正是立足于这一宏大历史背景,由高等教育管理专家、管理学博士、硕士生导师魏萍研究员领衔专业团队撰写的《融合共生:现代产业人才培养创新与实践研究》一书应运而生,该书瞄准时代问题,聚焦教育痛点,回应社会关切,贡献解决方案,以宏阔的视野、理性的思维、丰富的资料、深入的分析,书写了现代产业人才培养的创新之路,描绘了一幅新时代现代产业人才培养的画卷,阐释了现代产业人才培养的理论基础、模式创新、平台建设、师资队伍、体系构建、案例分析,读来令人耳目一新。毋庸置疑,这是一本指引职业教育界和产业界进一步创新高职院校产教融合模式、培养高素质现代产业人才、指导职业教育高质量发展的重要理论读物,犹如产教融合培养现代产业人才的指路明灯。

概言之,本书具有以下三大特点:

一是理论框架具有创新性。

恩格斯说:"一个民族要想站在科学的最高峰,就一刻也不能没有理论思维。"本书概念清晰、理念先进,切中产教深度融合的核心问题。本书巧妙引入共生理论,对于加强产教深度融合具有重要理论价值。"共生"(symbiosis)最早源于生物学界,后来共生理论逐步移植运用到社会、经济、管理学等多个领域。共生理论包括共生单元、共生模式和共生环境三个方面内容。通过对比研究国内外高等职业教育融合共生人才培养模式,结合人才学、管理学、教育学等理论基础,创新融合共生理论,提出融合共生培养现代产业人才的改革思路。在产教融合共生体中,政府、行业协会、企业、学校等主体共同参与了人才培养,政府起到政策引领和宏观统筹的作用,行业协会起到组织协调和资源配置作用,高职院校负责人才培养和提供社会服务,企业发挥协同培养和消化人才的作用,各个主体各司其职,通过合理分工、资源共享和优势互补达到持续性共生共存的状态。

本书率先提出"校企协同价值"理论,顺应了数字时代对企业管理和教育改革提出的新要求,即更加注重组织内外的协同、共生,而非仅仅追求专业分工,从而推动行业、企业与学校多元主体在价值预期、价值创造、价值评估等多方面的协同发展。通过理事会管理制度设立、校企合作期望管理等,形成有效协同价值预期;通过校企产学研目标嵌套与衔接,形成有效协同价值创造;通过数字技术显性化过程管理,形成有效协同价值评价。从组织共生视角,创新形成"基于认同、共生相依"的产教融合生态,为产业人才培养持续赋能,切实推动解决制约产教深度融合的痛点难点,这些系统思考实现了理论上的突破,形成了集成创新。

二是研究内容具有指导性。

"求木之长者,必固其根本;欲流之远者,必浚其泉源。"本书紧贴实际、操作性强,围绕高职院校现代产业人才培养的痛点、难点、堵点问题进行鞭辟入里的分析,对于教育行政管理者、高校领导、中层干部、一线教师均有指导意义。随着制造业智能化、数字化、高端化发展趋势,面向现代产业发展需求的专业教学组织难度持续加大,高职院校教学方式与生产过程脱节问题突出,对此,本书提出了许多真知灼见。例如,聚焦产业链人才需求设置专业集群,匹配产业变革,满足高技术技能人才培养,根据专业群建设目的,专业群组群坚持"三相三共"原则,"三相"指学科基础相通、职业岗位相关、技术领域相近,"三共"即教学资源共享、基础课程共用、教师队伍共育。高等教育改革改到深处是课程,改到痛处是教师。职业教育内涵建设的关键环节与核心内容就是课程建设,如何推进课堂教学理念变革,变"教学课堂"为"育人课堂",变旧"三中心"为新"三中心",变"有界课堂"为"无界课堂",构建模块化课程,改变传统按照学科知识授课的传统模式,依据职业能力知识、技术聚类情况,基于职业工作场景和现实问题解决,重构课程化模块,诸如此类,本书均有深入思考。

特别是针对集成电路产业人才培养过程中的实际问题,本书深入探究江苏信息职业技术学院的成功案例,对学校多年来推动产教深度融合、强化产业人才供给的成功经验进行总结和提炼,对应用型高校推动产教深度融合、提升现代产业人才培养质量具有实践指导意义。地处无锡的江苏信息职业技术学院则是我国电子信息领域人才培养的重要基地,很早就依托华晶电子集团开设微电子技术专业,是国内最早开设该专业的高职院校。在办学过程中,学校始终注重保持与行业企业的紧密联系,协同江苏省半导体行业协会、华润微电子等行业领军企业,在建设项目基础上,结合产业学院、职教集团联盟等产教融合平台建设、微电子技术国家级教学资源库、国家在线开放课程、省级教学改革重点课题等重大项目,主动创新多主体协同价值理论,对接产业链贯通建设专业集群,开展跨专业融合变革资源配置方式,积极进行了集成电路产业人才培养的教学改革创新与实践,形成了一套促进产教融合共生的人才培养体系。

三是研究视野具有跨界性。

著名教育家、我国近现代职业教育的开拓者黄炎培先生提出"大职业教育主义"理念,他提出:"只从职业学校做工夫,不能发达职业教育;只从教育界做工夫,不能发达职业教育;只从农、工、商职业界做工夫,不能发达职业教育。"职业教育是跨界的教育,与行业企业产业联系紧密,因此,职业院校不能故步自封,不能关起门来办学,必须与社会各界广泛合作联系。

本书作者深谙职业教育办学之道,因此在研究视野上从一开始就体现出鲜明的开拓性、跨界性,充分运用管理学、经济学、教育学、社会学、法学等多学科知识,将职业院校现代产业人才培养放置在经济建设、政治建设、文化建设、社会建设、生态建设"五位一体"的总体布局之下,这样更有利于对职业院校产教融合、人才培养进行全方位、立体式、多角度考察。譬如,本书专门有一章针对集成电路产业人才培养研究的专题分析,集成电路是信息产业的基础与核心,是支撑国家经济社会发展和保障国家安全的战略性、基础性和先导性产业。作为多学科交叉融合的产业,集成电路产业需要跨学科人才、高素质技术技能型人才,培养集成电路产业人才也需要拓宽视野,政行校企多方发力,共建共享,形成合力。目前整个产业发展仍处于重要攻坚发展期,需要进一步加大集成电路人才资源供给,解决"卡脖子"技术难题,时代背景和产业特征都促使在集成电路产业人才培养中推动产教深度融合的必要性愈发凸显。本书既有经济社会发展方面的宏观研究,又有产业企业方面的中观研究,还有职业院校层面的微观研究,研究视野宽广,理念思路前瞻,无论是对于职业教育界,还是对于产业界,本书均有启示借鉴意义,读者一定会从中获益良多。

"道虽迩,不行不至;事虽小,不为不成。"高职院校在现代产业人才培养方面不断实践探索,逐步形成了行之有效的模式,如何进一步总结好典型经验、发挥示范效应是摆在职业院校管理者和相关领域研究者面前的一项重要课题,还需要更多学校和研究者深入探索。前不久,《中华人民共和国职业教育法》进行了颁布施行以来的首次大修,进一步明确了应发挥企业的重要办学主体作用,推动企业深度参与职业教育,对企业深度参与产教融合,明确了一系列奖励政策,这在很大程度上破解了企业参与职业教育内驱力不足、相关政策保障不到位的问题,这也为产教融合培养现代产业人才注入了新的动力。希望本书能为职业院校深化产教融合、培养现代产业人才提供助力,期待我国职业院校走出一条特色化高质量办学之路。

(作者系浙江大学国家制度研究院特约研究员、江苏省黄炎培职业教育思想研究院研究员、浙江大学教育学院博士后)

目 录

第一章 绪论 ··· 001
  第一节 研究背景与意义 ··· 003
    一、研究背景 ·· 003
    二、研究意义 ·· 005
  第二节 研究综述 ··· 006
    一、概念界定 ·· 006
    二、国内外职业教育融合共生人才培养研究现状 ············· 007
    三、国内外职业教育融合共生人才培养模式与实践 ········· 010
    四、研究内容 ·· 015
  第三节 研究方法与创新点 ·· 023
    一、研究方法 ·· 023
    二、研究创新点 ··· 023

第二章 研究基础与理论创新 ··· 025
  第一节 理论研究基础 ·· 027
    一、人才学理论与现代产业人才培养 ···························· 027
    二、管理学理论与产教融合要素配置 ···························· 030
    三、教育学理论与人才培养模式改革 ···························· 038
  第二节 融合共生与现代产业人才培养 ····························· 044
    一、融合共生，多主体协同育人的意义 ························· 044
    二、融合共生校企合作育人的内涵 ································ 048

三、融合共生与现代产业人才培养的基本观点 ······ 053

第三章 现代产业人才培养模式创新 ······ 059
第一节 多主体协同产教融合平台建设 ······ 061
一、新时期产教融合平台建设面临的挑战 ······ 061
二、产教融合平台治理机制创新 ······ 066
三、产教融合平台建设探索 ······ 070
第二节 基于产教融合的教师团队建设 ······ 079
一、新时期高职院校教师团队建设面临的挑战 ······ 079
二、产教融合型教师团队建设目标定位 ······ 084
三、产教融合型教师团队建设创新形式 ······ 086
第三节 现代产业人才培养体系重构 ······ 088
一、新时期现代产业人才培养面临的挑战 ······ 088
二、产业链贯通构建专业集群 ······ 092
三、跨专业融合实施课堂革命 ······ 097

第四章 平台建设与管理 ······ 103
第一节 平台的作用 ······ 105
一、产教融合平台的战略作用 ······ 105
二、产教融合平台的共生作用 ······ 107
第二节 平台的建设 ······ 109
一、产教融合平台的建设类型 ······ 109
二、产教融合平台的建设困境 ······ 129
三、产教融合平台的建设路径 ······ 132
第三节 平台的管理机制 ······ 135
一、平台管理模式——以产业学院建设为例 ······ 135
二、平台的"六共"运行机制——以产业学院建设为例 ······ 137
三、平台的考核评价机制——以产业学院建设为例 ······ 138

第五章 高职院校师资队伍建设 ······ 141
第一节 高职院校师资队伍建设的目的和意义 ······ 143
一、国家战略性新兴产业发展对高水平师资队伍建设提出外在要求 ······ 143

二、行业变革企业转型对高水平师资队伍建设提出协同要求 ········· 144
　　三、职业教育高质量发展对高水平师资队伍建设提出创新要求 ····· 145
　　四、教师职业生涯发展对高水平师资队伍建设提出变革要求 ······· 145
　第二节　高职院校师资队伍建设的途径和方法 ·················· 146
　　一、高职院校"双师型"教师队伍建设的研究基础 ················· 147
　　二、高职院校师资队伍建设现状 ······························· 148
　　三、加强师德师风建设是打造高水平师资队伍的首要任务 ········· 149
　　四、创新"双轮驱动"协同引培运行机制 ························ 150
　　五、构建政行企校多元协作共同体模式 ························ 151
　第三节　高水平师资队伍建设举措 ······························ 152
　　一、加强师德师风建设 ······································· 152
　　二、创新"双轮驱动"协同培育运行机制 ························ 153
　　三、创新教师管理机制,激发师资队伍创新潜力 ················· 160

第六章　现代产业人才培养体系建设 ································ 163
　第一节　服务现代产业发展的专业集群建设 ······················ 165
　　一、新经济时代的现代产业发展 ······························· 165
　　二、现代产业发展与高技术技能人才培养 ······················ 174
　第二节　基于产业链贯通推进专业集群建设 ······················ 179
　　一、高水平特色专业集群构建 ································· 179
　　二、专业群课程体系重构 ····································· 191
　第三节　基于跨专业融合实施课堂教学革命 ······················ 197
　　一、课堂教学革命路径探索 ··································· 197
　　二、课堂教学方法创新 ······································· 202
　　三、课堂教学资源建设 ······································· 208

第七章　集成电路产业学院实施方案研究 ···························· 215
　第一节　集成电路产业人才培养现状 ···························· 217
　　一、集成电路产业人才培养面临的挑战 ························ 217
　　二、集成电路产业人才需求结构分析 ·························· 220
　　三、集成电路产业学院建设的意义 ···························· 221
　第二节　集成电路产业学院运营模式及组织架构 ················· 222
　　一、集成电路产业学院运营模式 ······························ 222

二、集成电路产业学院组织架构 ·· 223
　　三、集成电路产业学院建设内容与考核评价 ······························ 225
　第三节　集成电路产业学院人才培养体系建设及其支撑条件 ········ 227
　　一、集成电路产业学院人才培养体系建设方案 ·························· 227
　　二、集成电路产业学院人才培养支撑条件 ································ 231
　第四节　集成电路产业学院人才培养综合改革方案研究 ············· 234
　　一、集成电路产业学院"三全五育"创新研究 ·························· 234
　　二、构建集成电路产业人才培养"立交桥" ····························· 240
　　三、集成电路产业学院课程体系研究 ······································ 243

附：2022级集成电路技术专业人才培养方案 ······························· 251

参考文献 ·· 261

后记 ··· 265

第一章

绪论

第一节　研究背景与意义

一、研究背景

近年来,产教融合已成为"政行企校"等各方的工作重心之一,国家为此连续出台了一系列纲领性文件推进产教融合改革。1991年《国务院关于大力发展职业技术教育的决定》首次正式出现"产教结合"表述,2014年《国务院关于加快发展现代职业教育的决定》提出"产教融合、特色办学",2017年《国务院办公厅关于深化产教融合的若干意见》指出"深化产教融合,促进教育链、人才链与产业链、创新链有机衔接",2019年《国家职业教育改革实施方案》强调"促进产教融合校企'双元'育人",2019年《国家产教融合建设试点实施方案》提出"深化产教融合是推动教育优先发展、人才引领发展、产业创新发展的战略性举措",2021年《关于推动现代职业教育高质量发展的意见》提出"坚持产教融合、校企合作,推动形成产教良性互动、校企优势互补的发展格局"。在"政行企校"等各方的合力推动下,产教融合已初见成效,但在科技竞争日益激烈与产业对应用型人才迫切渴求的大环境下,产教融合又不断被赋予新的内涵和使命。新时代要强化产教融合内涵建设,要在不断探索中直面改革难点,找到可持续深入的实施路径,真正实现"政行企校"共生共荣。

(一)时代背景:集成电路产业发展是助力经济高质量发展的重要保障

集成电路产业是国民经济和社会发展的战略性、基础性和先导性产业,地位十分重要。近年来,党中央、国务院高度重视集成电路产业发展,出台了一系列政策措施,支持和引导产业健康发展。在相关政策的支持推动下,我国集成电路产业发展势头向好,技术水平大幅提升,企业加速成长壮大。2019年,我国集成电路销售收入7 562亿元,同比增长15.8%,已成为全球集成电路发展增速最快的地区之一。

随着全球电子信息产业的快速发展,全球集成电路产业一直呈现持续增长的势头。全球集成电路产业链正在发生深刻变化,我国集成电路产业迎来了新的挑战和机遇,面临着全面提升创新能力、优化产业链结构的需求,我国集成电路产业将进入高质量发展的攻坚阶段,增长速度也远远高于全球增长速度。我国主要城市对集成电路产业的发展较为重视,各地区在龙头企业的引领下,加速集成电路产业布局,国家更是大力推动政策,为集成电路产业发展提供强有力的保障,助力整个国民经济的高质量发展。

(二)教育背景:产教融合校企合作是提升职业教育适应性的必由之路

《中华人民共和国国民经济和社会发展第十四个五年规划和2035年远景目标纲要》提出,展望2035年,我国要基本实现新型工业化、信息化、城镇化、农业现代化,建成现代化经济体系。目前,国家经济结构转型不断提速,校企合作产教融合发展成为产业体系发展的一个新趋势与新动力,也是促进经济社会协调发展的重要举措。随着经济的转型升级以及由此带来的经济发展方式的转变,迫切需要为社会培养大批适应发展方式转变与经济结构调整所需要的高素质应用型人才,更好地实现服务经济转型和社会发展。深化产教融合,促进教育链、人才链与产业链、创新链有机衔接,是推动教育优先发展、人才引领发展、产业创新发展、经济高质量发展相互贯通、相互协同、相互促进的战略性举措。

2021年的两会、全国职业教育大会和"十四五"规划中都提出要"增强职业教育适应性"。增强职业教育适应性,职业院校必须要了解企业需求,以深化产教融合、校企合作为突破口,以目标和问题为导向,瞄准科技变革和产业优化升级,促进教育链、人才链、产业链和创新链"四链"有机衔接。目前产教融合已经关系到高等职业教育是否能顺利改革发展,已引起社会各界高度关注,并一致认可产教融合的重要性,但是职业学校与企业的合作协同度还不够,职业学校往往"一头热",企业和行业协会参与积极性不高,有的课程缺乏灵活性和前沿性,产教分离现象较为明显。校企应增进资源共享,从深度和广度上持续提升校企合作能级,构建校企共同体。校企合作产教融合是增强职业教育适应性的必由之路。

(三)人才背景:多主体协同是高职院校现代产业人才培养的重要途径

党的十九届五中全会审议通过的《中共中央关于制定国民经济和社会发展第十四个五年规划和二〇三五年远景目标的建议》指出:"坚持把发展经济着力点放在实体经济上,坚定不移建设制造强国、质量强国、网络强国、数字中国,推进产业基础高级化、产业链现代化,提高经济质量效益和核心竞争力""提升企业技术创新能力,推动产学研深度融合",将校企合作产教融合的内涵与使命提至更高的层次。规划与目标的实现,需要培养一大批与之相适应的高层次技术技能人才。这些高层次技术技能人才培养的理念要与社会经济转型与经济高质量发展的趋势相吻合,人才培养的技术要与企业的创新发展需求相一致,人才掌握的技能要与企业生产岗位要求紧密对接。在这样的背景下,高职院校必须不断创新、突破需求,改革原有育人方式,整合"政行企校"各方资源、拓展人才培养模式,通过对学生理论水平、专业技能、实践能力、职业素养的培养,实现高层次技术技能人才的培养,以适应和胜任未来职业成长的需要。

二、研究意义

(一)理论价值:用现代治理理论解析和指导职业教育创新培养现代产业人才

融合共生要求多元主体共同遵守一个制度规则且有序行动,经过博弈、竞争、调适,从而达到最终平衡。保持平等的伙伴关系,有助于各主体在合作博弈中相互调适目标、增进信任、提升利益。概言之,没有一个决策主体可以控制过程中所有的决策单元,多元主体间的协商、合作、确立,并认同共同目标才能有效实施管理。现代治理理论可以使相互冲突的或不同的利益得以调和并且持续采取联合行动。校企合作涉及政府、学校、教师、学生、企业等多个主体,借鉴现代治理理念,必将有助于对校企合作办学的内涵与本质作出新的阐释,具有重要的理论价值。

(二)实践价值:推进现代职教体系建设,提出校企合作产教融合育人模式和实现路径

深化产教融合,加快校企合作是当前高职院校发展与变革的必经之路,也是高职院校发展中遇到的难点之一,而现代产业人才培养是产教深度融合的新途径,是推进产教深度融合的实践探索,产业学院的育人模式为产教融合的顺利实施提供了良好路径。2017年以来,国务院办公厅的《关于深化产教融合的若干意见》、国务院的《国家职业教育改革实施方案》等一系列重大文件都密集出台,充分体现出国家加快发展高质量职业教育的决心。

随着《国务院关于加快发展现代职业教育的决定》和《现代职业教育体系建设规划》两大重磅文件的颁布，我国初步完成现代职业教育体系的顶层设计工作。然而，从实践层面看，现代职业教育体系长期存在的一系列问题并未得到有效解决。为系统提高我国职业教育体系现代化水平，彰显职业教育的类型特征，《国家职业教育改革实施方案》针对当前现代职业教育体系建设存在的突出问题，做出针对性部署，为深入推进职业教育内涵式发展，进一步办好新时代职业教育指明了方向。

第二节　研究综述

一、概念界定

（一）融合共生

融合：是指产教融合，是职业学校根据所设专业，积极开办专业产业，把产业与教学密切结合，相互支持，相互促进，把学校办成集人才培养、科学研究、科技服务于一体的产业性经营实体，形成学校与企业浑然一体的办学模式。产教融合是产业与教育的深度合作，是院校为提高其人才培养质量而与行业企业开展的深度合作。

产教融合的基础是"产"，即必须以真实的产品生产为前提，在这样的基础和氛围中进行专业实践教学，学生才能学到真本领，教师才能教出真水平。"产"必须与教学紧密融合，其目的是"教"，在产教融合比较成熟的情况下，再逐步向"产、学、研"发展。

共生：是指两种不同生物之间所形成的紧密互利关系，凡是发生频繁密切接触的不同物种间的关系都属于共生关系。共生实际是一种聚族群居，是一种生存状态的最优化倾向，向群性质随着进化阶段越来越高，共生联合更像有意识的理智化现象。如家庭联合、群体联合、国家联合等。共生属性是人类的本质属性，在共生关系中，一方为另一方提供有利于生存的帮助，同时也获得对方的帮助。产教融合、校企合作就是一种典型的共生关系。

（二）现代产业

现代产业是指相对传统产业而言，是指具有比较显著的现代元素产业，主要是工业化进程比较健康的各种产业，如信息技术、新能源、新材料、生物技术等重要领域和前沿方向的革命性突破和交叉融合的产业。现代产业是以智慧经济（含数字经济）为主导、大健康产业为核心、现代农业为基础、通过五大产业（农业、工业、服务业、信息业、知识业）的融合实现产业升级经济高质量发展的产业形态。

现代产业的特征是创新引领、要素协同、链条完整、竞争力强。现代经济是建立在现代产业体系基础上，坚持创新发展、促进要素协同、培育完善生态、提高产业发展质量和国际竞争力，实现实体经济、科技创新、现代金融、人力资源协同发展。

二、国内外职业教育融合共生人才培养研究现状

融合共生人才培养本质上就是产教融合、校企合作中"多主体协同育人"的问题。深化产教融合，加快校企合作是当前高职院校发展与变革的必经之路，也是高职院校发展中遇到的难点之一，而融合共生人才培养是产教深度融合的新发展阶段，是推进产教深度融合的实践探索，为产教融合的顺利实施提供了良好路径。

（一）国外职业教育融合共生人才培养研究现状

日本的职业教育处于亚洲领先地位，开展产教融合、校企合作历史悠久，也是世界上最早提出和创建产业大学的国家。20世纪60年代以来，日本学习借鉴美国社区学院、德国双元制学院办学体制，通过地方政府牵头、龙头企业引领、产学研合作办学，几乎在全国所有中等以上城市都举办了产业大学（学院）。

英国教育就业部于1998年开始策划和酝酿产业大学，2000年正式运营，其主要功能是提高企业特别是中小型企业的生产力和竞争力。

其他发达国家更是进行了大量的校企合作实践，在有关理论的指导下，纷纷探索出了很多卓有成效的校企合作教育模式，最具代表性的有德国的"双元制"、美国的"合作教育"、澳大利亚的"新学徒制"、英国的"三明治"、加拿大的"指导部"等模式。例如：

1. 德国"双元制"模式。这种模式主要是指专业理论与技术技能培训以及教材均采用两种内容,学生具有两种身份。德国产教融合的"双元制"模式是德国教育模式的标榜,这一模式培养了具有超高技艺的技术工人,提高了德国制造业在全世界的知名度,为德国经济的发展作出了巨大贡献。

2. 澳大利亚"新学徒制"模式。这种模式开设的学徒培训课程为在校大学生提供了多样化的培训途径,并且开设成人在职培训课程,为社会上的年轻人提供培训。

尽管各个国家校企合作育人模式不一样,但都对技术人才培养产生了重要作用,有效突破了教育和产业的界限,实现教育和产业的深度融合,为后来产业学院的快速发展奠定了坚实的基础。

(二)国内职业教育融合共生人才培养研究现状

笔者通过浏览中国知网(CNKI)发现,近年来,特别是2013至2021年,有关职业教育融合共生人才培养研究成果集中在校企合作中"多主体协同育人",更多的是对产业学院的研究,以"协同育人"和"产业学院"为关键词进行搜索,共有215篇高质量论文,这些研究主要有以下特征:

1. 研究论题集中。专题研究了多主体协同育人与本科教学、中职教学、高职教学等理论和实践基本命题,探讨了产教融合协同育人背景下高职院校产业学院发展存在的问题,分析了产教融合多主体协同育人建设路径,为高职院校破解产教融合困境提供参考。2021年,陕西国防工业职业技术学院的李俊涛、潘文宏在《产教融合背景下高水平产业学院建设与发展路径——以陕西国防工业职业技术学院FANUC产业学院建设为例》一文中认为,深化校企合作与产教协同育人,共建现代产业学院是解决人才培养供给侧与产业需求侧不匹配问题的创新之举。创新"1+1+N"多元参与共建现代产业学院模式,探索理事会领导下的院长负责制,形成"需求对接、技术共享、信息互通、过程共管、协同育人"的产业学院民主集中管理新模式,与产业龙头企业深度合作,促进产业学院"政府主导、军企合作、行业指导、企业参与、学校主体"的多方共建。基于FANUC产业学院建设培训中心、技术应用中心、产教协同创新中心,打造校企命运共同体,创新形成"政军行企校"紧密结合的办学新格局。常州信息职业技术学院的周建美在《"双高计划"背景下高职院校校企协同育人模式探索》文中认为,高职院校为应对社会产业结构的调整对高职学生的综合实践能力提出了更高要求,结合学生的未来发展需求,以"双高计划"为指导纲要探索校企协同育人模式,对于高校、学生、企业的整体发展都有着积极的意义。该文还对模式改革的机制与具体构建途径进行了论述与分析。

2. 学理阐释深厚。系统论述了多主体协同育人的理论发展,研究了多主体协同育人的基本范畴,总结了多主体协同育人的发展,2021年,闽江学院新华都商学院的林萍在《应用型地方高校产业学院建设的模式、困境和对策》中认为,依托产业学院推动产教融合,创新产教协同育人机制,成为当前应用型地方高校教育改革发展的方向和重点,文章提出了产业学院建设"五共同"推进模式,分析了产业学院建设改革的现实困境,并提出保障措施。南京江宁高等职业技术学校的王军在《新工科背景下"双元五共"校企协同育人的研究》中指出,为了应对新一轮产业变革,职业学校要与企业协同育人,共享资源,共建课程、实训平台,引企入校,订单培养,构建校企协同育人机制,创建产业学院,产教深度融合,打造校企命运共同体。广西工业职业技术学院的陶权、黄熙彤在《智能制造专业群产教融合校企合作构建协同育人融合发展机制研究与实践》一文中认为,要以高水平专业群建设为平台,以产业学院建设和推广现代学徒制为载体,深化产教融合校企合作运行机制的研究和实践,强化高水平专业群内涵建设,依托支柱企业联合开展高素质技术技能人才培养。

3. 实践取向鲜明。重点研讨了多主体协同育人模式,探讨了产业学院的实践,解析了产业学院发展中的部分问题,探究了产业学院中多主体协同育人模式创新的可能性。2022年,广州工商学院管理学院的邹剑峰在《新时代本科教育背景下民办应用型院校校企协同育人研究——以广州工商学院为例》中介绍了在新时代本科教育背景下广州工商学院在校企融合协同育人中的有效实践与探索,以及在实践过程中发现的问题,提出了要强化教师服务区域经济能力、开展"3+1"人才培养模式试点、成立产业学院联合培养人才以及与学院周边的成规模企业合作共建人才培养基地等具体措施。另外,《三螺旋理论下现代产业学院协同创新:困境根源、逻辑机理与实践路径》的作者——深圳信息职业技术学院的邓志新提出了具有代表性的学术观点。

产业学院建设在多主体协同育人实践方面的研究也比较多。在探索现代产业学院建设,深入推进产教融合发展的过程中,高校和当地龙头骨干企业共建产业学院,可操作性较强。以中山职业技术学院为代表的高职院校,探索出了将专业办到产业园区的高职教育模式,与专业镇共建产业学院,校企共育人才,成果不俗。

目前,高等职业教育人才培养过程中,多主体协同育人存在的问题仍然比较多。比如产业资源投入与人才培养过程衔接问题,因为现代产业的生产设备昂贵、生产环境要求高,人才培养费用高,这就存在"资源融入难"问题;人才培养规格与产业需求不匹配问题,因为现代产业的技术难度大,学生学习畏难情绪高,这就存在"产业对接难"问题;教学项目方式与生产过程脱节问题,因为现代产业涉及多个学科专业,所需知识和技能比较多样,这就存在"实践教学难"问题。这三个问题也是多年来困扰高职院校现代产业相关专业人才培养的难题,是高职院校现代产业人才培养改革中亟待解决的重要问题。

因此,国内职业教育融合共生人才培养的研究有待深入开展:一是多选取宏观视域解答重大现实和理论问题,需集中研究多主体协同的育人模式;二是多选用现实视角总结产教融合协同育人规律;三是多选取工作规律的梳理,需深化研究多主体协同育人模式的实证研究。

三、国内外职业教育融合共生人才培养模式与实践

融合共生人才培养模式是一种学校与产业深度合作,为提高人才培养质量而形成的学校与企业浑然一体的产教融合办学模式,它对高校人才培养模式的改革和产教融合方式的多样化提出了更高要求。

(一)国外职业教育融合共生人才培养模式与实践

1. 美国"合作教育"培养模式。1906年,美国辛辛那提大学教务处处长将教学学期分为理论学期和工作学期,形成了工学结合的人才培养模式。学生将理论知识应用于实际工作,又将工作中遇到的难题带回课堂,既提升技能,又可以获得报酬,充分实现理论与实践相结合,取得很好的教学效果。这种"合作教育"培养模式经过不同类型学校的发展,逐渐产生多样化的合作培养模式,如社区学院和专科学院模式:依旧采用工学交替的培养模式,培养计划一般为2.5年或3年。本科四年制合作教育模式:将学生的实习时间安排至假期或业余时间并逐年累计,从而确保学生在提高实践经验的同时能够按时毕业。五年制本科合作教育模式:将实践技能培养时间集中安排在本科理论培养结束之后,毕业时间要延长一年。研究生合作教育培养模式:与本科生合作教育培养模式类似,只是实践能力的培养内容更加强调探索性和研究性工作,更侧重学生的学术水平培养。

2. 德国"双元制"培养模式。德国产教融合培养模式常常被誉为产教融

合的典范,其中"双元制"人才培养模式最具代表性。"双元"体现在双重教育主体、双重受教者身份和双重学习场所。德国"双元制"培养模式的成功推行不仅依靠学校和企业,政府对产教融合模式的推行也发挥了关键作用。为了确保学校和产业融合的深度和持久度,德国政府在2005年颁布《职业教育法》,将产教融合纳入法律规定。此外,德国从政府,到各州、基层成立了自上而下的促进产教融合的"职业教育委员会",负责组织、协调企业和学校之间的合作,促进产教融合的良性运行。

3. 英国"工学交替"培养模式。英国"工学交替"培养模式又称为"三明治"培养模式,是一种按照"理论—实践—理论"的培养顺序,将教学与工业设计、研究、实验等实践环节融为一体的培养模式。常见的方式有两种,一种是"1+2+1""1+3+1"的模式,即学生先参加企业岗位工作1年,之后在校学习2或3年,最后再回到企业工作实践1年;另一种是"2+1+1"模式,即学生在校学习2年理论知识后去企业实践1年,使理论在实践中得到检验,实践结束后带着工作中发现的问题再次回到学校补充学习1年。学生通过这种理论与实践的深度融合,既获得了扎实的理论知识,也提高了自身的专业技能和创新能力。英国政府以立法形式推动企业全程参与教学实施过程并设立职业教育专项经费保障产教融合的持续开展,企业在人才培养过程中,不只是提供实践教学岗位和场地,还加入学校管理团队,参与学校评估、参与职业资格标准设定等,校企双方融合度较高。

4. 日本"产学官"合作培养模式。日本产教融合人才培养模式最大的特点便是政府在产学合作过程中的引导和推动作用。日本政府不单是鼓励产学研合作,还采取一系列措施搭建企业与学校交流的平台,并开发各种商业计划以创造机会促成产教合作。日本政府在产教融合过程中合理利用了自身的行政优势,顺利推动了产教融合的开展,同时又充分发挥服务者的作用,为产教融合提供有效保障。"产学官"合作模式包括:共同研究、委托研究、委托研究员制度、企业捐赠制度、设立共同研究中心、建立科学园区、日本学术振兴会等。此外,在日本"产学官"合作培养模式中,企业依然占据主体地位,体现在企业的需求决定了学校的专业设置和学术研究内容,企业为学生提供就业机会的同时也为学校的研究提供资金支持,使得学校的培养定位与企业人才需求高度匹配。

(二)国内职业教育融合共生人才培养模式与实践

1. 订单培养人才定制。学生入学就有工作,毕业就是就业,实现招生与招工同步、教学与生产同步、实习与就业联体。学生由学校选拔的学生和企业招收的员工组成,教育的实施由企业与学校共同完成,培训和考试内容源于企业的需要,开设为本企业所需的专业技能和实习课程,企业在具体的职业培训中发挥着更为重要的作用。

根据企业需要进行短期的技能培训,培训完后,经公司组织考核合格,就可按合同上岗就业。这种合作针对性强,突出了职业技能培训的灵活性和开放性,培养的学生适应性强,就业率高,就业稳定性好。这种合作模式的不足之处是,学校很被动,培养多少人、什么时候培养,完全根据企业需要,学校没有主动权。这是一种初级的合作模式。

案例 江苏信息职业技术学院与 SK 海力士半导体展开"订单式"人才培养十五年

自 2006 年以来,江苏信息职业技术学院微电子学院与 SK 海力士半导体(中国)有限公司合作已有十五年,校企双方共同为集成电路产业培养了一批又一批的优秀毕业生,实现了学校、企业和学生的共赢。订单班的学生利用这个平台锻炼自己、提升自己,培养创新能力,成为企业所需的懂专业、精技能、高素质的优秀人才。双方合作十五年来所取得的成绩,在订单班、人才培养、专业建设、教学与技术交流、实习基地建设、教学资源建设等方面都取得了新的突破。

2. 工学交替、学训轮动。这类合作模式的实施方式大致采取了如下两种:A. 工读轮换制——把同专业同年级的学生分为两半,一半在学校上课,一半去企业劳动或接受实际培训,按学期或学季轮换;B. 全日劳动、工余上课制——学生在企业被全日雇佣,顶班劳动,利用工余进行学习,通过讲课、讨论等方式把学习和劳动的内容联系起来,学生在学校学习系统的课程,到企业去进行技能提升训练。

案例 江苏信息职业技术学院与红豆集团举办企业新型学徒制培训班

红豆集团与学校合作举办企业新型学徒制缝纫工(服装制作工)(中级)培训班。企业新型学徒制是按照政府引导、企业为主、院校参与的原则,在企业全面推行以"招工即招生、入企即入校、企校双师联合培养"为主要内容的企业青年技能人才培养制度。学校除了人才培养的功能外,还肩负着社会服务的功能,学校将充分利用学校专业的师资、实验实训平台等资源认真组织培训工作,努力服务提升学员岗位技能,为无锡区域经济转型升级和高质量发展作出贡献,该项目也被列入无锡市第二批企业新型学徒制培训计划。

3. 引企入校、产学研创。将企业引进学校,也就是将企业的一部分生产线建在校园内,就可以在校内实行"理论学习"和"顶岗实训"相结合的办学模式。这种模式既可以解决企业场地不足的问题,同时也解决了学校实习实训设备不足的问题,真正做到企业与学校资源共享,获得"产学研"相结合的多赢途径。

案例 江苏信息职业技术学院与GF加工方案共同构建智能制造基地

瑞士GF加工方案是全球精密机床制造领域的标杆企业,为客户提供用于工模具制造及精密零件加工的机床、自动化解决方案及服务。

2019年5月,江苏信息职业技术学院GF加工方案智能制造基地正式启用。瑞士GF加工方案负责提供实习基地、设备、原料,企业参与学校的教学计划制订,并指派专业人员参与学校的专业教学,促进校企双方互聘。企业工程师走进学校给学生授课,同时学校教师给企业员工培训,提高员工的素质。通过校企双方的互聘,使学生在教学中获得技能训练的过程,既是提高专业技能的过程,也是为企业生产产品、创造价值的过程,既解决了实训材料费紧缺的矛盾,又练就了学生过硬的本领。

校企双方强强联合,积极深化教育教学和人才培养模式改革,不断提高人才培养质量,为制造业转型升级提供"苏信能量",为我国智能制造人才培养提供强大动力。

4. 产业学院、命运同体。产业学院是指职业院校根据产业开设专业,以专业人才培养服务产业,达到产业和教育教学相互支持、相互促进的集人才培养、科学研究、产业服务于一体的一种办学模式,是高职院校利用自身的办学资源,结合企业的产业资源、行业经验等,实现校企深度合作,为学生提供创新创业机会的平台。产业学院作为高职院校和企业共建的二级学院,具备企业和学院双重主体,在人才培养供给侧改革中,可以迅速破解高职院校和企业由于信息不对称等原因造成的人才供求不平衡的状态,将新发展的理念落到实处,以人才培养引领产业转型升级,以产业转型升级推动高职院校教育教学改革。主要特征:一是多元主体共建产业学院。产业学院可以由产业集聚地、政府、企业、高职院校等进行资金投入,所以存在多元化的办学主体。校企双方共同管理,配备互兼的师资队伍,制定学生管理条例等一系列措施保障运行。二是共同制定人才培养体系。产业学院由合作双方根据产业发展构建与产业链对接的人才培养体系。校企双方共同成立管理机构,在专业调研的基础上制订人才培养方案,在人才培养方案的实施过程中进行过程监控。三是共建"产学研创"一体化平台。产业学院校企双方在产学合作的基础上,利用各自的资源优势,共建"产学研创联盟"。一方面,对产学合作模式、存在问题等进行研究并提出解决对策,以此促进产业发展和创新;加强产学建设研究,以研究成果推动产业学院建设。另一方面,学生通过产学合作形式,理论和实践相结合,提高专业技能,以此推动学生创新创业。

案例　合纵连横创新机制　政行企校共建无锡集成电路产业学院

江苏信息职业技术学院坚持以习近平新时代中国特色社会主义思想为指导,按照部省共建整体打造苏锡常都市圈职教发展样板等文件要求,强化党建引领,以立德树人为根本,以产教融合为主线,紧紧围绕江苏省"产业强链"三年行动计划,聚焦为江苏打造自主可控集成电路产业体系的新发展要求,合纵连横创新机制,"政行企校"共同组建无锡集成电路产业学院。

无锡集成电路产业学院是江苏省高职院校唯一一所政府主导建设的现代产业学院,在江苏省教育厅、江苏省工业和信息化厅和无锡市政府的共同支持下,学校联合20余家行业内的企业和高校共同建设,紧密围绕无锡集成电路发展战略,探索校企协同育人模式改革,培养适应现代产业发展的高素质技术技能人才。该产业学院未来计划每年培养1 000名以上的专科生,300到500名本科生,50名左右的研究生,为无锡集成电路产业提供适用的人才储备。

无锡集成电路产业学院主动融入苏锡常都市圈一体化发展和太湖湾科创带建设,积极对接区域集成电路产业链各关键环节,着力打造微电子技术、物联网应用技术等特色优势专业,推动专业集群式发展,构建基于产业发展和创新需求的实践教学和实训实习环境,推进实践主导的教学模式改革,人才培养质量显著提高,有效推进了纵向贯通、横向融通、校企联通的现代职业教育和培训体系建设,为江苏职业教育改革创新和高质量发展提供了"苏信"经验。

1. 创新产教融合机制,探索现代产业学院建设模式。江苏信息职业技术学院紧扣苏锡常都市圈产业强市战略需求，面向江苏省、无锡市重点发展产业，依托学校电子信息专业特色优势，突破传统路径依赖，深化人才培养供给侧结构性改革，发挥政府导向作用，以融合共生理念有效协同"行业、企业、学校"多元主体，探索产业学院理事会治理模式，建设科学高效、保障有力的制度体系，形成共建、共享、共融的多元治理格局，实现教育链、创新链、产业链、人才链的深度融合。

2. 对接产业强链计划，推进集成电路专业集群发展。学校主动对接江苏"产业强链"计划，持续推进优势专业群校企共建计划，依托无锡集成电路产业学院，建设形成以集成电路生产制造为主轴、以服务应用和配套支撑为双核、"多主体协同、产业链贯通、跨专业融合"的集成电路专业集群发展格局，打造了具有苏信特色、对接区域高端产业链的优势专业链。

3. 校企产教深度融合，实施"三教"改革推进课堂革命。学校以无锡集成电路产业学院为"三教"改革的示范引领区，全面推进结构化师资团队改革，创新"互聘双职"跨界组建"固定岗＋流动岗"的高水平双师队伍。全力推进新型教材改革，跟踪集成电路产业"新技术、新工艺、新规范"，构建教材建设培育梯队，加大校企合作开发教材和研发工作手册式、活页式、融媒体等新形态教材建设力度。全员推进教学方法改革，实施具有苏信特色的"胡格教学模式"改革，深入开展项目教学、模块化教学、情境教学探索，打造课证融合、赛教融合、专创融合、专技融合、育训融合的高质量"金课"，推进课堂教学革命。

无锡集成电路产业学院建设获得江苏省教育厅和无锡市委、市政府的大力支持，促进人才供给侧和产业发展需求侧结构型改革，实现各要素的全方位深度融合，树立了苏锡常都市圈职业教育高质量发展的"苏信样板"。在江苏省职业教育大会上，学校面向集成电路产业培养高素质技术技能人才的创新做法受到江苏省分管领导的高度肯定。

四、研究内容

（一）研究思路

研究团队从融合共生视角，以现代产业人才培养模式的创新与实践研究为主题，将理论研究与实证分析相结合，先从文献研究中分析比较国内外高等职业教育融合共生人才培养模式的异同,结合人才学、管理学、教育学等理论基础,分析现代产业人才培养的可行性和创新性;再通过实地走访、调研掌握第一手国内高职院校的人才培养现状资料,剖析现代产业人才培养的困境与不足,提出现代产业人才培养模式改革创新方案,进行现代人才培养体系的重构;最后以江苏省某高职院校为例进行实证研究,从融合共生的平台建设与管理、师资建设与管理、现代产业人才培养体系建设、人才培育与文化融合四个方面来进行实践验证,并展示该高职院校在实践探索中取得的一系列成果成效。

研究团队致力于寻找出现代产业人才培养模式的规律性,最终探索出融合共生视角下现代产业人才培养的创新模式,并在高职院校中加以实践和完善。具体技术路线如图1-1所示:

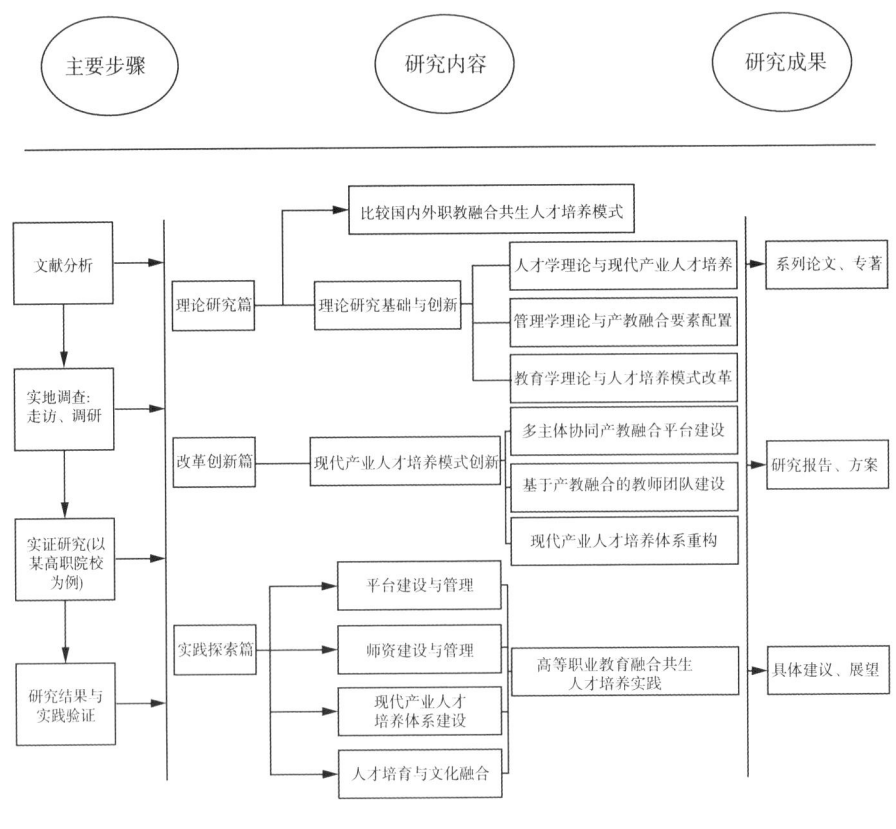

图1-1 研究技术路线图

（二）研究内容

1. 创新融合共生理论，提出融合共生培养现代产业人才改革思路

通过对比研究国内外高等职业教育融合共生人才培养模式，结合人才学、管理学、教育学等理论基础，分析现代产业人才培养的可行性和创新性。

人才是衡量一个国家综合国力的重要指标，我国高技术技能人才缺口巨大，职业教育存在与产业结合不够紧密、校企合作不够深入、体系不够完善、社会认可度不高等问题。"政行企校"多主体融合共生培育产业人才能够在人才培养、社会服务、技术研发等方面实现高效的协同，将高技术技能人才的培养与产业需求精准对接，为培养产业人才、优化资源配置、促进新技术发展、实现可持续发展提供有力支撑。

对此，研究团队在对人才学、管理学和教育学理论展开研究的基础上，创新提出了融合共生培养现代产业人才的基本观点。

一方面，面对我国高技术技能人才缺口大、人才结构失衡的现状，提出人才学视角下现代产业人才培养的发展方向；面对现代职业教育与产业脱节、校企合作不够深入等问题，提出管理学视角下提升产教资源配置效率的基本路径；针对"知行合一"高技术技能人才的培养瓶颈，提出教育学视角下实践主导的人才培养模式的改革路径。

另一方面，针对高职院校组织管理中存在的人才培养目标跟不上发展需求、人才培养各方的权责利不明确以及人才培养组织间的协同效应不明显等问题，研究团队提出"政行企校"应当基于共生理论，打造校企合作命运共同体和产教融合共生生态，实现多元共治共享和去中心化治理，将产教融合从机制耦合深化为要素匹配。首先，共生型组织应当具备互为主体的共生信仰，为了应对复杂多变的环境，应从单一的线性协同模式转向跨组织的多维协同模式；其次，应当树立以人为本的人才培养理念，打造能力本位的课程体系，落实协同育人的教学过程；最后，由于数字化时代下组织效率的提升主要来自外部的合作而不是分工，因此要将现代产业人才培养作为校企合作命运共同体的利益结合点，促进高职院校与价值网络其他成员之间的资源互补，推动高职院校与价值网络其他成员之间建立责任共同体并进行文化的融合。

2. 基于融合共生视角，创新现代产业人才培养改革模式

现代产业转型升级对技术技能人才培养提出了较高要求，如何适应数字经济时代对创新型、复合型人才培养的需求，需要从产教融合机制、高水平师资队伍、现代产业人才培养体系这三个最为重要的核心要素出发，进行改革

创新。

第一,构建以资源为纽带、以利益为动机、以价值创造为核心协同共生的产教融合平台,是提升现代产业人才培养质量的关键问题。对此,本章在深度分析新时代产教融合平台建设面临的共享问题、机制问题和运营问题的基础上,创新提出了基于共生理念的平台创建举措,探索了现代学徒制、产教联盟和产业学院建设的具体路径方法。

第二,新时代大规模复杂制造趋势下,专业人才培养迫切需要建设一支结构合理、专兼结合的高水平双师队伍。对此,本章在深度分析新时期师资队伍建设的师资跨界融合问题、专业能力跃迁问题和有效教学输出问题的基础上,提出了产教融合型双师团队建设体制机制。

第三,现有技术技能人才培养体系存在专业建设与产业发展脱节、培养规格与岗位需求脱节和专业教学实践与生产实践脱节等问题。对此,研究团队指出对应现代产业人才培养需求,重点要做好专业集群建设。一方面通过规模化整合资源加快提升职业教育适应性,将专业群建设与高职院校现代组织治理体系和治理能力提升有效结合,优化内部资源组织配置和组织激励方式,加快课程开发、师资队伍建设,提高职业教育投入产出效度。另一方面通过专业链与产业链的深度协同,面向高端产业和产业高端,将专业群建设主动融入服务国家战略、新兴产业、区域传统优势产业转型升级,围绕产业链设置专业集群,根据产业需求进行专业设置,结合产业特点开展人才培养,提高职业教育社会贡献度。

与此同时,围绕课堂教学这个人才培养的最终落脚点,研究团队还就课堂理念、课堂教学组织、教材教法改革在实施层面进行深入分析,探讨跨专业融合实施课堂革命的路径方法。

3. 贯彻融合共生理念,探索现代产业人才培养的改革路径

(1) 产教融合平台的建设与管理

现代产业人才培养离不开产教融合创新平台,只有在产教融合平台上,才能为校企合作多元主体提供融合共生的土壤,才有可能培养出更高质量的现代产业人才。

从产教融合平台作用来看,一是具有战略作用,产教融合平台是职业教育改革的战略手段。职业教育产教融合平台是指通过政府主导、学校主动、行业企业积极参与,把专业、人才与产业发展统一起来,实现人才和资源的充分共享,共同搭建协同育人环境。产教融合平台也是提升职业教育核心竞争力的基石,通过高水平的产教融合平台建设,促进资源和信息的共享以及人

员的交流与合作,与地方的产业集群进行无缝连接,推动职业教育发展。产教融合平台还是区域经济发展的助推器,产教融合平台建设在区域经济创新方面发挥着重要作用。二是具有共生作用,产教融合平台是校企协同育人的最优选择。校企合作平台建设既是高校深化教育教学改革所必需的,是高校培养高素质人才的重要保证,也是企业推动生产发展、提升经济效益所必需的。产教融合平台也是协同育人不可或缺的重要载体,校企必须共同合作搭建一系列协同育人平台,为校企协同育人提供有力的支撑,实现校企双方在信息、智力、设备、技术等方面的优势互补,使人才培养质量切实得到提高。产教融合平台更是校企协同育人不可替代的重要途径。校企双方主体依托搭建的产教融合平台,拓宽产教融合交流渠道,制定开放式人才培养方案,从而提高学校、企业双方的积极性。

产教融合平台的类型可以分为产教融合实训基地、教育教学平台、教科研团队、科研及社会服务平台、产业学院和职教集团(产教联盟)等。高职产教融合平台是高职院校、行业企业、政府等多方利益主体融合的产物,不同主体具有不同的组织性质和利益诉求。平台的主体分别为高职院校、行业企业和政府。根据不同主体之间的需求,在资源、人员、技术、管理、文化等多个方面进行实质性深度融合,建设不同类型的产教融合平台载体。首先是具有辐射引领作用的高水平、专业化产教融合实训基地;其次是多主体协同开展关键核心技术人才培养、科技创新和学科专业建设的教育教学平台、教科研团队、科研及社会服务平台,共建高水平师资队伍;最后,在所有产教融合平台中,目前最高层级的平台是产业学院和职教集团(产教联盟)。

研究还分析了产教融合平台的建设困境和建设路径,以江苏信息职业技术学院产业学院建设为例,分享了产教融合平台的管理机制。

一是平台管理模式。在产业学院成立初期,首先,应建立产业学院管理机构及运行机制,制定产业学院相关管理制度,形成产业学院工作标准和规范,校企双方共同成立的决策管理机构——理事会,共同成立执行机构——建设委员会,共同组建指导机构——专家指导委员会。其次,制订产业学院的发展规划,对几年来校企合作的成果及经验教训进行研究,形成产业学院的发展模式。最后,定期会商合作事项,形成分工负责、良性互动、资源共享的运行机制。

二是平台的"六共"运行机制。共建基地,校企双方共建真实生产环境的教学实训平台和实践基地,打造教学、科研与服务一体化的综合基地;共担职责,校企双方共同履行对产业学院的管理职能,校企分工明确,协同管理,对专业建设的过程进行质控和管理,保障校企合作的规范化运行、规范化管理;共育人才,校企双方共同探讨并制定专业(群)人才培养方案,构建课程体系,对产业学院学生实施联合培养、培训,为合作的一流企业及其产业培养具备良好的职业素养、扎实的专业知识和过硬的专业技术的高质量技术技能人才;共培师资,校企双方互聘互认师资队伍,企业知名专家、资深工程师与学校专业教师共同组成混编师资团队,实现了双方的"身份互认、角色互通";共融文化,校企建立学校文化和企业文化融合、沟通机制,使产业文化进教育、企业文化进校园、职业文化进课堂,共同弘扬工匠精神;共享利益,校企双方共同建设产业学院,共同投入产业学院所需软硬件,在合作协议中明确双方的投入及利益分配,保障双方依法依规开展合作,互惠互利、相互促进、共同发展,合作共赢。

三是考核评价机制。产业学院的考核评价采用年度绩效评价,年度评价从共组组织管理机构、共建高水平专业(群)、共同开发教学资源、共培共组师资团队、共育高水平人才、共建实验实训基地、产学研培合作、文化共融等方面全面进行。通过产业学院所在教学单位自评,行业、合作企业和学校等多方专家评价,形成产业学院年度评价分数。

(2)产教融合师资的建设与管理

打造高水平师资队伍从而培养出符合社会需求的高技能人才,是国家战略新兴产业发展对师资队伍建设提出的外在要求,是行业变革企业转型对高水平师资队伍建设提出的协同要求,是职业教育高质量发展对高水平师资队伍提出的创新要求,同时也是教师职业生涯发展对高水平师资队伍提出的变革要求。对此,本章从高职院校师资队伍建设的途径和方法、高水平师资队伍建设举措等方面展开研究。

当下,越来越多的高职院校把师资队伍建设作为学校发展的重要价值取向,高职院校应当围绕立德树人根本任务,将师德师风建设永远放在师资队伍建设的首位,并贯穿于教师职业生涯发展的全过程,通过开展教师节主题教育、开展特色师德建设教育活动、开展师德师风建设大讨论等方式加强师德师风建设。

高职院校应当坚持"双轮驱动",通过高层次引才的共用驱动和青年人才培养的共育驱动,拓展多元化师资引进和梯队培育途径,推进分层分类的评价体系,积极赋能,突出协同增效和优势互补,构建内外跨界、优势互补、紧密协同的良好生态,充分调动和激发成员工作的积极性,加快培育、造就一支高水平师资队伍。创新人才引进机制,拓宽引进渠道、注重柔性引进人才、多渠道多举措引进"名校优生",着力解决"师资短缺"问题。创新教师培养机制,通过教师成长发展工程推动教师队伍高质量发展,搭建科教融合平台,提升实践育人能力,健全目标体系,赋能团队成员,构建学习型、赋能型组织,着力创造"人才成长"条件。

高职院校应当深化产教融合,与政府、行业、企业共引共育,产教深度融合,构建多元协作共同体模式;立足分级培育,制定优秀青年人才培育机制;实行项目管理,实践师资队伍阶梯式培养体系;实施"四化"建设,营造教科研团队协作创新文化。探索建立"互惠互利、多方共赢、协同发展"的师资队伍多元协作共同体模式,突出以人为本,强调教师的职业发展、全面发展和终身发展,基于协同理论进行政产学研命运共同体的构建,突出协同增效和优势互补。

最后,高职院校应当成立"教师教学发展中心",强化人才分类考核,让优秀人才竞相涌出,搭建"人人都是驱动单元的'动车组'"发展模式,激发师资队伍创新潜力。

(3) 现代产业人才培养体系建设

现代产业体系具有创新化、高技术化、服务化、融合化和国际化的特征。随着新一代信息技术与制造业的深度融合,新的生产方式、产业形态和商业模式不断涌现,产业跨界融合成为新的趋势。我国产业转型升级呈现智能化、绿色化、高端化、网络化、个性化、服务化、全球化趋势。

研究团队以江苏省制造业和新一代信息技术产业发展为例,分析了江苏战略新兴产业特别是区域特色主导产业——集成电路产业的发展情况。研究指出,现代产业往往以"链式"集群协同共生的方式发展,产业中的龙头企业以"链主"身份对产业链起着"建链强链"作用,围绕龙头企业上下游配套的核心部件制造企业对产业链起着"补链"作用,围绕制造企业采购、物流运输、客户服务等生产性服务企业对产业链起到"延链"作用。

对应产业链的业态特征,研究团队提出了基于核心专业群"强链"和基于特色专业群"延链"的专业集群建设思路,结合专业集群的组群逻辑和评价方法,研究以集成电路产业为例,从专业集群构建、专业集群课程谱系和课程教学三个层面进行了实证研究。一是按照产业链的集群逻辑,探讨了集成电路核心专业群的构建方法和"补链、延链"部分特色专业群的组群逻辑和建设方法。二是借鉴"产业集群是发展区域经济新的思维方法和发展模式"的思想,从产业和教学两个角度出发,通过梳理产业知识需求谱系,依托产教融合平台,创新"政行企校"多主体有效协同方式方法,精准溯源产业链与专业群的关键要素,围绕岗位群能力结构谱系,从教师、教材、教法等"三教"核心要素出发,研制产教对接谱系。进一步基于企业岗位要求和职业技能等级标准,按照"底层共享、中层模块、高层方向"原则,探索了集群内各专业群课程体系架构,依据"岗课赛证"的融合育人思路,从"模块化、数字化、职场化"三个角度出发,提出了课程建设路径。三是围绕现代产业复合型、创新型人才培养特点,从高职课堂革命的动因出发,分析了课堂革命的目标和路径,进一步聚焦人才培养的"最后一公里"和课堂教学有效性问题,从教材建设、教学方法、教学评价等教学实施层面探索了跨专业融合推进课堂革命的具体方法和措施。

(4) 人才培育与文化融合

集成电路产业的技术突破是实现我国产业升级的关键,我国集成电路产业发展仍处于攻坚期,要突破核心技术瓶颈,增强核心竞争力,需要大批高技术技能人才。

本章以集成电路产业学院为例,从集成电路产业人才培养现状、集成电路产业学院运营模式及组织架构、集成电路产业学院人才培养体系建设及其支撑条件、集成电路产业学院人才培养综合改革方案等角度展开分析。

当下,集成电路产业人才的培养依然存在师生认知度不够、专业跨度大、师资及实训条件不足等问题,在这一背景下,应当建设能够服务产业转型升级、创新学校发展模式、推动人才培养模式改革的集成电路产业学院。集成电路产业学院应当打造平台建设一体化、人才培养一体化、管理一体化的运营模式,搭建集成电路产业学院的组织框架并明确责任划分,形成组织管理机构共组、师资共培、教学资源共同开发、实训基地共建、人才共育、文化共融、产学研共同合作的集成电路产业学院。此外,本章还从集成电路产业人才培养目标与规格、集成电路产业人才培养体系建设思路和内容、集成电路产业人才体系的管理运行机制等方面介绍了集成电路产业学院的人才培养体系建设方案,并从产教融合基地建设、高水平师资队伍建设和科研技术创新服务平台建设三个方面分析了集成电路产业学院人才培养的支撑条件。最后,本章聚焦集成电路产业学院"三全五育"的育人模式,搭建集成电路产业人才培养"立交桥",构建了各个层次的课程体系,分别基于高职院校培养满足集成电路产业一线技术岗位需求的技术技能人才的目标、基于本科院校培养服务集成电路产业的应用型人才的目标、基于高水平综合性大学培养集成电路产业创新型人才的目标,形成"专科-本科-研究生"的集成电路产业人才培养体系。

第三节 研究方法与创新点

一、研究方法

在研究思路上突出"理论研究与实证分析"相结合。在研究方式上以调查研究为主,以文献研究、个案研究等方法为辅。

(一)文献研究法

查阅、分析、整理、研究国内外有关多主体协同育人和产业学院人才培养的大量文献资料。

(二)调查研究法

对江苏省部分高职院校进行了实地调查研究,搜集资料。

(三)实证研究法

对调研数据进行比较分析,了解高职院校融合共生协同育人的现状,发现存在的问题,剖析原因,找出规律性经验。对江苏信息职业技术学院开展的现代产业人才培养模式案例进行实证研究。

二、研究创新点

(一)理论创新:提出了校企协同价值理论

数字时代,管理的效率源于协同而非分工,共生是组织进化的基本逻辑。针对集成电路多专业交叉融合的产业特征以及人才培养资源投入不足等问题,我们提出"校企协同价值"理论:通过理事会管理制度设立、校企合作期望管理等,形成有效协同价值预期;通过校企产学研目标嵌套与衔接,形成有效协同价值创造;通过数字技术显性化过程管理,形成有效协同价值评价。从组织共生视角,创新形成"基于认同、共生相依"的产教融合生态,为现代产业人才培养持续赋能。

（二）机制创新：建立了新型信息、人才、技术与物质资源共享与管理运行机制

通过创建"价值共生"的行业产教联盟和"资产纽带"来连接具有混合所有制特征的产业学院，我们确立了"行企校"多元主体共建共管的组织架构，探索了理事会治理模式，实行理事会领导下的院长负责制。项目聘请业内知名学者、专家、技术能手担任专家委员会委员，实行专家指导委员会联系制度、专业负责人与企业直线经理的例会制度、教师员工"双师互聘共培共用"制度、高层次人才柔性引进"互聘双职"等制度，化解了资源融入难问题。

（三）模式创新：形成了服务现代产业链的复合型、创新型技术技能人才培养新模式

学校实施的"多主体协同、产业链贯通、跨专业融合"人才培养模式，基于"协同共生、系统优化"理念，通过机制创新，围绕人才培养和产学研服务建设，运行了3大产教融合平台、"行企校"混编建设了管理和教科研2支队伍，有效整合了多元主体人力资源、技术资源、信息资源、知识资源。面向集成电路产业复合型、创新型技术技能人才培养需求，体系化开发了5大课程模块群，建立了"专业交叉复合、专业群融合发展"的专业集群课程谱系，实施了"模块化课程、项目化教学、职场化实践"的教学改革，化解了产业对接难、实践教学难问题，走出了一条产教深度融合、多方协同育人的人才培养新路径。

第二章

研究基础与理论创新

第一节　理论研究基础

一、人才学理论与现代产业人才培养

(一)现代产业人才需求侧概况

习近平总书记在2021年9月27日的中央人才工作会议中提到:"当前,我国进入了全面建设社会主义现代化国家、向第二个百年奋斗目标进军的新征程,我们比历史上任何时期都更加接近实现中华民族伟大复兴的宏伟目标,也比历史上任何时期都更加渴求人才。实现我们的奋斗目标,高水平科技自立自强是关键。综合国力竞争说到底是人才竞争。人才是衡量一个国家综合国力的重要指标。国家发展靠人才,民族振兴靠人才。"党的十九届五中全会也明确了到2035年我国进入创新型国家前列、建成人才强国的战略目标。

1. 我国高技术技能人才缺口巨大

现代产业的发展与劳动者的素质紧密相关,技术人员的水平直接影响到产业的技术创新和科技成果转化,服务现代产业的高技术技能人才是提高产业核心竞争力的有力支撑。虽然我国的人才资源总量居世界前列,但服务于现代产业的复合型人才依然紧缺,尤其缺乏一流顶尖的领军人才。中华人民共和国人力资源和社会保障部(以下简称"人社部")发布的2021年第三季度全国招聘大于求职"最缺工"的100个职业排行中显示,高技能人才短缺现象较为明显,新进排行的30个职业中,近半数与制造业、信息传输、软件和信息技术服务业等行业相关,所需职业专业化程度要求较高。此外,2020—2025年我国在新一代信息技术、电力装备、新材料等十大重点领域人才缺口巨大,我国正面临着人才紧缺的严峻现实,这也在一定程度上阻碍了我国科技创新和经济社会的发展。

2. 我国高技术技能人才结构失衡

除了技术人才总量上的缺口,技术人才结构失衡的问题也不容小觑,在技能人才中,高技能人才占技能劳动者的比重较低,显著低于发达国家水平。

而过去主要是以学历作为人才评价的标准,这也导致社会教育资源配置失衡,资源主要向学历教育倾斜,职业教育投入不足。而职业教育作为培养技术人才的主要途径之一,还存在重理论轻实践的情况,高校在人才培养的过程中未能紧扣产业集群发展的趋势,对接产业发展和技术升级的需要,以技术技能的传承为纽带来进行人才培养方案的制定及课程的设置,从而满足国家制造业升级和经济高质量发展的要求。

(二)现代产业高技术技能人员成才途径和影响因素分析

1. 高技术技能人员成才途径

目前,高技术技能人员的主要成才途径是职业教育,职业教育指的是使受教育者具备从事某种职业或者职业发展所需要的职业道德、科学文化与专业知识、技术技能等综合素质而实施的教育活动。2019年1月,国务院印发《国家职业教育改革实施方案》,明确指出"职业教育与普通教育是两种不同教育类型,具有同等重要地位",正式确定职业教育在我国教育体系中是一个单独种类的教育。职业教育包括职业学校教育和职业培训两部分。

(1)职业学校教育

职业学校教育是学历性的教育,主要分为中等职业学校教育和高等职业学校教育。中等职业学校教育包括普通中专、职业高中和技工学校。高等职业学校教育则由专科、本科教育层次的职业高等学校和普通高等学校实施,其中专科层次职业教育主要为企业培养技能型人才,本科层次职业教育分为应用型本科和师资型本科,应用型本科教育注重加强实践教学环节,师资型本科注重加强学生"双师型"能力建设。

(2)职业培训

职业培训是指培训、进修后,由相关培训部门颁发对应结业证书的活动。职业培训包括就业前培训、学徒培训、在职培训、再就业培训、劳动预备制度培训、创业培训、企业职工培训及其他职业培训,根据职业技能标准,培训的层次分为初级、中级、高级职业培训和其他适应性培训。职业培训可以由就业训练中心、咨询公司、社会力量办学等各类职业培训机构来承担。

2. 高技术技能人员成才的影响因素

影响现代产业高技术技能人员成才的因素包括产业发展的需求、受教育程度、个人素质、工作与社会环境因素等。

(1)产业发展的需求

产业的发展需要有足够数量的高技术技能人才作为支撑,不同的产业对产业内高技术技能人才的知识储备和技术要求各不相同,因此,不同产业的发展程度决定了各自产业人才的需求量。此外,产业的发展也对行业内技术人员的学习能力和技术水平提出了很高的要求。产业结构优化的程度及升级成功与否最终取决于行业内技术技能人才的技术水平,产业发展的速度也为高技术技能人才的成长提供了沃土。

(2) 受教育因素

受教育因素包括:家庭教育、启蒙和素质教育、高校中的专业基础教育和系统实践训练、学校教师的影响、个人兴趣爱好、合理的知识结构、坚实的理论基础、创造性的思维能力等。

(3) 个人素质因素

个人素质因素包括:良好的职业道德与作风、组织协调与合作精神、活跃的思想、心理素质、进取心与坚强毅力、自信心与谦逊精神等。

(4) 工作与社会环境因素

工作与社会环境因素包括:行业团队合作机制、行业技术技能带头人的素质、行业内技术人员的待遇、行业内的资源配置方式、行业内技术人才政策、行业技术人才评价制度、行业对高技术技能人才的激励和奖励制度、行业技术技能人才的社会地位、行业内技术技能交流活动或机制、行业内良好的继续教育和专业培训、技术技能人才是否有项目支持、行业内对技术技能成果的评价标准、行业内信息资源获取渠道与途径等。

(三) 人才学视角下现代产业人才培养的发展方向

1. 转变传统理念,改善技术人才发展环境

受传统观念影响,如今在社会层面还没有形成技能成就未来的理念,对技术人员依然存在偏见,技术人才的社会认可度较低。为了改变这一现状,应当构建有益于高技术技能人员成才的社会环境,完善技术人员的技能评价制度,打破"唯身份、唯出身"的倾向,不把身份和论文等作为人才评定的限制条件,而是更为关注技术人员完成工作的能力、技术水平的高低以及技术改造的能力。此外,还应当加强针对高技术人才的政策扶持,帮助高技术人才解决后顾之忧,在人才安居、就医、子女教育等方面给予优惠政策,在社会层面上弘扬工匠精神、劳模精神,营造尊重劳动、尊重创造、崇尚技能的浓厚社会氛围。

2. 拓宽晋升渠道,提升技术人才地位

在很多人眼里,技术人员的收入再高,依然无法得到社会的充分尊重。

只有技术人员的政治待遇和社会地位提高了,才可以激励更多的人加入技术人员的行列中去。想要切实提高技术人员的社会地位,一方面,应当拓宽技术人员的晋升渠道,降低那些群众基础好、政治素质高且具备高技术技能的人才由技术岗位转为管理岗位的难度,并适当放宽对其的学历要求和技术职称要求。另一方面,要通过提高薪资待遇的方式吸引优秀的高技术技能人才立足自身岗位,让其获得强烈的成就感、幸福感和满足感,在制定人才政策时也应当充分尊重高技术人才的地位,从制度上激励技术人才,使更多的年轻人愿意学习技术。

3. 优化竞争激励机制,激发技术人才活力

为了培养更多的服务现代产业的高技术技能人才,企业应当不断创新和完善高技术技能人才的竞争和激励机制,利用薪酬和福利等措施充分激发高技术技能人才的活力。按照"多劳多得,优劳优酬"的原则建立并完善多维激励机制,对奖励额度、奖励数量和评价标准等方面进行进一步优化,慢慢形成"人尽其才,才尽其用"的良好氛围,使掌握高技术技能的人才价值得到充分的释放。

4. 强化团队建设,建立技术人才梯队

企业应当建立并完善专业技术带头人和专业技术领军人才的培养机制,根据产业的发展和技术技能人才的需要,有计划地培养相关领域的高层次技术人才,建立起梯队合理、团结务实、业界领先的高技术技能人才队伍。企业应当以文件的形式明确人才团队的建设指导思想、遴选条件、评审程序、考核办法、资助政策等事项。建立健全选人用人机制和技术人才培养机制,并在考核评价时针对专业技术带头人和专业技术领军人才采用定性和定量相结合的考核评价体系,在考核时突出对整个团队的考评。

二、管理学理论与产教融合要素配置

(一)现代职业教育的供给侧改革

习近平总书记强调:"增强职业教育适应性,加快构建现代职业教育体系,培养更多高素质技术技能人才、能工巧匠、大国工匠。"而随着供给侧结构性改革的不断推进,现代产业对高技术技能人才的需求与日俱增。因此,增强职业教育的适应性,加快现代职业教育体系的构建,是培养服务现代产业的高技术技能人才、推动现代产业发展的重要途径。然而目前职业教育还存

在与产业结合不够紧密、校企合作不够深入、现代职业教育体系不够完善、职业教育社会认可度不高等问题。

1. 与产业结合不够紧密

职业教育与产业存在相互影响和相互促进的关系。职业教育的主要目的是培养能够适应经济社会与产业发展变化的高技术技能人才,产业的发展需要职业教育提供源源不断的高技术技能人才作为支撑。产业的发展也对职业教育的发展至关重要,产业发展的规模、结构与类型决定了职业教育专业发展的规模、结构与类型,职业院校开设的专业、专业人才培养方案的制定、课程的设置及教材的选用都与产业的发展息息相关。然而当下职业教育与产业结合还不够紧密,存在教学内容与产业脱节、没有根据产业需求来设置课程和制定人才培养方案、没有充分落实因人授课和以学生为中心的原则等问题。

2. 校企合作不够深入

深度的校企合作能够提升职业教育的适应性,增强职业教育的活力。当下开展的很多校企合作仅仅停留在表面,职业院校未能充分调动企业参与校企合作的积极性;企业未深度参与职业教育办学工作,基于共同的人才培养目标打造专业实训基地,实现教育资源配置效率的最大化;企业未充分发挥其在技术应用、生产实践、设备设施及管理运营等方面的优势,推动企业与职业院校深度融合发展。

3. 现代职业教育体系有待进一步完善

完善的现代职业教育体系是职业教育发展的基础,而目前我国的职业教育制度还有待进一步完善,需要将职业院校的教学内容进一步对接职业标准,让职业院校的教学过程与企业的生产过程相协调,进一步推进职业院校课程、教学、实习标准及实训条件的标准化建设,让职业院校的教学实践水平和教学管理能力得到进一步提高。此外,职业教育质量评价制度还有待进一步构建与完善,学历证书与职业技能等级证书还有待进一步开发,以形成完整的学历框架与职业技能资历框架,鼓励技术人才在取得学历证书的同时,能够结合所学专业努力取得更高等级、更多类别的职业技能等级证书。

4. 职业教育社会认可度有待提高

虽然我国已经开展了本科层次职业教育的试点,也有一批具备条件的普通本科高校转为应用型本科,但目前还存在职业教育社会认可度不高的问题。技术人员无法获得充分的尊重,职业教育和普通教育学历之间、学历教育和非学历教育之间依然存在较大的壁垒,技术人员的薪酬待遇未完全与其技能水平相挂钩,高技术技能人才在社会保障各方面无法享有与高等学历人才同等的待遇,这在一定程度上影响了职业教育的吸引力。

(二)产教要素资源配置成效和影响因素分析

1. 产教要素资源配置成效

促使产教要素资源在政府、行业、企业、学校之间实现相互渗透、优化配置、高度整合和合作共享,是高职院校深化产教融合所必须解决的问题。目前,产教要素的资源配置依旧存在产教融合各方融合度不够、产教资源转化效率不足、人才培养与产业需求的契合度不够等问题。

(1)产教融合的融合度不够

产教融合作为职业教育的特色,是产业与教育的深度合作,然而当前产教融合的规模和深度都没有达到预期。虽然高职院校在师资学历层次和职称比例上具有优势,也具有较为完善的课程体系和评价方法,但更侧重于理论知识的传授,并没有完全与生产实践结合起来,学校也没有与行业企业完全对接,无法满足产教融合的要求。而当前企业参与产教融合的积极性普遍不高,在师资和实训设备的投入上也无法完全体现其主体地位,造成产教融合的融合度不高的情况。此外,政府、行业、企业、学校各方在产教融合的过程中存在信息沟通不畅的情况,在利益协调和资源整合方面无法形成一致的利益目标和长效的发展机制。

(2)产教资源转化的效率不足

由表2-1可知,2020年江苏省高职院校的财政经常性补助收入和中央地方财政专项投入分别较上年增长1.04%和0.52%,财政拨款总额更是较2019年增长12.96%,企业提供的校内实践教学设备价值也较上年增长了1.49%,从中可以看到政府和企业的投入在逐年增加。与之相对的是,2020年毕业生人数较上年增加了3.29%,就业人数和留在当地就业人数却较上年分别降低5.05%和11.41%。在政府与企业所投入的资源逐年增加的前提下,毕业生就业人数和留在当地就业人数却发生了显著下降,说明产教资源转化的效率还有待提高。

表 2-1 2019—2020 江苏省高职院校相关指标*

指标	2019 年	2020 年	同比增长率
财政经常性补助收入合计(万元)	963 823.52	973 887.25	1.04%
中央地方财政专项投入合计(万元)	274 541.06	275 964.26	0.52%
财政拨款总额(万元)	1 292 386.52	1 459 924.148	12.96%
企业提供的校内实践教学设备价值(万元)	87 525.35	88 829.48	1.49%
毕业生人数(人)	192 513	198 852	3.29%
就业人数(人)	180 161	171 070	−5.05%
留在当地就业人数(人)	118 801	105 247	−11.41%

(数据来源:江苏省高等职业教育质量年度报告。)

(3) 人才培养与产业需求的契合度不够

随着我国在全球价值链中参与程度不断加深,参与方式也从初级制造业转变为先进制造业与服务业,然而这些产业对高技术技能人才岗位的缺口依然十分巨大。据教育部、人社部及工业和信息化部共同编制的《制造业人才发展规划指南》显示:我国包括高档数控机床和机器人、航空航天装备、先进轨道交通装备、节能与新能源汽车行业在内的十大重点领域 2025 年的人才缺口预计达到 3 000 万人,缺口率高达 48%,这些行业迫切需要一批既熟悉生产制造流程,又熟悉大数据、云计算等前沿技术的复合型人才。与此同时,大量高职院校的毕业生的专业与产业的匹配度较低,毕业后无法找到适合自己的工作岗位,高职院校的人才培养与产业需求存在脱节。

2. 影响产教要素资源配置的因素

影响产教要素资源配置的因素主要有政府导向因素、企业的积极性、行业组织的参与度和社会观念因素等。

(1) 政府导向因素

在产教融合、校企合作的过程中,政府作为行政职能部门,其主要责任是发挥宏观调控功能,为企业和高职院校营造良好的外部环境,构建产教融合

---

* 注:全书表格数据合计值为四舍五入计算。

的长效机制并进行动态监测与多维评价,对产教要素资源配置起到重要作用。政府的作用主要体现在舆论导向、立法干预、政策鼓励、统筹管理、综合协调、信息公开及指导监督等职能上。政府制定的相关政策与法规有助于产教融合环境的营造。除了制度保障,政府部门的经费支持也是产教融合开展的重要推力,政府部门通过公平合理的监督评价体系来统筹财政拨款、优惠政策、专项奖励等资源的配置。作为政策的制定者,政府部门在高职院校和企业之间扮演着协调者和社会资源配置者的角色。

(2) 企业的积极性

外部性指的是一个人或一群人的行动和决策使另一个人或一群人受损有受益的情况。高等职业教育作为一个"准公共产品",具有一定的外部性,产教融合、校企合作育人的目的就是让更多的人接受到正规的高职教育,用校企文化的精髓影响社会文化,通过校企文化的辐射和穿透功能,让劳动者提前接受创新的思想和知识,服务于企业与社会。实现人力资本的外部效应,无论是从社会或是企业的角度来看,接受高素质的员工越多,越能推动劳动生产率和企业经济效率的提高,也能促进整个社会经济的可持续发展。从这一角度来看,产教融合对企业而言具有促进作用,高职院校也需要企业的参与来实现教学与生产实践相结合、专任教师与企业工程师相结合的目的,帮助学校缓解师资和实训设备短缺的矛盾。然而目前除了一些人力资源密集型制造企业和服务行业参与校企合作的愿望比较主动和迫切,一些对人力资源需求淡旺季比较明显的行业企业在出现季节性缺工时,才乐于与学校开展顶岗实习等形式的校企合作,很多企业参与产教融合的积极性不足,只是被动参与校企合作,其主体地位没有得到体现,这些因素影响了产教融合长效机制的形成。

(3) 行业组织的参与度

作为影响企业生存与发展的直接环境,行业组织在产教融合资源配置过程中也扮演着重要角色。行业组织作为政府、企业和学校之间的桥梁,应当建立有效的信息传递机制、合作沟通机制和资源共享机制;开发适应行业企业和学校需求的教育平台,为行业内企业和学校提供资源服务;协助政府实行行业发展规划、产业政策和相关法律法规;对行业内开展校企合作的企业进行有效的督促与约束,并进行相应的奖惩。当下,行业组织对行业内开展产教融合的企业的规范和约束力不够,在一定程度上影响了产教资源的高效配置。

(4) 社会观念因素

虽然近年来我国一直在社会层面弘扬工匠精神、技能改变命运和职业平等的理念,但在社会的固有观念里,依旧存在技术人员"待遇差""不体面""没前途"等传统认知,使得技能岗位吸引不到足够的人才,技能人才队伍建设、结构和素质状况无法满足产业的需求。此外,技术人员在进入企业之后,受限于学历、职称等要求,缺乏合理的晋升渠道,这些都制约了产教要素的资源配置,导致虽然政府、企业、学校投入了大量的资源,学生在毕业后却依然没有选择成为一名技术人员的现实情况。

(三)管理学视角下提升产教资源配置效率的基本路径

当今社会的主流已经明显地向互联互通、合作共赢转移,在这样的时代主旋律和趋势下,任何一个组织的发展都无法离开行业内、行业间组织的合作,更无法脱离用户的价值参与。在这一背景下,高职院校和其他利益共同体只有依靠协同,才能真正做到以产业为支撑,以教育为引领,以城市为承载,实现"政行企校"的有机融合,互动互促,协同发展,提升产教资源的配置效率。

1. 围绕协同目标,实现协同效应

我国正在向技术密集型产业转型升级,城市与产业的发展都需要大量高技术技能人才来推动技术革新和产业升级,高职院校则承担着培养高技术技能人才的任务,"政行企校"各个主体之间存在着共同的目标,为了尽快实现产业系统和高职教育系统的联结,协同育人,为国家与产业发展提供足够的人力资源,提升产教资源配置的效率便成了当务之急。而创造协同价值、发挥协同效应,实现产教资源配置的效率需要高效的协同机制来保障。其中,激励机制是发挥协同效应的主体,约束机制是协同效应最大化的有力保障,两者相互作用、相互制约,构成一个整体,围绕协同目标,实现协同效应。

(1)激励机制是发挥协同效应的主体

激励机制包括协同识别、协同实施和协同反馈三部分。其中,协同识别的目的是寻找实现多组织协同的切入点,需要满足目标性、适应性和互补性原则。目标性原则指的是,要基于提升产教资源配置的需求,寻找各个组织之间的协同关系;适应性原则指的是,在产教资源配置的过程中,各个主体都处于不断发展的环境中,应当对环境的变化及时作出准确、有效的反应;互补性原则指的是,"政行企校"作为产教资源配置的主体,应当优先考虑发掘自身的优势与潜能,充分利用现有的资源,协同其他各方发挥自身优势,弥补自身不足,以实现产教资源的高效配置。协同实施指的是在协同识别的基础上,具体推进政行企校协同合作以达成产教资源高效配置目标的过程,并在此过程中保持及时通畅的信息与沟通。协同反馈则主要用以检验协同实施

所达成的目标是否与"政行企校"各方所希望达成的协同效应相一致,如果产教资源配置效率未得到提升,则需要重新对协同识别、协同实施环节进行复查,找出存在的问题并调整方案,最终实现协同。

(2)约束机制是协同效应最大化的有力保障

在提升产教资源配置效率的过程中,激励机制和约束机制是密不可分的,缺少了约束的激励很可能导致系统失控,约束机制能够配合激励机制更好地实现"政行企校"的协同,贯穿于协同识别、协同实施和协同反馈的全过程。协同激励过程中的协同目标识别、协同信息沟通、协同要素整合和协同结果反馈是协同约束机制在协同过程中发挥约束效能的主要场所,并在此过程中有目的地进行相应的控制,从而最终实现协同目标。

2. 开放赋能,打造共生型组织

为了实现产教资源的高效率配置,"政行企校"之间需要形成命运共同体,促进不同组织之间的相互合作关系。在协同合作的过程中,组织之间基于协同合作进行信息和资源的共享,通过共同激活、共同促进、共同优化实现组织任何一方都无法单独实现的目标。虽然"政行企校"各方之间的理念和价值观的差异可能导致利益冲突与各类风险,使产教资源高效配置的目标达成过程充满坎坷,但其能够从更大程度上实现彼此更优越的进化循环。陈春花等认为共生型组织应当具备以下特征:

(1)互为主体性

"政行企校"各方一旦成为共生型组织,便不再有主客体关系,而是彼此互为主体,这就要求每一个组织成员都需要做出改变。为了应对复杂多变的环境,组织应从单一的线性协同模式转向跨组织的多维协同模式,同时强调开放性和互联性,从而与环境形成良好的互动,打造开放合作式的有机生态系统。在既定的提升产教资源配置效率的目标下,"政行企校"各方根据核心价值逻辑设计独特的价值创造方式,并且能够同心协力共同经营,共同应对来自组织内外部的各项挑战,共同寻找突破性发展的解决方式与战略。

(2)整体多利性

合作是共生型组织的本质特征之一,围绕"政行企校"协同发展打造的共生型组织强调的是合作各方之间的相互吸引与相互补充,得益于这样的合作关系之间的相互激发与高效互动,更多的价值被创造出来,这些价值创造不仅能够帮助实现产教资源的高效配置,也能给整个共生型组织带来超出组织原有能力所创造的价值。共生过程是"政行企校"共生组织的共同进化过程,其在共同发展中不仅实现了产教资源的高校配置诉求,而且在更大程度上实现了每个成员的利益追求,从而让"政行企校"各方获得成长,拥有更加广阔的视野、更加互动的关联以及更加开放的格局。

(3) 柔韧灵活性

共生型组织较传统组织而言更具灵活性和流动性,能够让"政行企校"各方体会到更多的自主与发展空间。在外部,共生型组织展示出更大的连接与互动,让基于产教资源高效配置的各方能更加高效、快捷地响应产业需求的变化,这也使得组织变得灵活而敏捷,富有柔性和创造性,能够根据社会环境的变化迅速做出调整。此外,共生型组织具有极强的可塑性,善于接受变化,乐于根据变化做出调整,通过有效地调动内外部资源,进行整合和沟通,从而能够迅速、灵活地对外部环境的变化做出反应,这也是共生型组织最大的优势所在。

(4) 效率协同性

在组织绩效由内部转向外部的当下,"分工、分权、分利"已经难以满足"政行企校"各方对产教资源配置整体效率的追求,整体效率的实现与否取决于组织间各方的合作协同程度。在共生型组织中,依赖于"政行企校"各方彼此之间对资源的获取、分享以及使用能力,整个共生型组织获得了更好的融入环境的方式并提升了整体效率。

3. 创新重构组织,优化产教资源配置

(1) 建立产业学院,促进资源共享

作为社会共生单元的高职院校和企业想要基于自身的需求实现价值增值,必须借助组织创新和重构,进行资源整合与优化配置,而产业学院的出现满足了这一要求。产业学院作为产业界与教育界融合的产物,以区域现代产业集群或特定产业行业发展需求为导向,以助推产业转型升级、产业技术创新为牵引,通过对政府、行业、企业、学校等多主体创新资源和要素进行整合,通过创新组织形式,突破创新主体间的壁垒,释放彼此间人才、资本、智力、信息、技术、管理等创新要素活力而实现深度合作。

产业学院以资源共享、合作共赢为目标,有机衔接和深度嵌入教育链、创新链和产业链的关键环节,有效解决了学校、产业界、政府之间异质信息沟通问题。将各个主体的管理、技术、人才、设备、资本等优势资源进行互补,在组织与其他组织实施合作、协同发展过程中,衍生创造新的价值链,实现 $1+1>2$ 的效应,其中重点学科和专业群是产业学院内涵建设的根基。

(2) 优化专业布局,整合教学资源

基于产业与岗位对人才的需求,高职院校组建跨二级学院的专业群是优化学校专业布局、整合教学资源、加快品牌建设的必然选择,二级学院是服务专业发展的,专业群功能的发挥则是二级学院开展基层治理的主要内容。站在动态的视角分析,专业建设与产业发展之间的匹配恰恰是两者供需利益协调的过程,政府、行业、企业、专任与兼职教师、学生与家长都是专业群的利益相关者,单一专业无论在抵御风险、资源开发与利用还是适应社会发展等方面都无法适应产业转型升级下新业态对专业的诉求,需要基于某一种逻辑,以群的方式动态整合相关的专业,在不对专业进行增删的情况下实现专业之间的最优配置,动态调整基层教学组织进而完善专业布局,以专业群为基点,调整人、财、物、信息等资源的配置,平衡各利益相关者对专业发展的诉求。

在高职院校组建跨二级学院的专业群时,首先,应当由管理转向治理,激发多元主体参与,扩大二级学院的自主权,优化内部治理结构,使专业群由上至下的信息传递与沟通更为流畅,由下至上的问题反馈更加及时,由内至外推进专业群的建设与课程体系的重构,由外至内对接产业链、岗位群等对专业群建设的要求。其次,应当由专业间的竞争转为合作,共享专业建设资源,进而培养适应现代产业发展和服务实体经济要求,具备相应素质要求、知识要求和技术技能要求的高素质技术技能人才。最后,应当由个体转向团队,打造高效双师队伍,可以将教师团队按照各自的主要业务分为教学创新团队、教学管理团队、技术研发团队等,同时坚持背景多元、专兼结合、结构合理的组建原则,根据工作组建跨界教师队伍。

三、教育学理论与人才培养模式改革

(一)新时代学习者中心深度学习的内涵

1. 深度学习的概念与特点

(1)深度学习的概念

深度学习的概念同时存在于教育领域和计算机领域,教育领域的深度学习是一种学习方法,是近年来研究的热点领域。国内关于深度学习的概念出现于2005年,何玲与黎加厚提出"深度学习是指在理解学习的基础上,学习者能够批判性地学习新的思想和事实,并将它们融入原有的认知结构中,能够在众多思想间进行联系,并能够将已有的知识迁移到新的情境中,做出决策和解决问题的学习"。

（2）深度学习的特点

深度学习具备以下特点：首先，深度学习意味着理解与批判，学生对知识的理解是深度学习的基础，只有当学生对教师传授的知识进行了思考，并对其含义赋予了自己的理解，才算真正掌握知识；其次，深度学习意味着联系与构建，知识并不是孤立存在的，而是互相关联的，学生在学习知识时应当善于找出并把握知识之间的联系，并结合所学知识，构建出知识网络；最后，深度学习意味着迁移与应用，学生学习知识的目的是解决生活中的实际问题，评价学生是否真正掌握了知识主要是看其是否具备将这些理论知识转化为实践的能力。

2. 以学习者为中心的内容

以学习者为中心的学习是让学生处于学习环节的中心，让学生参与决定学什么，怎么学。教师则更多地关注学习的有效性，创设学习者积极参与和选择的学习氛围，让学习者能够根据自己所处的环境作出反应，构建自己的知识体系。以学习者为中心理念指导下的教学模式能够通过促进学习者主动学习和自我导向学习的环境来激发学习者的内在学习动机，进而促进学习者进行深度学习。随着信息技术的发展，交互式学习环境受到了广泛关注，很多高校将以学习者为中心理念作为指导，以提升课堂教学质量、引导学习者深度学习为目的，依托信息化环境展开了尝试，具体形式有翻转课堂、在线开放课程等教学模式以及基于这些模式的混合式教学研究。

3. 新时代以学习者为中心的必要性

（1）是时代发展的要求

数字化时代下，科技发展日新月异，知识更新的速度也在不断加快，学习者想要跟上时代的发展步伐不被淘汰，只能不断地学习新的知识。然而，学生无法在短短的几年内学会其职业生涯中所需具备的所有知识，这就要求学生必须具备自我学习的能力，并将其作为职业发展的核心竞争力，从而在社会快速发展所造成的激烈竞争环境中站稳脚跟。以学习者为中心的教育模式，就是引导学生自主学习，从而逐渐具备立足社会的自我学习能力。

（2）是高职教育改革的趋势

传统的以教师为中心的教学模式已经无法达成人才培养的目标，以理论为主的课程教学也无法满足社会和企业对人才的要求。2019年，国务院印发《国家职业教育改革实施方案》，对职业教育做出了更为详细的部署和指导，强调以学习者为中心，加强校企合作，明确指出要坚持知行合一、工学结合，加快人才培养模式改革，构建校企命运共同体。此外，随着信息技术的不断发展,学生接受知识的场所不再只局限于课堂,还可以通过信息化渠道自主获取丰富的学习内容。教师在课堂上不再只是进行传统的单向灌输,而是作为一个引导者,帮助学生通过主动学习来获取知识。

(3) 是学生全面发展的需求

不管是基础教育还是职业教育,其目的并不是简单的传授知识,而是让所培养出的学生具备获取知识的能力,从而具备全面发展的能力,以适应社会发展。学生作为高职院校所培养的对象,也是高等职业教育活动的主体,以学习者为中心就是以学生的全面发展作为总体目标,一切服务于人才培养,围绕学生构建课程体系,引入"政行企校"各方,通过各方的协同合作,培养出社会和企业所需要的高素质、高技能的复合型、应用型人才。

(二)"知行合一"高技术技能人才培养瓶颈和影响因素分析

高职教育旨在培养具备问题解决能力、合作能力、实践能力、创新能力和社会责任感的高技术技能人才,而不是缺乏社会认知、社会观念和社会能力,只会通过书本知识来学习和应试的人。高职院校应当践行"知行合一"的规律,发挥知与行对培养人才的促进作用,做到认识与实践相结合、理论与实践相结合,协同政府、行业企业各方共同培育"知行合一"的高技术技能人才。但是,在人才培养的过程中,还存在企业参与校企合作积极性不高、课程教学与实践脱节、实践教学资源匮乏、监督与评价机制不完善等问题。

1. 高技术技能人才的培养瓶颈

(1) 校企参与校企合作积极性不高

对于高职院校而言,其目标是培养服务于现代产业的高素质、高技能的复合型、应用型人才。对于企业而言,想要在科技发展日新月异的当下站稳脚跟,人才是必不可少的,因此企业在校企合作中的目标是利用人才资源,为企业和社会创造价值。虽然校企双方在人才培养上存在一致的目标,然而企业在经营过程中的核心目标还是利益,而在校企合作初期企业的投入相较于产出较大,且高职院校输送的学生大多达不到企业的要求,培养出的人才也难以保证一定会留在企业,因此很多企业并没有对校企合作的前景抱有很大的预期,加上缺乏政府部门和行业协会的约束机制,导致很多企业在校企合作的过程中大多处于被动参与的局面。

(2) 课程教学与实践脱节

随着产业的转型升级和技术的不断发展,企业对毕业生的实践能力的要求也在不断提高,这也对高职院校课程体系的构建和教学的实施提出了新的要求。目前,高职院校的课程体系还是以高职院校方制定为主,行业企业方参与的较少,课程标准、专业教学标准和顶岗实习标准的编写也主要是由高职院校方决定,难以对接产业和企业的需求。高职院校教师参与真实生产活动的时间有限,在课程教学尤其是实践环节的教学中往往力不从心,缺乏合适的教学环境和教学方法。此外,由于学生所用教材的编写者以专任教师为主,导致教材未能打破知识本位的束缚,应用性和实践性偏弱。

(3) 实践教学资源匮乏

高职院校的教师虽然在理论知识储备、学术研究能力和职称上具有优势,但由于其工作经历和时间精力等因素所限,参与基于真实业务的生产和技术服务的实践机会较少,因此高职院校教师无法及时获取行业内最新的知识,难以在第一时间接触到企业的新技术和新设备。而当下企业参与校企合作的积极性并不高涨,很少会将企业最新的技术和设备投入学校的实训基地中去,这也直接导致了在校学生难以接触到自己专业最新的技术和设备,毕业后也无法对接产业的需求。

(4) 监督与评价机制不完善

在校企合作培养人才的过程中,缺乏持续且有效的监控制度,人才评价体系和考核办法过于简单且流于形式,仍以高职院校和企业分别考核为主,并没有在落实校企双方各自责任的基础上展开多元化和综合化评价。此外,校企双方信息传递和沟通交流的平台与机制的缺失,导致各方无法及时识别和处理人才培养过程中存在的问题和校企合作机制中存在的缺陷。除了内部评价,外部监督评价体系的构建同样不完善,缺乏对校企合作各方的监督评价机制和约束机制。

2. 高技术技能人才培养的影响因素

(1) 政府层面

政府层面影响高技术技能人才培养的因素主要有政策因素、资源配置和组织保障机制。在高技术技能人才培养过程中,政府的政策是校企合作协同育人的保障,起到了监督、协调和推动作用;在资源配置上,政府部门对高职院校和企业提供的财政补贴、税收减免和土地等都能促进校企合作的实施;在组织保障机制上,政府部门通过协同行业协会、龙头企业、科研院校等组织,来协调"政行企校"各方在校企合作培养高技术技能人才的过程中存在的问题。

(2) 企业层面

企业层面影响高技术技能人才培养的因素主要有人才需求强度、资源投入力度以及合作平台建设情况。高职院校是输出高技术技能人才的主要渠道，企业对人力资源的渴求程度是企业投身校企合作培养高技术技能人才的主要动力；企业较高职院校的优势在于能够接触到行业中最新的技术和设备，以及拥有一批实践经历丰富的技术骨干，企业投入学校的资源越多，校企合作越深入，越有可能培养出符合产业需求的高技术技能人才；有效的校企合作平台能够帮助校企双方集中优势，促进各方的沟通与交流，提升高技术技能人才培养的效率。

（3）学校层面

高职院校层面影响高技术技能人才培养的因素有合作理念、教学活动和评价机制。首先，随着科学技术和产业的不断发展，高职院校只有转变合作理念，明确"政行企校"协同培养高技术技能人才的目标，基于共同的利益诉求，才能保障校企合作的顺利开展；其次，高职院校教师的教学能力、教学方法和使用的教材应当与高技术技能人才的培养要求相匹配，在教学活动过程中做到以学习者为中心；最后，在"政行企校"协同育人的背景下，以往以高职院校为主的评价机制已经无法满足产业和企业的需求，评价机制是否多元化和综合化是影响高技术技能人才培养的重要因素。

（三）教育学视角下实践主导的人才培养模式改革

1. 育人目标的融合

校企双方应当基于一致的人才培养目标，共同来研究并制定人才培养方案，让企业充分参与到课程体系、课程标准、课程实施、教学管理、人才考核中来，保证校企联合培养出的人才能够符合企业的用人需求，并享有优先录用权。政府部门应当进一步明确校企合作企业所享有的优惠政策，加大对产教融合政策的宣传和对先进企业的奖励，提升企业参与产教融合的内生动力，同时协同行业协会对参与校企合作的企业进行监督管理，确保企业在激励和约束的双重规范下，能够积极投身到校企合作中去。

2. 课程教学的融合

高职院校的课程体系应当围绕产业内的新兴技术、对接产业需求，由行业企业协同高职院校共同制定完成，保证课程内容与职业标准相对接，教学过程与生产过程相对接。企业应当协同高职院校完善其课程标准、专业教学标准、顶岗实习标准，并在此基础上协助高职院校进行教师教学能力、教材和教学方法的改革。企业应当定期安排高职院校专任教师到专业岗位上进行工程实践活动，积累工作经验，提高理论联系实践的能力。同时，协同高职院校开发紧密结合生产实际的新型活页式、工作手册式的实训教材,配套开发信息化资源,并及时对教材内容进行动态更新。校企双方应当合力展开以培养学生职业核心能力为重点的课程改革,以真实场景为载体,加强实践性环节的比重,提高真实任务、真实案例的覆盖率,引入大数据、人工智能等现代教育技术,提升学生主动参与学习的兴趣,真正做到以学习者为中心。

3. 教学资源的融合

"政行企校"各方应当推动高职院校的教师和企业工程师、高技术技能骨干的双向流动。在分配教学任务时,高职院校的教师主要担任公共基础课和专业基础课中理论部分的教学,实践课程则由企业工程师和技术骨干承担,同时由企业指派具备高技术技能的人员担任学生的校外导师,负责其实践技能的教学指导工作。高职院校应借助企业共享的资源打造"双师型"教师团队并定期选派人员去企业学习与实践。政府和行业企业应当协同高职院校建设集理论与实践教学、企业真实生产活动、社会服务于一体的资源共享的校内外实训基地,让学生能够接触到先进的生产设备和实训场地。同时加强高职院校和行业企业的深度合作,协同建设教学资源平台和专业教学资源库,结合新一代信息技术,引入真实的生产和技术服务案例,打造优质的职业教育精品课程。

4. 监督评价机制的融合

高职院校和企业应当在双方工作任务的基础上,合理区分并落实学生校内外学习管理、安全管理,校内校外教师教学管理、考核评价管理等责任,建立起合理的监督考核机制与多元化、综合化的评价机制。虽然高职院校主要针对学生的理论学习和校内教师的教学管理展开监督评价,企业主要针对学生的实践环节和毕业生质量进行监督与评价,但这两部分的评价是密不可分的,不能简单割裂。除了内部评价,还应由政府部门牵头,组织由行业协会、行业内龙头企业、科研院所、职业教育指导委员会等部门组成的校企合作指导委员会,细化校企合作中各方的责任,以多元评价的方式对校企合作的全过程进行监督和评价。

第二节　融合共生与现代产业人才培养

一、融合共生，多主体协同育人的意义

（一）增强高职产业人才培养适应性的迫切性

1. 增强高职产业人才培养的适应性是国家人才战略的要求

随着科技的不断发展，技术更新换代的速度比以往任何一个时期都要快，新技术不断涌现，技能作为运用技术的能力，也处在不断更迭之中，技术人员所掌握的技术随时都有可能被社会所淘汰。在这一背景下，培养能够顺应、利用和改造不断发展的社会环境，适应劳动力市场需求的高技术技能人才就显得尤为重要。人才资源是一个国家核心竞争力的体现，党的十九届五中全会审议通过的《中共中央关于制定国民经济和社会发展第十四个五年规划和二〇三五年远景目标的建议》（以下简称《建议》）中要求："加大人力资本投入，增强职业技术教育适应性，深化职普融通、产教融合、校企合作，探索中国特色学徒制，大力培养技术技能人才。"高职院校应当协调政府部门、行业企业等各方资源，增强高技术技能人才培养的社会适应性，筑牢人力资源梯队建设根基，为开启全面建设社会主义现代化国家、向第二个百年奋斗目标进军的新征程，做好人力资源深度开发的基础准备。

2. 增强高职产业人才培养的适应性是行业转型升级的需要

在新一轮的科技革命和产业变革下，世界贸易和产业分工格局发生了改变，世界各国纷纷调整了发展战略，加大力度培育新兴产业。我国经济也从高速增长阶段转向高质量发展阶段，但依然处于产业转型升级的过程中，战略性新兴产业、先进制造业、现代服务业等产业对高技术技能人才的需求量与日俱增。据人社部数据显示，截至2021年，我国技能劳动者人数超过2亿，高技能人才数量超过5 000万人，技能劳动者占就业人口总量的比重为26%，高技能人才占技能人才总量的比重为28%，从就业和经济发展需求总量来看，技能人才数量和结构与发达国家相比依然存在较大差距。此外，我国当前就业结构性矛盾具体表现在就业难与招工难并存，很多劳动力无法满足岗

位的需求,技术工人短缺,技术人员的求人倍率长期保持在2以上。因此,加强高职院校产业人才培养的适应性刻不容缓,以推进产业结构调整,从而支撑中国制造和中国创造,不断提升产业在国际分工和价值链的地位,推动经济社会高质量发展。

3. 增强高职产业人才培养的适应性是人民群众对生活品质的追求

改革开放以来,人民生活水平得到了显著的提升,对生活品质和社会地位也越来越重视。一方面,为了满足人民群众对生活品质的追求,要求行业从业人员能够提供满足消费者需求的产品和服务,这就要求高职产业人才培养具备较高的适应性,能够培养出具备良好职业素质、高超职业技能、适应社会技术发展能力的高技术技能人才。另一方面,随着新兴产业的飞速发展,技能的"含金量"越来越高,满足产业需求的高技术技能人才的薪资水平和待遇也不断上涨。2020年,新大陆科技集团有限公司直接为获得第一届全国技能大赛的获奖选手开出百万年薪,2021年,北京市人力资源和社会保障局发布《关于做好技能人才薪酬激励相关工作的意见(试行)》,将技能人才和管理人员的职业发展通道打通,明确表示:"技能操作类的技能人才成长通道最高可与部门正职/分厂厂长/分支机构正职等薪酬待遇相当,有突出贡献的高技能人才可与企业高层管理岗薪酬待遇相当。符合选拔聘用条件、经过正常选聘程序,可以转换至经营管理岗位。"增强高职产业人才培养的适应性,对改善人民群众生活品质,谋求技术人员职业生涯的可持续发展,深化人力资源开发供给侧结构性改革有着重要意义。

(二)高职院校人才培养组织管理的新挑战

高技术技能人才的培养是需要高职院校统筹现有资源,协同政府部门、行业协会、企业等各方共同完成的。然而目前存在高职院校人才培养目标跟不上发展需求、人才培养各方的权、责、利不明确以及人才培养组织间的协同效应不明显等问题,这也导致了高职院校人才培养组织管理面临着新挑战。

1. 高职院校人才培养目标跟不上发展需求

高技术技能人才的培养要能够充分预见产业的需求,这也是专业能够得以长远发展的保障。高职院校的人才培养方案通常由专业负责人与专任教师根据产业技术发展动态和企业的需求来制定,在技术发展日新月异的今天存在一定的滞后性,培养出来的人才难以跟上产业需求的变化。此外,相关课程的内容及教材的更新不及时、专任教师的实践教学能力跟不上技术的发展、实训基地的设备无法满足教学需要等问题都制约了高职院校高技术人才的培养。与此同时,高职院校的学科专业一直没能找到为区域和地方经济社会发展服务的着力点,以追求利益为组织目标的企业和高职院校之间的目标和价值观念差异也阻碍了人才培养的进程。

2. 高职院校人才培养组织各方的权、责、利不明确

在高职院校人才培养过程中,依旧未能打破传统职教模式中以高职院校为主体的管理模式,政府、行业和企业的作用没有得到充分发挥。政府缺乏具体且具备可操作性的法律法规对人才培养各方的权、责、利进行明确,缺乏激励与问责机制。高职院校未能将教育教学权合理让渡给行业、企业等各方。企业参与人才培养的责任和意识不强,未能充分发挥其在人才培养过程中的建议权和参与权。行业协会的专业性和权威性在社会上的认可度不高,导致其在人才培养中的职能得不到充分的释放,难以充分发挥"桥梁"作用,与人才培养各方的融入性较差。人才培养过程中各方权、责、利的不明确,不利于高职院校人才培养组织管理。

3. 高职院校人才培养组织间的协同效应不明显

高职院校人才培养的全过程中所涉及的资源类型是多种多样的,包括高职院校的师资、实训场地和设备、社会服务和技术成果,企业的技术人员、真实案例、生产环境和企业文化理念等,高职院校和企业对组织双方的资源都存在依赖性,希望能够通过对资源的整合利用形成巨大的增值效应。然而,高职院校和政府部门、行业企业之间缺乏有效的协同机制,无法按照产业升级的规律,利用资源对人才培养各方的核心要素进行融合,从而完成课程内容、企业流程的重组和再造,实现组织间合作效率的提升。

(三)多主体协同培育现代产业人才的有效性

产教融合生态系统是政府部门、行业协会、企业、学校等主体基于共同的目标,通过资源的开放共享和转化应用而构建的紧密联动、协同共赢、成果共享、人才共育的有机整体。多主体参与的产教融合生态系统的构建有助于产教融合各主体在人才培养、社会服务、技术研发等方面实现高效的协同,将高技术技能人才的培养与产业需求精准对接,为培养产业人才、优化资源配置、促进新技术发展、实现可持续发展提供了有力支撑,其有效性主要体现为以下几点:

1. 多元主体参与,打造产教融合共生生态

高职教育产教融合的生态体系中包括政府、行业、企业、学校、学生等几大核心单元,多个主体通过共商、共育、共享和共赢等过程,契合公共关系识

别、形成、发展的动态时空变化。

在共商阶段,为了保障产教融合的顺利进行,各相关主体共同对产教融合的相关章程、产教融合规则、组织和评价机制等进行统筹。在共育阶段,各主体共同制定人才培养方案,推进专业与课程建设,共建共享师资,切实做好过程管理与评价,力求满足产业人才的需求。在共享阶段,高职院校利用自身优势,帮助企业突破技术难关、提高生产效率、提升自主创新能力与核心竞争力,企业为高职院校提供设施设备、技术工艺及一定经费支持,并通过自身社会影响力为高职院校的教师提供工程实践岗位,为学生实践教学提供校外基地。在共赢阶段,产教融合的新理念与技术经验转化为其他共享资源回馈社会,促进产业转型升级,推动产业发展,提振区域经济,实现共赢,营造良性的、可持续的产业与教育循环互促、融合共生的生态闭环。

2. 多元共治共享,去中心化治理

在传统职教模式下,高职教育的管理主体主要是高职院校,未能充分发挥企业在教育管理中的重要作用。在多主体协同的产教融合背景下,任何一个共同体都处在一定的制度和生存环境中,都需要接受外部利益主体的约束、规范及其提供的条件。因此,这就需要打破单一权利中心的治理框架,建构政府、行业、企业、学校等多元责任主体有效协同的治理体系,各个主体基于各自的职能,构建产、学、研、培多域共生的运作模式。高职院校发挥自身在课程建设、教学科研等方面的优势。政府充分发挥宏观调控功能,构建产教融合长效机制。企业在政府的支持下增加职业教育资源投入,与高职院校开展人才的双向流通,共同打造"双师型"教师队伍,构建校企"双导师"制人才培养体系。行业协会作为"中间人",在校企合作产生分歧与矛盾时做好协调工作,同时积极促进产学研一体化,推动产教融合成果转化和区域生产力提高。

3. 多元协同合作,将产教融合从机制耦合深化为要素匹配

在产教融合生态系统中,政府、行业、企业、学校应当在系统内对知识、课程、教师、技术、产品和服务等要素进行整合,将其与区域产业相对接,形成对应的课程供应链、人才供应链、产品供应链和技术创新链,实现教育链、产业链、创新链和人才链的动态耦合。由行业确定最新的职业标准和技术标准,高职院校和企业共同商定课程标准、教学与评价标准,以达到专业设置与产业需求对接、课程内容与职业标准对接。校企共同打造实训基地,融入企业生产环境和企业文化,开展现代学徒制和企业新型学徒制试点,共建校企大师工作室,深化学生对行业的感知,以实现教学过程与生产过程对接。"政行

企校"各方通过共建公共事务服务中心、跨企业培训中心等平台,开展针对社会人员的职业技能提升和再就业培训,通过地方学分银行,推进学历职业教育与非学历职业教育的对接,以实现职业教育与终身学习对接、毕业证书与职业资格证书对接。

二、融合共生校企合作育人的内涵

(一)互为主体的共生信仰

1. 共生理论基础

"共生"这一概念最早是由德国生物学家德贝里(Anton de Bary)提出的,指的是两种或两种以上的生物为生存需要,按某种模式相互依存和作用,逐渐形成共同生存或协同进化的共生关系。经过一个多世纪的发展,"共生"思想和概念逐渐被运用到了社会科学领域,袁纯清最早将"共生"理论运用到经济管理领域中,指出共生理论包括共生单元、共生模式和共生环境三方面内容。

共生型组织是一种基于合作和价值共创所形成的组织资源共享、利润共赢的群体性有机系统,它打破了组织传统竞争模式体现出的单向线性思维,是一个双向或者多向的思维模式,使得有机系统中的每一个个体都能够开展基于自身优势、为成员贡献价值、融合共生伙伴资源的网状发展。

2. 共生理论在产教融合协同培养人才中的应用

在产教融合协同培养人才的过程中,政府部门、行业协会、企业和学校既是利益共生主体,也是形成共生体的基本资源生产和交换单位,即共生单元;产教融合作为利益共生客体,是共生体的承载者,多主体构成的利益共生主体针对利益共生客体的需求,从共生层面论证其融合形式、深度和广度,形成共生模式;产教融合多主体利益共生体的运行机制涉及政府、行业协会、企业、学校、教师、学生、企业员工、社会第三方等多个性质不同的组织机构或个体的利益诉求,包括政治、经济、社会环境等周边因素,即共生环境。

在产教融合共生体中,政府、行业协会、企业、学校等主体共同参与了人才培养,政府起到政策引领和宏观统筹的作用,行业协会起到组织协调和资源配置的作用,高职院校负责人才培养和提供社会服务,企业发挥协同培养和消化人才的作用,各主体各司其职,通过合理分工、资源共享和优势互补达到持续性共生共存的状态。

3. 数字经济下的主体共生

(1) 校企合作主体关系存在的问题

如果将校企合作看作一个"跷跷板",那么位于两端的企业与教育投入依然存在不对等的情况,教育处于"跷跷板"重头,高职院校作为教育的主导者,成了校企合作的主体。校企双方主要在专业与课程建设、师资队伍建设、实训基地建设等内部教育环节展开合作,合作领域比较狭窄。此外,校企合作的合作链条也不够长,主要是在学生实习、就业阶段集中进行终端合作,缺乏前期的招生和培训环节的合作。在校企合作中,企业未能体现其主体地位,参与校企合作的积极性不高,对人力资源、资金和设备的投入持谨慎态度。

(2) 数字经济下校企合作主体关系的改变

随着数字化时代的到来,高职院校和其他校企合作主体之间再也不是独立的存在了,形成了利益相关的命运共同体,高职院校如果依然遵循传统的人才培养逻辑,培养出来的人才将无法满足产业的需求,同时因无法适应数字化时代环境的变化而被快速发展的时代所淘汰。因此,校企合作双方应当互为主体,在政府和行业的指导帮助下,基于共同的利益,建立协同培养机制,实现资源合理配置,实现组织目标。

(3) 基于共同利益的主体共生

在以智能化、网络化、数字化技术为核心的数字化时代,一大批新的先导企业被催生出来,从根本上改变了传统产业的技术基础、组织模式和商业形态,企业的设备、技术和标准也慢慢呈现出属于自身的专用性特征。然而,技术技能的形成"要求个体在领域内有长时间(职业学校学习-职场实习-职场工作-基于工作的学习)、多场域(职业学校-企业工作场所-社会)的知识积累、社会化浸润和专业实践参与",这类技能不仅包括企业需要的专业技能,还包括了企业文化、价值观念、行为习惯等,因此企业在校企合作过程中的利益诉求包括获得优先招聘权以保证人力资源的充足供应、借助高职院校平台培训员工以提升人力资源质量、提升企业形象与知名度、获得政策支持和税收优惠等。高职院校的核心利益诉求是提升技术技能人才的培育质量、拓宽招生渠道以提升生源数量与质量、解决现场教学和学生实习等实践教学资源匮乏与失真问题等。因此,校企双方存在着共同的利益指向,即创新型、复合型技术技能人才的培育和供给以及借助校企共建的协同育人平台和就业创业平台共同提升多元利益主体的核心竞争力,校企合作的实现需要校企双方将个体单位利益转化为共同体利益,从传统浅层次的依赖关系模式转为供需互嵌、文化相容、资源共享的命运共同体模式,以价值共识为前提,在共同价值观的基础上,共建合作共同体,最终实现校企协同发展。

校企合作各方一旦成为共生型组织,便不再有主客体关系,而是彼此互为主体,这就要求每一个组织成员都需要做出改变。为了应对复杂多变的环境,组织应从单一的线性协同模式转向跨组织的多维协同模式,同时强调开放性和互联性,从而与环境形成良好的互动,打造开放合作式的有机生态系统。

(二)学习者中心的人本主义

1. 树立以人为本的人才培养理念

树立以学生为中心的教育理念,是体现以学生为本,落实立德树人根本任务的重要举措。产教融合校企合作人才培养的目标是培养创新型、复合型、应用型人才,推进人才链、产业链和教育链的紧密衔接,这也要求校企合作各方的所有资源、制度、机制都需要围绕学生的全面发展来配置和设计,学生作为规模最大的利益相关者,在人才培养的过程中要突出其主体地位。在数字经济时代,新技术从研发到投入应用的周期被大大缩短,只有具备高素质、高技能的人才,才能满足产业和企业的需求。贯彻落实以学习者为中心的人才培养理念,只靠高职院校自身是不够的,需要协同政府、行业协会和企业等主体,让学生接触到行业内的先进技术和应用场景,并在人才培养过程中不断加强其技术应用能力,在满足学生个性化发展需要的同时培养出对接产业和企业需求的人才。

2. 打造能力本位的课程体系

传统的知识本位的教育模式大多以教师为中心,以专业知识传授为主,缺乏必要的行业知识和能力训练,导致学生在步入工作岗位后,所学习的专业知识无法应用于所有的工作场景。而能力本位的教育模式以问题和现象为导向,引导学生通过研究进行学习,激发学生的学习兴趣,尊重学生的主体地位,重视学生分析问题和解决问题的能力、职业上的应变能力及创造能力,体现了职业教育的职业性和技术性。构建能力本位的课程体系,需要高职院校协同行业企业,从专业导向转为专业整合,基于产业发展态势,围绕新技术和新知识动态调整教学内容,增加实践类课程和实践环节在课程体系中的比重,提升学生的职业核心能力和社会适应能力,为高技术技能人才的培养打下基础。

3. 落实协同育人的教学过程

为了提升学生的职业适应能力,使学生具备职业岗位所需要的职业道德和职业能力,高职院校应当联合企业对专业设置和课程标准进行论证,使其适应产业和企业的需要,并在此基础上进行教材和教师教学能力、教学方法的改革。企业帮助高职院校进行"双师型"师资队伍建设,让高职院校老师能够具备良好的专业技术能力和熟练技能,同时协作高职院校开发紧密结合生产实际的新型活页式、工作手册式的实训教材,配套开发信息化资源,并及时对教材内容进行动态更新。在教学过程中,校企双方通过搭建真实场景、提高实践性环节的比重,引入大数据和人工智能等现代教育技术来提升学生主动参与学习的兴趣,真正做到以学习者为中心。在教学评价时,改变以往由高职院校主导的评价方式,将企业引入评价体系,从对学生的成绩进行评价转为对学生的专业技术应用能力、解决问题能力、创新能力和社交能力进行考评,起到激励学生的作用。

(三) 多主体有效协同的育人模式探索

在校企合作多主体协同育人的过程中,各个参与主体应当紧紧围绕战略性新兴产业发展对人才的需求,深化产教融合,培养服务产业链的创新型、复合型技术技能人才,创新型、复合型技术技能人才不但要具有突出的专业技能和完备的人格特质,也要有较高的综合素质。"政行企校"可以从构建利益驱动机制、组建双师型教学团队、校企协同开发课程、创新教学管理模式和建立多元评价体系等方面展开协同育人的探索。

1. 构建利益驱动机制

当下企业参与职业教育的积极性总体不高,根本在于其利益无法得到保障,高职院校应当坚持以校企合作双赢为原则,提供充足的高素质技术技能人才,支撑企业的人力资源结构不断优化升级。学生作为产教融合系统的核心单元,其利益诉求也应当被充分考虑,在校企共同推进产教融合时,需要对学生在企业的学习内容以及应享有的权利和应履行的义务进行明确界定,从制度上保障学生的合法权益。

2. 组建双师型教学团队

双师型教学团队是保证产教融合人才培养质量的关键因素,为了能够有效组建双师型教学团队,促进产业导师和学校导师之间的紧密合作,高职院校和企业应当构建专业梯度发展格局,聘请产业导师到学校任教,通过内培外引、双向挂职的方式,打造由"'教授+大师+巧匠'领衔,专业教师+行业专家融合"的双师团队。在双师团队的建设中,产业导师的遴选标准尤为重要,产业导师除了要进行技能的传授,还需要承担学生的职业启蒙工作。因此,产业导师除了应具备一定的授课能力,能够将技术传授给学生以外,还应当具备对学生职业规划进行指导的能力。

3. 校企协同开发课程

高职院校应当联合企业,根据学生职业能力发展的自身规律和企业岗位设置的特点,进行一体化的课程体系设计与开发,根据学生自身的职业理想和岗位职业生涯规划等开设基于学生个人职业发展规划的需求课程。着重与企业共同打造适合产业发展、行业需求的模块化专业群课程体系,完善课证融通的"通识＋基础＋核心＋拓展"的基本框架,深入企业调研,紧跟产业发展,架构切实满足行业企业需求的课程模块。此外,校企应当联合创建基于当前市场的教学环境和集实境化、开放式、多功能于一体的实践教学场所,依托教师工作室、专项实训室、学生创业工坊、信息化网络教学平台,将行业、企业的最新技术、工艺、规范纳入教学标准和教学内容,使教学标准对标职业资格证书要求获得的职业岗位能力,实现"产业—职业—专业—学业—事业"的无缝对接。

4. 创新教学管理模式

高职院校和企业应当坚持"教、学、做"一体化,真正做到教中学、学中做,构建"教、学、做"一体化模式,坚持实用为主、够用为度的原则,有效实现理论知识和实践知识在学生头脑中的整合。按照项目导向,建设基于教师分工协作的模块化教学专业群,依托学校与企业共建校企合作人才培养联盟,与行业高端企业签订人才联合培养协议,企业提供岗位需求,以学生为主体进行岗位意向初选。打破学生原有自然班进行重组,成立订单班、定向班、企业冠名班等方向班,按照企业岗位需求定制方向班人才培养方案,企业深度融入人才培养过程。

5. 建立多元评价体系

质量保障机制的构建是确保高职院校人才培养质量的必要措施,高职院校应当建立完善的学生培养考核评价体系,采用过程性考核与结果性考核相结合的原则。评价体系不光包括对学生的考核,也包括对产业导师的考核,对学生的考核主体应当包括学校、行业、企业或第三方机构,考核内容包括知识掌握程度、实际操作水平、工作表现、工作任务完成情况等,最终将考核结果作为定期检查与反馈的依据,并据此完善与重构人才培养方案。

三、融合共生与现代产业人才培养的基本观点

(一)融合共生打造校企合作命运共同体

1. "共生型组织"与"命运共同体"的提出

美国学者罗莎贝斯·莫斯·坎特(Rosabeth Moss Kanter)曾经提出"协作优势"的观点,在她看来,具备卓越的建立、保持广泛协作关系的能力,对提高组织的竞争力有着重要的作用。事实上,所有组织都处于复杂的产业网络中,没有哪个组织可以离开协作独自生存,不同的组织只有联合起来,才可以创造更多的价值。协作不仅可以融合合作系统中每个组织的竞争优势,还能够优化组织之间的竞争关系,更好地激发每个组织的活力,最终更好地满足用户的需求。

基于协作的要求,相同领域甚至不同领域的组织成了荣辱与共的命运共同体。为了应对数字时代的挑战,组织需要改变固有的思维模式,将传统的价值链创造价值模式转变为命运共同体合作创造模式,利用互联网技术实现合作各方的无缝连接,获得更高效率的问题解决方法。这种全新的组织被称为"共生型组织",是一种基于用户价值创造和跨领域价值网的高效合作组织形态,所形成的网络中的成员实现了互为主体、资源共通、价值共创、利润共享,进而实现单个组织无法实现的高水平发展。共生型组织的生态网络与传统的单线竞争线性思维不同,打破了价值活动分离的机械模式,真正围绕用户价值创造发展,将理解和创造用户价值作为组织的核心,进而使创造价值的各个环节以及不同的组织按照整体价值最优的原则相互衔接、融合以及有机互动。

2. 校企合作命运共同体的特征要素

由政府、行业协会、企业和学校组成的校企合作命运共同体具备资源多样性、共同专属性、动态适应性、共生共进性和竞合博弈性等特征,这些特征决定了校企合作各方要想实现组织的目标,必须形成命运共同体。

(1) 资源多样性

"政行企校"命运共同体拥有丰富的资源,高职院校提供的师资、实训基地、技术成果,企业提供的技术人员、生产过程、文化理念,政府提供的激励政策和制度支撑,行业协会提供的项目技术指引和智库服务等资源在整个校企合作命运共同体中相互融合。

(2) 共同专属性

共同专属性强调的是校企合作命运共同体对稀缺资源的依赖性和互补性，反映了高职院校和企业作为校企合作主体之间的资源互补程度和不可替代程度。共同专属性由高职院校和企业提供资源的意愿、提供资源的总量和所提供资源的不可替代性来决定。

(3) 动态适应性

随着科技的不断发展和产业转型的不断深化，校企合作命运共同体所面临的环境也在不断发生着变化。校企合作命运共同体可以在内部运行机制调节和外部政策激励的共同作用下，始终保持着动态调整的能力以适应环境的变化，不断吸收新技术和新知识，整合新资源，并将其转化为新成果。

(4) 共生共进性

校企合作命运共同体内蕴含着种类多样且互补的资源，各方之间的合作能够产生巨大的协同效应。校企合作命运共同体能够将知识、技术、人力、产品、服务、课程等资源进行整合，形成服务地方经济，衔接地方产业的课程供应链、人才供应链、产品供应链和技术创新链，为产教融合各方目标的达成提供有效支撑。

(5) 竞合博弈性

同一区域内拥有同质化资源的企业和高职院校之间存在竞争关系，企业要想在产业转型的过程中谋得先机，在不断变化的产业环境下获得更多的收益，必须获取与其他企业拥有资源存在差异的资源。高职院校想要在人才培养、专业设置、组织结构等方面塑造核心竞争力，同样需要获取其他院校所不具备的资源。校企合作命运共同体的组建能够为各个参与主体提供信息互通、资源共享、技术创新的平台，帮助其获取异质性资源。

3. 校企合作命运共同体的运行机制

校企合作命运共同体作为政府部门、行业协会、企业和学校等多主体共同参与的系统，实现了教育链、产业链、创新链和人才链的动态耦合，增加了各个主体之间的联系，形成了资源共享、优势互补、互惠互利的发展机制。高职院校和企业作为校企合作的主体，以校企合作命运共同体为架构合作培育人才，实现专业与产业需求对接、课程内容与职业标准对接、教学过程与生产过程对接。政府部门充分发挥决策指引的关键作用，健全校企合作命运共同体人才培养法律支持体系。行业协会是行业职业资格标准的主要制定者，也是市场信息的传播者，能第一时间关注到产业结构调整和岗位需求变化，从而帮助高职院校制定专业培养目标，行业协会作为政府、企业和高职院校之间的"桥梁",决定了校企合作命运共同体的协调性和适应性。

(二)现代产业人才培养效率源于协同而非分工

1. 传统的组织管理理论

传统的组织管理理论大多诞生于工业大生产时代,其关注的重点是如何提升组织的效率,从而帮助其开展大规模生产活动。Puranam 等认为,在传统的组织理论中,一个高效的组织通常应当具备以下四个特征:首先,这个组织必须是由多个参与主体自愿加入而组成的,这些参与主体可以根据自己的意愿决定去留;其次,在这个组织中必须存在一个明确且可识别的边界,这个边界可以基于资产所有权和员工的雇佣合同来界定,以此来确定组织与外部伙伴和内部成员之间的关系;再次,组织必须具备一个清晰、明确的,必须参与者通过集体行动才能实现的集体目标,尽管在某些情况下,组织目标和个体目标可能存在明显差异;最后,组织必须制定一整套激励和约束机制,使动机不同的个体愿意为实现共同的集体目标而作出贡献。

2. 数字时代下组织管理的转变

(1) 传统商业社会的组织边界逐渐消失

在数字时代,伴随着雇佣关系和工作方式的转变,传统商业社会原本清晰的组织边界也在慢慢消失。忻榕等认为,得益于组织采用的知识共享工具,例如即时通信软件、线上会议平台、开放式创新讨论区等,个人与组织正在形成一种"以我为中心"的新型社群关系。随着组织内外部的边界变得越来越模糊,如何在参与者之间构建彼此信任关系,整合、共享和利用平台信息资源对于数字时代的组织而言至关重要。

(2) 复杂的外部环境导致产品或服务边界模糊

在传统的创新模式中,产品的概念是固定的,并由此产生了诸多概念与模型,这些理论的共同点是它们都假定组织内的产品和创新有一个固定的边界和清晰的目标。而在数字时代,产品或服务创意不仅会传播,还会随着传播而变异和进化。任何产品或服务在整个生命周期中都可能是不完整的,用户可以不断地添加和删除应用程序并更改它们的性能,这一开放性的特征为以后的创新创造了无数的可能性。陈威如等认为,为了应对这种复杂性和不确定性,组织需要越来越多地借助普适数字技术创建融合知识、技能、学习过程、结构和战略的共生平台,形成一个复杂的创新生态系统。

(3) 传统激励约束机制面临挑战

在传统的组织管理中,为了保障组织目标的达成,组织需要制定一整套激励约束机制以协调、整合组织成员之间的合作。传统的激励机制通常包括劳动合同中规定的经济报酬，以及头衔、同事的支持和晋升机会等各种非经济类报酬。在数字时代，传统的激励机制由于雇佣关系的转变和新生代的价值取向及工作动机的差异而无法发挥预期效果，组织必须针对数字时代的特性，制定合理、有效、公平的激励和约束机制，以此吸引开放式创新体系的参与者。

数字时代的来临导致传统的人员组织原则和组织运作模式发生了很大的转变，这也造成传统的管理学概念无法直接指导新兴的工作模式和组织实践。因此，在数字时代，如何恰当地进行工作设计，将来自内外部的参与者整合为一个有机整体，解决彼此之间的合作和协调问题，有效地实施数字化转型是一个亟待解决的问题。

3. 数字化时代下提升人才培养效率的探索

数字化时代下，共生协同理论可以帮助高职院校提升现代产业人才培养的效率。共生理论研究的是高职院校的进化路径，认为高职院校必须打开边界与其他利益相关主体共同成长。协同理论研究的是数字化时代下组织效率的提升，认为组织效率的提升主要来自外部的合作而不是分工。在互联网时代，人们可以通过微课、线上课程等手段随时随地获取知识，如果高职院校只教授传统理论知识，所培养出的学生是无法在充满易变性、复杂性、模糊性和不确定性的时代下生存的。此外，科技的发展为每个行业都带来了发展的机遇，高职院校也需要全方位的技术赋能，从而在快速发展的社会上立足。在这样的背景下，高职院校的人才培养需要从传统的逻辑转向协同共生的逻辑，以提升现代人才培养的效率。

传统的竞争逻辑要求高职院校必须获得独特排他的教育资源才能取得竞争优势，共生逻辑则认为高度不确定性的环境会让传统教育资源优势转而成为劣势，从而阻碍高职院校独立创造价值，只有将政府、行业企业和学校看作一个共生的生态系统，才能为高职院校带来更大的价值。系统内的各个主体协同合作带来的系统效率远高于分权分工带来的效率，技术赋能则为合作提供了可能，降低了时间和组织成本，帮助组织围绕人才培养目标进行资源配置和优化，实现生态系统效率的最优化。

（三）产教融合价值网络成员彼此互为主体

政府、行业协会、企业和学校作为产教融合价值网络的成员，彼此之间应当互为主体，必须将现代产业人才培养作为校企合作命运共同体的利益结合点,促进高职院校与价值网络其他成员之间的资源互补,推动高职院校与价值网络其他成员之间建立责任共同体,推进高等职业院校文化与企业文化相融合。

1. 将现代产业人才培养作为校企合作命运共同体的利益结合点

随着产业融合的推进,新产业、新技术和新产品层出不穷,培养能够满足产业和企业发展需求,服务地方经济,具备高素质、高技能的复合型、应用型人才成了政府、行业协会、企业和学校的共同目标。校企双方应发挥主体作用,推进专业与产业需求对接、课程内容与职业标准对接、教学过程与生产过程对接,最大程度提升高技术技能人才共育的效率。

2. 促进高职院校与价值网络其他成员之间的资源互补

企业和高职院校作为人才培养过程中的主要参与者,应当对接各自的资源缺口,形成异质性资源的有机融合。高职院校毕业生的技术创新能力和社会服务能力等资源是企业期望获取以维持自身竞争优势的,企业的技能人才、技术、训练环境、生产设备、就业岗位等资源是高职院校所缺乏的,校企双方应当共建优质的教学资源平台,加快实现资源的互补和融合。此外,政府提供的激励政策和制度支撑,行业协会提供的项目技术指引和智库服务等资源也应当在整个校企合作命运共同体中相互融合。

3. 推动高职院校与价值网络其他成员之间建立责任共同体

校企合作各方应当将对方的需求视为自身的责任和义务,主动为对方的发展着想,促进企业的态度由被动参与转为主动寻求合作。政府部门通过政策引导来规范与约束产教融合价值网络中的各个成员,行业协会站在行业的角度对行业内企业进行约束、监督和评价。校企双方应当立足全局,明确各个主体的权、责、利,强调权、责、利在整个责任共同体内部的平衡和互动,以保障产教融合的顺利开展。

4. 推进高等职业院校文化与企业文化相融合

企业文化是企业生产经营和管理活动中所创造的具有企业特色的精神财富和物质形态,核心是企业的精神和价值观,是企业生存、竞争和发展的灵魂。高职院校可以通过教师工程实践和学生顶岗实习等方式让教师和学生了解到企业的文化,并产生积极的认同意识,将高职院校的精神文化和企业的精神文化相融合,将优秀的现代企业文化注入高技术技能人才培养的全过程。高职院校应当以专业和课程为载体,在教学过程中加强对学生的职业道德、职业精神和创新精神的培养,帮助学生形成基本的职业价值观念。

第三章

现代产业人才培养模式创新

第一节　多主体协同产教融合平台建设

"十四五"时期,越来越多的地区将把"创智新高地"作为区域发展的重要定位,推进实施更大力度的创新驱动发展战略,全力把经济增长的动力源从"要素驱动"转向"创新驱动"。在此背景下,当前现代产业人才培养最大的矛盾,是急剧变化的产业人才需求与迟钝滞后的人才培养供给之间的矛盾。高新技术企业需要的已经不是合格的高技术技能人才,而是满足企业用户综合解决方案需求的"德技并修、知识多元、技术复合"的创新型高技术技能人才和团队。但是,单一高职院校凭借自身的本地资源能力,难以满足这种"超级需求"。

凯文·凯利(Kevin Kelly)说:"所有企业都面临死亡,但城市却近乎不朽。"城市的不同之处在于,其结构是多中心化的,其动力无处不在。而共生型的产教融合平台,也需要达到类似"城市"的功能,政府、行业协会、企业、学校、学生、家庭等多元社会力量参与到职业教育的办学过程中,形成动态演进、协同发展的合作网络关系。在这个共生系统中,如何构建一个以资源为纽带、以利益为动机、以价值创造为核心、协同共生的产教融合平台,是提升现代产业人才培养质量的关键问题。

一、新时期产教融合平台建设面临的挑战

(一)平台资源共享问题

产教融合资源包括人力、物力、信息、财力四大资源,按照教育性资源框架来分析,校企合作共享资源主要有人力资源、生产资源和衍生资源。受宏观政策实效性,中观社会人力资源环境,微观学校、企业价值观差别等校企合作内外部环境影响,产教融合平台资源共享的有效性还存在较多问题。

1. 人力资源共享问题

校企合作参与共享的人力资源主要是师资和学生,师资包括校际专业教师、兼职教师的共享,以及企业家、企业技术人员、企业实践教师的共享;学生包括企业实习实训的各校学生。在师资共享方面,初步形成了校企、校校之

间的师资共享共用的教师资源库,企业技术人员到校承担课程或实践教学任务,学校教师承担企业岗位培训,部分校企合作项目开展了校企混编师资团队开展技术攻关的项目实践。

但从人力资源配置成效看,还有着较大的优化空间,具体表现在以下几个方面:一是人力资源共享合作层次较低。未充分发挥各主体人力资源的核心优势,如企业技术人员担任学生顶岗实习导师等低层次的合作多,深度参与产教融合实训基地建设等项目的少。二是人力资源共享合作目标分散。校企合作共享人力资源缺乏具有明确目标导向的载体,如多数合作项目人力资源部门人员因部门岗位绩效需要,参与校企合作积极性高,相应企业直线部门人员参与少,校企合作没有发挥企业人力资源的专业技术优势。三是人力资源共享合作模式稀缺。平台型组织人力资源共享需要有稳定的合作模式,从而增加来自行业、企业、学校不同领域人力资源的交互与合作,如"固化流程＋云上人力资源"。校企合作中企业师傅、技术人员如何参与人才培养,如何在平台发起一项技术攻关项目,项目推进如何分配收益都缺乏明确的模式,直接增加了人力资源共享合作的交易成本,降低了人力资源共享的成效。

2. 生产资源共享问题

校企合作参与共享的生产资源主要包括硬件资源和软件资源。硬件资源主要是实习实训场所建设,即实训中心、工作室、配套设施等;软件资源主要包括教学培养实践,即课程、教材、项目化教学、培养方案等。生产资源的"共谋、共建、共管、共用、共享"始终作为校企合作产教融合的显性部分给予重点关注,在实训场所建设方面,学校和行业、企业通过共建校内外生产性实训基地、导入企业真实业务、构建虚拟仿真企业场景等方式推进校企共建实训场地,开展基于"工作流程、实践导向"的教学模式改革;在教学培养实践方面,校企合作开展课程教材开发,使用企业项目作为课程教学的载体,推进行动导向、学生主体的课堂教学革命。

但对应现代产业复杂制造、知识驱动的产业特征,生产资源共享还存在较大的提升空间,具体表现在以下几个方面:一是生产资源共享起点低。校企共建以静态方式参与校内实训基地建设,校内实训基地建设不能与行业最新发展趋势保持同步。在校企共建的生产性实训基地中,生产比重大,造成了对人才培养的实际教学作用少。二是生产资源共享可持续性差。校企合作产教融合基于项目开展的生产资源共享,侧重在硬件资源合作多,且主要以学校为主体,依托生产资源开展深层次的"岗课赛证融合"的课程体系改革不深入,服务现代产业发展的新课程、新形态资源建设成果缺乏,导致生产资源共享因为缺少实质性的合作成果,降低了合作项目的可持续性。三是生产资源共享效应弱。生产资源共享核心是有效介入来自行业、企业的多元资源,实现"理实一体化"培养现代产业高技术技能人才,发挥产教融合平台的资源集聚效应,谋求范围经济是解决高技术人才培养高成本的有效方式。而当前的校企合作平台普遍缺乏生产资源共享的机制、模式,多元主体生产资源共享效应缺乏,制约了合作主体的共享积极性和主动性。

3. 衍生资源共享问题

衍生资源是校企合作中具有增值性的资源,它包括研发资源、意识资源、平台资源、文化资源。研发资源,既可以说是技术攻关也可以说是技术服务,涉及知识产权、生产专利、重大项目等。实践中,企业给出"技术问题",教师承接来做或者企业技术团队与高校教师团队混编组成项目组,共同开展科技攻关。意识资源,既包括主观认识也包括文化渗透,教师去企业实践锻炼,促进其对产业发展的认知、更新育人理念、对接市场需求完善教学内容。平台资源,拓展学生就业渠道,提高就业质量。文化资源则包括企业文化、行为规范、操作流程、职业素养、经营理念等。

对于衍生资源共享,当前校企合作平台虽然有一部分已经在实践开展,但效果不是很好,具体表现在以下几个方面:一是研发资源共享不足。产教融合平台对校企合作产学研协同促进作用不足,校企合作开展的技术攻关项目少,面向新经济、新技术、新产业的重大项目更少,高职院校在应用技术革新层面对产业发展贡献度少。二是平台资源整合不足。产教融合平台对教师工程实践专业意识更新和产业认知缺乏有效的项目和机制设计,对应平台内企业用人需求和学生信息存在较大信息不对称。三是文化资源融入不足。当前,我国职业教育高度重视"工匠精神"的传承,注重思政课程和课程思政在人才培养各个环节的覆盖,但在产教融合平台建设过程中,往往只重视对实体资源融入,对企业文化融入、职业素养元素提炼等隐性资源建设不够关注。

(二) 平台组织机制问题

职业教育作为一种类型教育,其人才培养理念是产教融合、培养模式是校企合作,为此构建的产教融合平台必须围绕产教要素的深度融合以及校企多元主体的有效合作,搭建平台型组织并构建有效的产教融合机制。

1. 平台型组织架构问题

按照百度百科的定义,学校是指教育者有计划、有组织地对受教育者进行系统的教育活动的组织机构。从学校组织属性看,由于其教学运行稳定有序、计划性强,学校组织架构多采用金字塔型的职能制组织架构,以科层制组织分工管理为主。随着新经济时代的来临,产业技术革新速度不断加快,"互联网＋"带来的跨界整合效应不断颠覆行业传统认知,对应紧密对接产业发展需求的高职教育变革要求不断加大。中共中央办公厅、国务院办公厅印发的《关于推动现代职业教育高质量发展的意见》指出:"完善产教融合办学体制,积极培育市场导向、供需匹配、服务精准、运作规范的产教融合服务组织。"对此,高职院校主导建设的产教融合平台,其组织形式必须要向平台型组织结构转变。

产教融合平台型组织架构必须解决以下问题:一是组织结构缺乏科学性。"政行企校"多元主体参与的产教融合平台,必须使行业协会、企业参与到人才培养、协同技术革新等产学研各个领域,既有的教务、人事、二级学院部门和外部合作企业如何高效协同,必须进行合理的组织架构设计。当前校企合作建设的产教融合平台,许多是在学校组织架构上进行二级部门设置,企业主体的作用在组织结构上无法保证。二是组织结构缺乏灵活性。产教融合的主体在性质上存在较大差别,平台上有规范指导的政府、有关注效率重视收益的企业、有准公共性担负行业协调的行业协会,学校则是以立德树人为根本任务的事业单位,现有的产教融合组织架构多数按照既有学校组织建设的线性思维进行架构,没有关注不同主体的属性、利益冲突点,组织架构缺乏创新,不利于多主体的资源融入和产教深度融合项目的推进。

2. 平台共享机制问题

产教融合平台通过集聚效应,通过整合学校、企业、行业等组织,将教师、学生、企业技术人员、高级专家等人力资源以及由此产生的协同项目承载的技术资源、生产资源整合到产教融合平台上。而要进一步提高资源效率,就必须建设有效的"共享机制"。

受体制机制影响以及校企合作管理经验和模式的缺乏,现有产教融合平台机制建设问题较为突出,主要表现在以下几个方面:一是缺少利益分配机制。由于校企合作一般多由学校发起,作为事业单位的学校缺少利益思维方式,对产教融合平台参与者如何获得合理回报考虑得少,对组织结构变化带来的利益冲突考虑得不全面,例如学校职能部门参与校企合作绩效获益与组织自身工作绩效的冲突。二是缺少深度协同机制。校企合作共同开展人才培养方案制定、共同开展课程开发、共同开展教材编写、共同开展技术服务,需要一线教研室教师、企业技术人员主动融入,获取需求信息,并组织资源实现交付；更需要学校人事、教务等职能部门以及企业人力资源、技术研发部门给予技术指导、知识模块等资源保障赋能；还需要行业协会、企业管理部门和学校制定政策、规划战略、塑造文化，这些都离不开有效的协同机制。三是缺少激励机制。平台需要明确学校和企业、学校和教师以及企业技术人员之间如何分配合作的价值溢出，好的"激励机制"能够鼓励更多的主体和项目出现。四是缺少风险控制机制。当前，产教融合平台建设原则经常提到"风险共担、收益共享"，但在实际校企合作过程中，对产教融合风险识别不充分，企业主体导入和合作过程中的风险控制缺少科学规范的操作制度。

（三）平台有效运营问题

1. 平台价值理念问题

产教融合平台要达到集聚产教要素资源的目的，必须要有"价值理念"，即平台要有共同的使命、愿景、价值观，参与校企合作的不同组织的使命和愿景各不相同，但产教融合平台组织的价值观必须要有共性，即开放融合、平等共生、互利共赢。这种价值观是契约之外的共识，发挥了"非正式治理"的作用。这是组织的一种底层逻辑，对于平台上个体合作契约未涉及的部分，一旦出现例外情况，就可以通过共识，解决契约之外的事宜，使合作效率大大提高。

但产教融合平台价值理念并不是可以简单设计出来的，而需要学校高层转变管理理念，需要在平台参与各个主体形成共生信仰的文化，通过有效的机制设计让"自我约束、中和利他、致力生长"三个元素有效地组合到一起，以长期主义的观念构建价值理念。当下产教融合平台建设价值理念普遍缺乏，学校关注的是教学改革绩效，企业关注的是收益绩效，只有通过价值理念构建形成相同的共生信仰，才可以最终形成互为主体、灵活高效、整体合一的共生型组织。

2. 平台战略定位问题

产教融合平台是提升职业教育适应性的动力源，在总量资源有限投入的情况下，必须明确产教融合平台战略定位问题。这里的战略定位有两部分：一是明确平台的核心领域（核心用户），二是明确学校主体的核心能力。这是产教融合平台持续深化的底层逻辑，平台只要基于核心领域产业的深度需求，提供基于核心能力的解决方案，平台的集聚效应就会不断放大，平台的范围经济就会持续提高，学校办学特色和高质量人才培养的目标就必然达成。

但在当下产教融合平台的建设过程中，许多产教融合平台建设前缺乏定位研判,在非战略发展领域开展平台建设,导致"撒胡椒面"一样的布局;许多产教融合平台虽有定位,但受体制机制等影响,平台建设资源投入缺少持续性,导致产教融合平台在相对产业领域的技术先进性、行业代表性不强,平台自身数字化技术不足、多主体协同效率低下。

二、产教融合平台治理机制创新

(一)校企合作多主体有效协同机制

1. 校企协同价值预期机制

价值观会影响个体的行为模式,且一旦形成就很难在短时间内改变,匹配的价值观可以降低未来合作冲突预期。行业、龙头企业、中小企业等多个主体参与人才培养过程中,可以通过多主体协同互补策略找到各个主体的价值互补点,发挥各自的长处,从校企合作人才培养、基地共建、产学合作、技术创新、社会服务各个维度进行价值互补,通过有效的协同期望管理,融合先进企业文化、企业家精神、高校学术文化,使"行企校"各个主体的合作理念和价值观统一起来,形成持续稳定的校企协同文化。在校企合作中,行业协会可以提供信息平台功能;产业链核心企业可以和学校一起共同扮演行业标准与专业教学标准的开发者角色;更多的中小企业可以为学校提供产学合作的项目,为学校毕业生提供各具特色的实习就业岗位。

2. 校企协同价值创造机制

"互联网+"从根本上说是通过技术、产业、人群、价值之间的协同来实现新经济模式的变革。就校企合作中的行业协会、企业、学校等主体自身所具备的资源来看,各有优势和特色。促进校企协同价值创造可以从三个方面探索新机制:一是实施价值点衔接策略,充分挖掘各协同主体的相对长项,围绕产业链、创新链、人才链三个方面进行多主体的价值整合;二是实施目标嵌套策略,将行业、企业、学校多主体目标有效融合,例如将学校课程开发与企业岗位培训结合,一方面将"新技术、新工艺、新规范"融入学校新形态教材建设,另一方面为企业提供了人力资源深度服务,降低了企业人力资源开发成本,从而实现各主体在完成各自目标的同时,完成产教融合的总目标;三是实施集合智慧策略,通过开展校企合作理事会制度建设、混合所有制机制探索等路径,构建激发和运用群体智慧的机制,为协同价值创造提供有效保障。

3. 校企协同价值评价机制

校企合作过程中存在明显的外部效应,多主体协同的校企合作要避免"搭便车"效应带来的负激励作用,创建长短期利益结合的协同激励是价值评价的关键。协同激励策略不仅包含在短期产生协同价值的主体激励,还必须包含对长期利益的协同激励。例如,在校企合作现代学徒制人才培养探索中,学校将世界500强公司等一流企业设定为战略性合作企业,在教师、资金、优秀学生优先分配等方面重点支持,从而激发优质企业的合作主体作用。

校企协同价值评价还表现为双向价值创造设计过程,这里的协同价值具有两个方面的效果。一种效果是从降低成本的视角去获得价值,如前置式的校企合作育人模式,通过为企业个性化定制人才培养,提高了服务合作企业人力资源的专用性,毕业到岗的学生适应性强、工作效率高,降低了企业人力资源成本;另一种效果是从拓展和创新产业价值的视角去获得价值,如校企合作设立校内生产性实训基地和技术创新工作室,通过校企合作共建产教融合平台,将高校技术研发与企业创新有机结合,提高了创新要素配置效率,降低了企业技术创新成本和风险。因此,开展校企协同价值评价,通过双向价值创造策略评价,可以从不同主体拓展新价值和重构成本两个方面,为校企合作创新、构建产教融合生态提供更多可能,创造更大空间。

协同价值评价需要建立协同追踪控制平台,通过大数据技术,对校企合作协同行为进行追踪,为协同过程的价值评价建立科学、量化的标准管理手段,从技术和机制上保障多主体协同的持续有效,以价值显性化的方式进行协同价值评价,激发行业、企业、学校各主体的积极性。

4. 校企协同价值分配机制

在协同管理的四个环节中,协同分配是整个协同过程的结束,也是决定校企合作下一个协同价值创造周期能否延续的关键,因此需要从两个方面对机制进行持续优化。一是协同价值的显性化。校企合作中企业的参与对新形态课程开发提供了哪些支持?又对人才培养的核心技能形成产生了哪些促进作用?工学结合的实践教学方式对课堂教学组织和企业生产带来哪些变化,成效如何?类似协同价值问题定性定量的回答,可以通过协同管理软件,将校企合作育人过程中的经验、技改提升等非编码的知识编码化,使得源于行业、企业、学校等多个主体固有的隐性知识显性化并为产教融合组织所共有,从而有效营造具有"共生逻辑"的校企合作环境,将校企合作组织建设成为知识型、具有持续创新动力的生态型产教融合组织。二是激活个体。激活"个体"是融合共生模式有效程度的"试金石",这个"个体"既包括组织内人的个体,也包括协同系统中组织成员的个体。

(二)产教融合平台的循数治理机制

大数据时代,校企合作将会受到大数据导致的五种思维方式的影响而产生深刻的转型和变革。第一种是平台思维。"互联网+"时代所倡导的平台思维是开放、共享、共赢的思维。只有开放才能获得更多的数据链接,才能通过平台规则、平台运营机制的创新,有效激励校企合作多方参与主体之间的互动协同。第二种是扁平思维。现代大数据处理技术和信息技术彻底改变了生产与生活的模式,解构与重构了教育的价值逻辑,社会、院校、企业、个人之间的关系更加扁平化,也使组织的边界更加模糊化和扁平化。第三种是精准思维。基于大数据的组织治理正是因为大数据技术可以从海量信息中获取各个参与主体在不同场景下表现出来的精准信息,从而探寻到更加有效的治理路径。第四种是网络思维。当下的任何组织机构都是嵌入社会之中的,与环境形成网状关系,网络思维是依靠群体行动求解复杂问题的良好方法。第五种是跨界思维。不同产业、不同组织边界变得模糊化,大规模的跨界融合以及产业链的纵向和横向整合加速。基于以上认识,校企合作必须遵循大数据的思维逻辑。

1. 校企合作循数治理功能

一是推动校企合作治理决策科学化。职业教育校企合作治理的核心要素是决策能力的高低,而决策能力依赖于决策工具的有效性。一方面,利用大数据技术能够将校企合作治理行为和公共决策建立在科学、完整、有效的信息搜集、挖掘、分析、处理的基础上,进而最大限度地提升校企合作活动决策的科学性与治理的精准性。另一方面,大数据可以广泛吸纳各个主体的智慧力量,为校企合作治理提供更广泛、更有力的多元社会化支持。

二是加强校企合作的多元主体合作。多主体校企合作育人是一种"实现管理中心和权力主体多元化"的治理模式,要实现多主体有效协同治理,需要大数据技术构建服务平台,形成一个有效的数据整体,通过互联互通、多向连接、实现信息和资源共享,建立"政府主管、院校主导、企业主体、多元协同、多方共赢"的多元主体共同治理新格局。

三是提升校企合作社会服务能力。大数据技术的数据挖掘分析功能,可以发现海量数据背后的价值逻辑和潜在价值机会,从而指导产品创新和服务创新。对于职业教育的基本模式校企合作而言,"大数据+"校企合作,可以显著提升校企合作社会服务能力。首先,大数据可以通过全面挖掘校企合作领域的各类型数据,重新审视校企合作人才培养模式,提升校企合作的适应性和有效性。其次,大数据为实现校企合作教育精细化管理提供了支撑,使校企多主体有效协同成为必然。最后,由于大数据分析技术的支持,校企合作人才培养能根据不同学生的学习需求、学习特点、学习禀赋进行个性化设计,制定精细化的培养方案,促使校企合作从人才培养手段逐渐走向支持服务体验。

四是提高校企合作治理绩效。现代治理理念和"多中心治理、开放治理、参与治理"的深化,要求参与职业教育校企合作的多元治理主体必须公开必要的信息和数据,体现公开与透明。大数据的应用,使整个校企合作生态链条上各主体参与职业教育育人活动中各个层面、不同类型的数据和信息的公开,比如政府、学校、企业、行业协会、学生、家长等各个利益相关者层面的资金投入、政策、发展动向、社会需求、监督评价等数据和信息的公开,不仅能够有效组合这些信息,还能深度挖掘处理分析,切实提升职业教育办学实践及治理活动的绩效评估水平。

2. 校企合作循数治理的实现路径

一是培育理念认知,强化循数治理思维。实现校企合作的循数治理,第一,要树立以大数据为载体的校企合作治理理念,建立系统化思维,逐步形成以大数据为支撑的职业教育治理决策导向价值观。第二,要树立与时俱进的全新数据意识,以"得数据者得天下"的气魄,强化"数据精神",养成大数据思维方式,积极践行"用数据说话、用数据管理、用数据决策、用数据创新",使校企合作工作由单方面决策转向多中心决策,满足多主体协同需求。

二是加强平台建设,构筑循数治理基础。加强大数据基础设施建设,提高对多元社会数据的处理效率和市场化运营效率。建立和完善职业教育校企合作治理的综合大数据系统,逐步形成对校企合作过程中的结构性和非结构性数据、数值型和非数值型数据的收集、挖掘、智能管理和深入研究能力,为大数据推动校企合作建立治理基础。

三是优化决策路径,提升循数治理绩效。推进校企合作循数治理,首先要形成多元共治的校企合作循数治理模式。在大数据时代,"信息是一种权力"的治理思想更加明显,这标志着治理权力发生了重要转移,因此必须要打破过去"中心-边缘化"的治理模式。摒弃自我中心的行政管理思维,积极探索构建政府、学校、行业协会、企业和社会多元主体之间的合作。其次,要完善校企合作循数治理的决策协商机制,充分利用自媒体网络平台和信息技术工具来汇聚社会众智、深度挖掘隔离信息数据的潜在价值,最终形成治理的合力以实现"智慧治理"。

三、产教融合平台建设探索

高等职业教育高质量发展体现在各个方面,产教融合的深化是提升职业教育适应性的关键。当前校企之间的合作关系已经从一元对接突破到"政行企校"多主体参与、协同合作的网络式共享模型,逐渐面向行业、面向区域以及面向产业寻求更大范围、更有效率的优质资源整合与共享。产教融合平台以现代学徒制、产教联盟(职教集团)以及产业学院的方式形成特定的组织目标、制度化的组织结构,实现跨界、跨组织的利益协调,围绕产教融合平台对产教优势资源进行集聚与整合,提升校企职业教育资源的共建共管共享水平与质量。

(一)基于现代学徒制的产教融合探索

2015年10月,江阴海澜集团有限公司(以下简称海澜集团)成为江苏省唯一一个由企业发起申报,并获全国首批现代学徒制试点单位的企业。海澜集团与江苏四所高职院校开展产教深度融合,针对经济发展方式调整产业结构。在企业转型升级过程中,面对技术型劳动力结构性短缺、高技术技能型人才缺乏等新问题,集团、学校按照全国职业教育工作会议精神和《教育部关于开展现代学徒制试点工作的意见》相关要求,根据以海澜集团为代表的高端纺织服装产业发展人才需求,探索实施以"学生/员工"为中心,以院校和企业为教育主体,以提高学生技能水平为目标,以适应职业岗位需求为导向的现代学徒制人才培养模式改革。

根据现代学徒制实施以"学生/员工"为中心的现代学徒制人才培养目标,将实训平台的"教学性"与"生产性"、"创新性"与"服务性"有机融合,依托校企共同体平台将一流企业技术、团队及项目业务在校内落地运营,协调企业生产与学校教学节奏,以企业生产实际指导学徒培养,实现教学过程与工作过程对接;依托校企共同体平台,整合校企优质资源混编师资团队,面向中小企业开展"四技服务",加快"三能型"教师队伍培养的步伐,实现教学内容与工作内容对接;依托校企共同体平台,集聚创新创业资源,指导扶持大学生开展创新创业训练,使创新创业能力培养融入人才培养的全过程,实现学生的可持续发展。

1. 现代学徒制组织架构与机制设计

建立以资产为纽带的理事会组织架构。为有效落实现代学徒制校企合作育人要求,海澜集团与江苏信息职业技术学院共同出资,以投入资产为纽带,建立校企理事会决策制度,实行理事会领导下的院长负责制。理事会包括理事长、副理事长、理事,其成员由企业总裁、人力资源部总监、技术人员和学校教学管理、学生管理、招生管理等人员出任。理事会是产业学院的决策管理机构,对产业学院的教学组织、生产实践、课程开发、师资建设、社会服务等领域重大事务进行咨询、协调和指导。产业学院执行机构由牵头学校、企业和试点院校共同选派人员组成领导班子,共同进行招生管理、学生管理、教学管理、就业管理等各项具体工作,具体如图3-1所示。

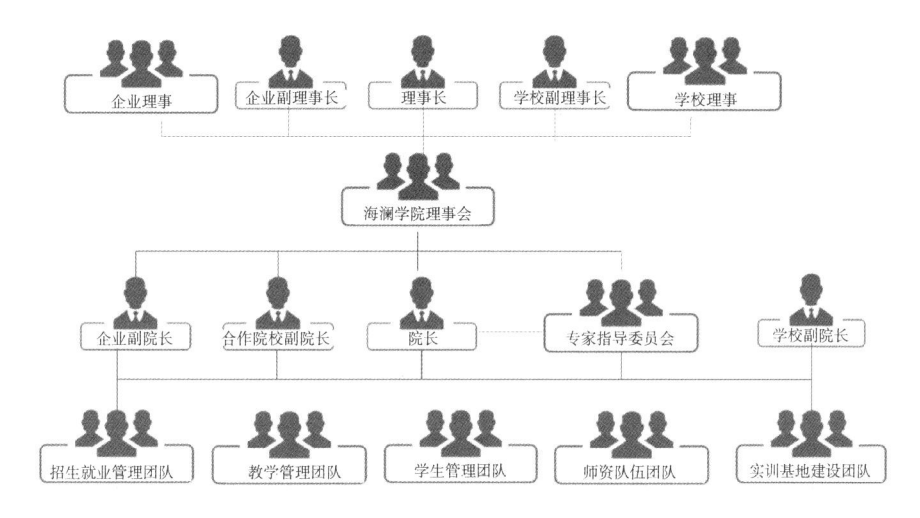

图 3-1 海澜学院组织架构

建立成本收益平衡的人才培养成本分担机制。现代学徒制人才培养运行经费主要包括三部分:第一类是公共经费,主要是学徒在学校与企业开展的专业课程成本、学校运行、职业资格认证等基础性开支;第二类是校企共建经费,主要是校企共建实习实训中心的开支和设备损耗等费用;第三类是专项经费,用于学徒补贴和保险、企业师傅补贴、绩效奖励等费用。海澜学院现代学徒制项目,公共经费主要源于财政下拨学校经费;校企共建经费源于地方财政拨款、企业资金及社会捐赠。截至2019年8月,试点项目共获得无锡市现代学徒制项目成果认证、无锡市校企合作示范组合项目等无锡市财政专项补贴40多万元。企业投入产教融合基地专项建设经费522.69万元,合作试点学校投入实训基地专项建设经费累计220多万元;专项经费主要由企业提供,海澜集团用于学徒补贴、导师激励等各专项费用达623.5万元。为统筹管理现代学徒经费,提高资金使用效率,海澜集团与合作试点院校针对学徒培养成立专门性经费,明确各责任主体的职责大小,形成"政-校-企"成本分担机制。

为了规范约束,确保校企育人的主体作用,校企双方建立企业资源成本分担机制。首先,在签署学徒培训协议时,明确企业主体承担责任,承诺技术、设备和学习场所的提供方式;按照实践教学组织要求,配备专职师傅,投入人力、物力,与学校共同制订人才培养方案、开发课程、共建产教融合实训基地、完成学徒培训的考核评估等,确保为学徒提供系统全面的专业化培训。其次,企业与学校共同制定系列学徒培养管理规定,保证校企"双导师"聘任、专业课程教学、实训的规范化、制度化,以有效的企业成本投入保证学徒培训质量。最后,基于产业学院理事会和专家指导委员会,成立由学校、企业、行业、学徒共同组成的现代学徒制督导组,对学徒培养过程、企业履职、校企成本分担进行评价。

建立多主体协同管理机制。海澜集团是国内知名的龙头企业,是高端纺织服装产业链的"链主"企业,其上下游包括纺织生产、供应链物流、时尚零售等多个行业领域,为满足服务一流企业培养一流技术技能人才的需求,海澜学院现代学徒制项目按照校企有效协同价值理论,通过预期管理有效协同行业、企业、产业链中小企业合作目标达成多主体合作价值认同。通过目标嵌套建立有效的校企协同价值创造机制,将海澜企业服务产业人才培养与行业内中小企业用人需求、技术服务有效结合,助力了海澜集团向平台型企业的转型变革,在一定程度上降低了现代学徒制人才培养不能形成完全闭环的损失。通过搭建"千日修养"等数字化平台,建立有效的校企协同价值评价和价值分配机制,降低了"行企校"多主体参与人才培养的"搭便车"行为,逐步形成了"基于认同、价值共生"的产教融合生态,为建立校企现代产业学院打下了坚实基础。

2. 政府在现代学徒制改革的主导作用

政府在整个现代学徒制人才培养模式改革中起到了主导作用。教育部为贯彻党的十八届三中全会和全国职业教育工作会议精神,深化产教融合、校企合作,根据《国务院关于加快发展现代职业教育的决定》(国发〔2014〕19号)要求,于2014年8月制订发布了《教育部关于开展现代学徒制试点工作的意见》(教职成〔2014〕9号),要求行业、企业参与职业教育人才培养全过程,做好五个对接:专业设置与产业需求对接,课程内容与职业标准对接,教学过程与生产过程对接,毕业证书与职业资格证书对接,职业教育与终身学习对接,以提高人才培养的质量和针对性。在国家宏观政策的指导下,江苏省教育厅、无锡市教育局通过配套试点政策方案、现代学徒制示范项目等方式针对管理机制、师资建设、资金投入、企业激励机制等方面出台了明确的政策措施,有效保障了现代学徒制人才培养模式改革工作的推进。

3. 合作企业成为现代学徒制实施的主体

现代学徒制是产教融合的有效路径,海澜集团与学校紧密合作,深度参与了学校的课程开发、实训基地建设以及产学研协同创新工作。

一是有效介入人才培养。海澜集团根据现代学徒制试点工作的要求,结合企业的实际情况,与学校协商、共同制定人才培养方案和企业课程标准,确定招生规模、学生选拔和退出机制,制定了《海澜现代学徒制学籍管理办法》,明确了课程的性质、课程体系的各个环节、学生毕业的学分要求、学分奖励办法以及学分学费的收取方式,适应了经济建设和社会发展对高等职业教育创新教学管理模式和制度的要求,注重素质和能力培养,调动教与学两个方面的积极性和主动性,充分发挥教师的主导作用和学生的主体作用,拓宽学生的知识面,开阔学生的视野,为现代学徒制项目培养主动适应社会主义市场经济发展需要的技术技能人才提供了制度保障。

二是提供资金支持。海澜集团通过设立奖学金、建立校内生产性实训基地、发放学徒津贴、共建苏信海澜产业创新人才孵化中心、设立"三新"课程开发专项经费等多种措施,有效推进了产教融合协同育人工作的开展。

4. 学校成为现代学徒制改革的主导者

一是根据企业岗位标准,实施"工学结合"人才培养。根据行业岗位工作标准,兼顾学徒(学生)未来发展需求,校企共同制定专业标准;在此基础上,校企共同制定课程标准开发岗位专业课程,形成从学徒到员工的现代学徒培养课程体系。课程教学组织以项目实践为主体,采用三阶段"工学交替"的方式进行。一阶段(1、2学期)为学徒适应期,专业实践教学联动企业阶段项目,以事件驱动的方式,训导促进学生行业认知内化职业理念;二阶段(3、4学期)为学徒成长期,专业实践教学依托项目化课程,学生按项目在不同岗位轮训,以项目驱动的方式,学做一体地训练学生专业技能;三阶段(5、6学期)为学徒成熟期,专业实践教学根据学生个人兴趣并参考工学交替岗位轮训绩效,安排实习岗位指定企业指导师傅,以岗位驱动的方式,进一步强化学生技能训练水平。

二是服务产业发展需求,校企产教融合建设高水平师资团队。按照现代学徒制人才培养要求,校企合作建设产教深度融合的"校中厂"和"厂中校"平台,以互聘共培共享的方式,一方面通过融合"教学性"与"生产性"、"创新性"

与"服务性"的校内产教融合实训平台,导入企业技术项目任务及团队,使企业导师入驻校园常态化;整合打造校企混编师资团队,面向中小企业开展"四技服务",加快"三能型"教师队伍培养的步伐;集聚创新创业资源,使创新创业能力培养融入人才培养的全过程。另一方面通过"厂中校"设立顶岗实习岗位,由企业导师一对一指导学生技能训练,加快学生由学徒到员工的角色转变。

三是岗课赛证融合,重构课程体系。学校课程和企业课程相互融合衔接,校企团队根据海澜集团目标岗位群,共同分析典型工作任务,结合国家职业技能标准要求,按照职业成长规律和学习规律,构建以项目课程为主体的模块化课程体系,将课程分为"职业通识教育课程""职业基础课程""专业课程""岗位实践课程"四大模块,形成从学生到学徒到员工的三段式校企双线交织的课程体系。以电子商务专业课程体系为例,该体系围绕海澜之家大电商平台运营构建了大项目制课程体系,实现了上课上岗、做学一体的有机融合。坚持校企共同开发课程的原则,由专业骨干教师和企业专家组成课程建设小组,选取企业岗位做好工作任务及职业能力分析,在此基础上参照国家、行业职业资格标准,重点开发和建设了"网络营销实务""网络销售客服""社群营销实务"等现代学徒制课程教案、电子课件、实训指导书等基本教学资源,保证三阶段工学循环人才培养模式的实施,有力推动学校教学与企业学习的融合。

(二)基于产教联盟的产教融合探索

按照融合共生理念,产教联盟(职教集团)可以形成一个共生体,成员伙伴以资源为纽带、以利益为动机,共生于一个平台。产教联盟(职教集团)根据建设定位一般可以分为行业型产教联盟和区域型产教联盟。行业型产教联盟一般由行业主管单位核准或发起,成员单位的核心利益和发展目标高度一致,组建和运行比较容易,专业集中,资源整合与共享比较容易。据不完全统计,现有国内产教联盟(职教集团)中,行业型职教集团占总量的70%以上。笔者所在学校依托长期坚守的电子信息类专业特色,牵头中国半导体集成电路行业协会等行业主管部门,成立中国微电子产教联盟和中国电子信息行业联合会物联网产教联盟两个行业型产教联盟,并获得全国第二批示范性职教集团培育单位。

1. 产教联盟(职教集团)的组织架构

行业型职教集团由学校发起,协同行业领域内相关高校、行业协会、行业上下游核心企业以及其他相关单位,有组织、有分工地为本地区特色行业产业服务,实现产教联盟与行业的全面合作,以专业群对接产业群,为行业提供与生产链相对应的人才培养,以及行业内员工的在职培训与学历进修,使集团内伙伴成员原有的无利益关系、无领导与被领导关系转变为服务和被服务关系。产教联盟明确理事会的管理作用,理事会出台议事规则,并经全体会员通过,以此明确区域型产教联盟办学的目的、组成、职能,明确牵头单位、成员学校、成员企业、行业协会、有关研究机构等不同主体在集团运作的权利与义务,理顺多元主体伙伴关系,确保各成员主体严格履行自身职责。理事会在产教联盟(职教集团)运行中充分发挥指导和监控作用,明确集团运作程序,科学制定联盟年度工作目标、合理分配集团项目任务,制定科学的产教联盟运行质量评价指标和评估方案,及时检查监督项目完成质量,并将考核架构作为集团奖励或提供专项经费的重要依据。

2. 建立理事会议事规则

以中国微电子产教联盟为例,产教联盟理事会由理事长单位、副理事长单位和理事单位构成。理事长单位包括无锡市半导体行业协会、江苏信息职业技术学院,负责理事会换届、理事会大会组织工作,主持常务理事会日常工作;设副理事长、常务理事若干名。理事长、副理事长、常务理事由理事会选举产生,任期四年。常务理事会秘书处设在学校理事长单位,设秘书长一名、副秘书长若干名,并配备相应工作人员。秘书长由学校理事长提名,常务理事会表决通过,为当然的常务理事;副秘书长由秘书长提名,可列席常务理事会。理事会下设秘书处协调各项工作,组建就业指导委员会、专业建设指导委员会、教学指导委员会,开展就业指导、专业建设规划、课程建设等工作。理事会对联盟内院校的办学方向、学科建设、专业建设、科学研究、职业技能培训、鉴定及社会服务等事项进行参谋、咨询、指导,对院校工作提出意见和建议,各院校领导定期向理事会通报各院校工作情况。

理事会优先获取联盟内院校各层次毕业生信息,优先挑选大专、中专毕业生;优先享有联盟内院校二级学院(系)、研究院(所)、实验室等多种形式合作办学的权利;优先享有与联盟内院校合作培训技术和管理骨干的权利。理事会可无偿或优惠获得联盟内院校新科研成果的技术转让;可享有合作研究课题、开发技术,攻克技术难题、技术创新的权利;可获得联盟内院校拥有的微电子产业领域发展前沿的技术信息。理事会可在联盟内院校建立人才培训基地(实验实训室)、创办研究机构等,并享受国家给予院校的有关优惠政策。

理事会为联盟内院校的发展提供资金、物资或政策优惠等方面的支持，为理事会募集基金。在同等条件下，优先向联盟内院校委托研究课题、技术攻关项目及有偿培训项目，为联盟内院校的教师挂职锻炼、技术研发以及学生实习、社会实践活动等提供条件。优先向理事单位输送优秀毕业生；优先提供相应的人才培训、科技合作服务，优先转让科技成果；优先为理事单位的重大决策提供信息、技术、法律等方面的咨询。通过多种形式和途径对外宣传理事单位，扩大其社会影响及声誉。

3. 形成结果导向的伙伴主体责权利分配

产教联盟通过契约的方式，将学校、政府、行业协会、企业等拥有不同利益诉求的主体纳入职业教育办学过程中，在集团平台下各参与主体，以共有项目、议事规则、民主协商、责任共担等促进校企之间科研服务、技术攻关的核心能力提高。

第一，形成项目合作纽带，打造伙伴共同体。一是合作项目实行伙伴式管理，以项目管理方式解决跨组织冲突，让两个或更多的组织在达成共同的项目目标时实现资源最大效应。二是多个组织以伙伴共同体缔约为手段建立行业资源共享联盟，通过优化配置内部资源，使各类主体的核心资源优势得以有效发挥。

第二，制定资源共享协议，促成伙伴间信任。一是确定平台资源性资产、产权归属问题，并以协议方式达成共识，提高资源后续管理效率，充分调动联盟内成员单位参与的积极性。二是在联盟内以校企协同创新为纽带，组织人力资源专家、行业学者、高技术人才构成研究小组，加大服务既定产业的人力资源开发研究和教育培训规划。三是在联盟内构建学分互认和信息资源共享机制，形成产教联盟的共同培养优势，带动整体的培养质量和办学效益。进一步发挥联盟内企业资源优势，搭建人才交流平台，帮助学生更充分、更高质量地就业。

第三，建立共治共担机制，保障伙伴共享落实。一是联盟内各主体要从人才培养和企业发展的不同角度进行换位思考，就人才培养工作中出现的共性与个性问题开展集思广益的研讨，促进联盟内成员单位达成团体共识。二是产教联盟突出多方参与和协商，兼顾多元主体的利益关系，构建契约型组织，强调多方参与和协商，形成基于共同体的治理体系。

（三）基于产业学院的产教融合探索

按照教育部和工业和信息化部发布的《现代产业学院建设指南（试行）》的

定义,现代产业学院是由面向行业特色鲜明、与产业联系紧密的高校,以区域产业发展急需为牵引,探索产业链、创新链、教育链有效衔接的机制,建立新型信息、人才、技术与物质资源共享机制,完善产教融合协同育人机制,创新企业兼职教师评聘机制,构建高等教育与产业集群联动发展机制,形成融人才培养、科学研究、技术创新、企业服务、学生创业等功能于一体的人才培养实体。

"云物大智"的新一代信息技术加速了产业结构的调整,使得传统生产方式、组织方式、管理方式发生了颠覆性变革,时代对创新型、复合型高技术技能人才提出了巨大需求,以产业学院方式构建产教融合平台,可以集聚高职院校优势特色资源,聚焦地区特色或支柱产业,创新机制打通产学研创各个环节,实现人才培养与产业发展、社会进步的同频共振。笔者所在学校依托国内最早开设集成电路专业的优势特色,自2011年开始,通过与华润微电子等一流企业合作设立企业学院,经过10年的创新与实践探索,建立了江苏省高职院校中唯一一所由政府主导建设的集成电路领域现代产业学院。

1. 产业学院的组织架构

构建"四链聚合"的产业学院治理结构。学校发挥传统专业特色优势,紧扣区域集成电路产业发展需求,在学校主管部门和行业主管部门以及地方政府的指导支持下,成立由政府、高校、企业、科研院所、行业协会代表组成的理事会,实行理事会领导下的院长负责制,邀请行业内国家级知名专家担任理事会理事长,聘请专业学科领域高层次专家担任产业学院执行院长。打造共建、共享、共融,"政行企校"多元参与、协同共治的校企发展共同体,构建产业链、创新链、人才链、教育链"四链聚合"的产业学院治理结构。

产业学院组织架构按照专业群建设、人才培养、科技服务、师资队伍建设四大事业版块,构建了职能分工明确、结构扁平化的组织结构。为提高产业学院产教要素资源配置效率,产业学院推进了平台型组织的建设与变革。整个产业学院组织分为前台、中台和后台三部分。产业学院前台由二级教学教研室教师和合作主体技术人员组成事业项目组,项目组负责捕捉行业动态趋势、对接企业需求和组织资源推进课程建设等专项工作。学校人事、教务等职能部门负责预算编制、规划组织以及资源保障,形成产业学院中台,中台职能部门绩效考核和项目事业绩效考核形成捆绑锚定,促进职能部门为教学单位教学改革赋能。学校党委与理事会构成产业学院后台,在专家委员会指导下,主要负责产业学院配套政策、战略规划、产教融合资源池构建,形成服务区域产业发展的特色定位和核心资源优势,具体详见图3-2。

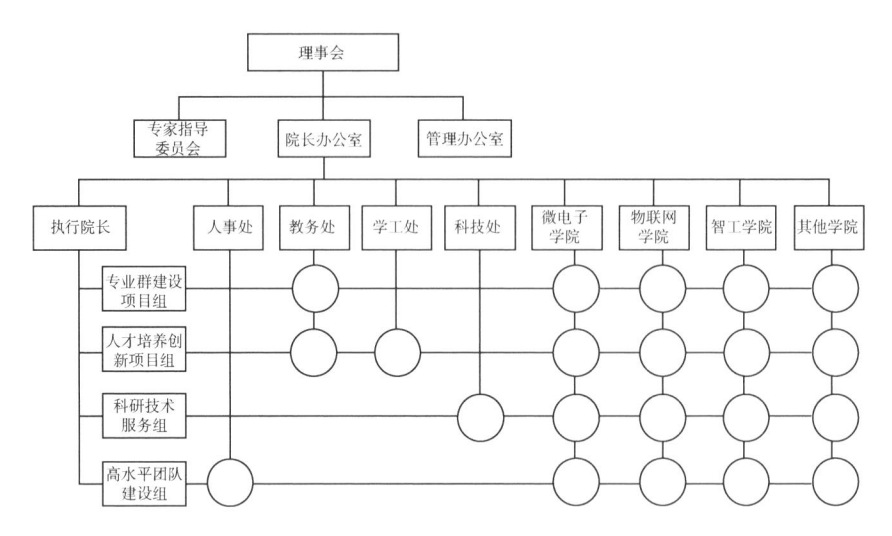

图 3-2　现代产业学院治理结构

2. 产业学院运行模式

产业学院由政府指导,行业协会与产教联盟平台协同,由构建的平台型组织,面向区域产业急需发展领域,实施"产-学-研-用"一体化的运行模式。

第一,平台建设一体化。一是产业学院建设采用"总部＋基地"模式,产业学院"总部"建在学校,由学校、合作高校和牵头企业共建共管。其职责是创新产业技术、高层次人才等优质资源,制定平台赋能体系和激励管控体系,打造服务产业发展的产教融合平台,为产业人才培养、技术创新增值赋能。二是产业学院"基地"企业以合伙的方式接入,其职责是承担"总部"协同的实践教学、技能训练、顶岗实习等教学任务,也包括延伸"总部"科研、技术服务与培训功能。

第二,人才培养一体化。一是紧扣产业"高精尖缺"创新型人才培养需求,对接产业链以优势专业群引领,聚焦产业链关键领域布局建设专业集群。二是以产业需求为导向,依据岗位标准、核心技术、职业素养,创新"学生主体、实践主导、德技并修"的人才培养模式,重构"岗课赛证融合"的课程体系,建设适应"高精尖缺"人才培养的高质量课程。三是面向解决企业发展过程中的技术问题和人才问题,特别聚焦中小企业技术攻关需求,建设紧密对接产业链的产学研服务平台,促进科技服务反哺教学改革。四是加大产业学院平台型组织对人力资源的聚合创新,"炸开人才金字塔,与世界交换能量",以任务团队结构取代层次结构,建设同步产业发展的高水平双师队伍。

第三,管理一体化。产业学院实行理事会领导下的院长负责制。产业学院作为一个独立运行的实体,按照现代企业制度的要求统一制定学院的绩效考核方案、管理规范和实施细则,以 PDCA 循环质量管理改进模型作为基本管理骨架,形成能够有效运行的单一集约化的管理体系。

第二节　基于产教融合的教师团队建设

在《国家职业教育改革实施方案》("职教20条")中提出的教师、教材、教法"三教"改革是职业院校关于"谁来教""教什么""如何教"的三大教学要素,也是影响职业院校教学质量最直接的因素。教育部高等教育司司长吴岩曾说过一句话:"改到深处是课程,改到痛处是教师,改到实处是教材。""三教"改革中教师队伍建设是提高职业教育质量的基础性工作。在深化产教融合过程中,如何打造一支数量充足、专兼结合、结构合理的高水平产教融合型团队,是一个需要深入思考的重要问题。

一、新时期高职院校教师团队建设面临的挑战

后工业时代,企业的技术状况与生产组织模式发生了根本变化,总体趋势是技术渗透到各个角落,小批量、柔性化生产正在逐步取代流水线的大批量、标准化生产。对应企业生产组织方式的变革,职业知识存在的范式也发生了根本变化,职业知识与工作任务之间的确定性联系不断减少,职业活动与专业活动的边界逐渐模糊,运用传统对工作任务进行穷尽式分析组织职业教育的思路,已经完全不适应新经济时代产业发展对创新型人才的需求,基于"项目化、模块化、情境化"的课程开发和教学改革成为必然趋势,如何深化校企合作协同开发匹配职业场景应用的教学资源? 如何通过校企协同开展技术攻关,以研促教提升教师对产业的理解和认识,进而优化专业教学内容? 这些问题的解决需要从跨界师资团队建设、高校教师专业能力提升、企业师傅教学业务普及等各个方面给予强化提高。

与此同时,信息技术的快速发展,一方面增加了知识获取的途径,另一方面也加快了知识迭代更新的速度。而在知识爆炸的时代,学习的本质是什么? 费曼认为学习不是用来改变命运的,真正高质量的学习,一定能够让人融入真实

的世界,它必须与时代同步,使学习者理解身边正在发生的一切,促进知识的运用和创新。在学习者中心,关注学习能力提升、情感获得的"深度学习"时代,如何组织行动导向的实践教学?如何克服网络时代碎片化学习的不足?如何在有限的课堂教学时间内组织有效的教学?如何适应以学生为主体开展翻转课堂实践?如何开展有效的教学评价?这些问题的回答和实践优化,对从事高职教育教师的专业教学和教学能力提升提出了巨大挑战。

(一)师资跨界融合问题

1. 团队构建问题

和当前新经济转型模式趋势一样,行业企业对现代产业人才培养的需求,同样需要学校提供一站式综合解决方案,为企业培养创新型、复合型高素质技术技能人才,按照产业链或岗位群进行专业组群方式发展成为必然趋势。组群专业存在跨专业、跨学科等情况,单一背景的教师团队难以适应专业群的发展需要,跨界组建师资团队是专业群健康发展的关键。

当前面向专业群开展的团队构建还存在很多问题,主要表现在以下几个方面:一是组织内跨界不充分。受学校内组织架构影响,跨专业跨院系构建团队少,组建的团队缺乏深度合作交流。二是组织外跨界融合不足。依托产教融合平台引入行业企业专家"顾多干少",对学校学科建设、人才培养、技术服务提升作用成效不显著。三是团队构建缺乏科学性。受高职校企合作经验不足或企业发展不确定等因素影响,很多产教融合团队组建缺少持续的项目支持,导致产教融合团队无法形成特色定位。

2. 配套制度问题

由个体转向团队,打造高效双师队伍,组织管理方式和人事制度变革是关键。对学校组织内部来说,通过"以群建院"的方式,以专业群为基点优化资源配置,鼓励教师跨学院、跨专业组建团队,首先需要完善的协调、激励等人事制度的支持;其次围绕产业对接需求,组织内外的跨界团队构建,则更需要系列配套制度予以保障和激励。

当前高效能双师队伍建设就配套政策制度而言,存在问题主要有以下几个:一是人才引进机制不完善。例如,由于学历受限等因素,企业的能工巧匠无法被引进;现代产业紧缺型高层次青年人才因无法低职高聘,不愿进校从教。二是人才发展机制缺乏。随着现代产业的快速发展,高职院校对高层次技术人才需求迫切,但由于缺少科研机构等事业发展平台,人才引进缺乏吸引力。三是人才改革机制不足。产教融合平台缺乏柔性灵活的用人机制,缺少深化产教融合的实质性改革政策,如职称晋升制度、团队自主绩效管理制度等。

3. 技术穿透问题

平台型组织变革的目的之一,是要让组织基于用户需求进行快速反应,进一步提高组织内个体的自主性,从而提高组织效率。产教融合平台聚合了来自学校、行业协会、企业、培训机构等多元主体的人力资源以及其他资源,如何获得足够的"可连接"的人力资源?如何搭建足够的"可持续"的合作,是产教融合持续深化必须要解决的技术问题。

在人力资源整合的具体落地方面,还存在普遍的技术穿透问题,突出表现在两个方面:一是人力资源连接不足。凯文·凯利在《失控:全人类的最终命运和结局》中表达了一个思想,他认为互联网的特性就是所有东西都可以复制,数字时代"连接大于拥有"。当前产教融合平台的"人力资源池"建设还不完善,组织内、组织外的人力资源尚没有形成真正的"可连接"。二是合作载体技术呈现不足。组织内外人力资源的连接,需要大量的合作形式作为载体,才能让个体之间实现"结构性"的交易,产生实际的合作,这需要类似数字平台等技术手段予以支持。

(二)专业能力跃迁问题

1. 实践能力问题

职业教育作为一种类型教育,与普通教育和成人教育相比较,职业教育侧重于对实践技能和实际工作能力的培养。实践技能和实际工作能力可以简单表述为解决问题的能力,现代教育理论对"问题导向"的学习方法推崇备至,认为教育唯一真正的认知目标就是解决问题。理由主要有四点:其一,问题解决是最真实的,因而也是学习者能够投入的最相关的学习活动。其二,研究表明在解决问题的情境下建构的知识更容易被理解、被保留,所以易于转化。其三,问题解决要求有意义的学习。学习者的学习目标越明确,学习就会越有意义。其四,生命是短暂的,用于学习的时间是有限的。

开展"问题导向、实践主导"的人才培养,对教师实践能力提出了巨大挑战:一是教师自身实践能力不足。传统由学校到学校的教师培养模式,使得教师不仅缺乏专业实践经历,还缺乏对行业的深度感知和解决实际问题的能力;二是教师技能更新滞后。现代产业的核心特征是技术创新驱动,行业技术更新迭代快,教师因不在产业一线,其技术能力必然滞后于技术发展,导致实践教学输出与实际需求脱节;三是企业教师教学能力跟不上学习发展。数字技术快速改变着学习方式,如何在有限的时间进行有效的知识技能教学输出,需要教师具备心理学、知识管理、教育学等多方面的知识和技术能力,这给来自企业的一线技术人员提出了较大挑战。

2. 创新引领问题

培养创新型、复合型高技术技能人才是国家产业转型升级的必然要求。新时代背景下的人才培养,一方面,要打破学科专业壁垒,促进学科之间、专业之间的交叉融合;另一方面,要深化产教融合,完善学校、行业企业、科研机构联合培养人才协同机制,推动教育链、人才链、产业链、创新链的有机衔接。

相对于本科院校,高职院校教师在技术创新以及创新型人才培养方面存在较大不足:一是技术创新氛围不足。高职院校技术创新、科研服务能力相对较弱,教师自主创新意识和自主创新能力不足;二是创新教育认识不足。部分高职院校专业建设存在短视问题,专业建设锚定现有行业企业岗位职业技能要求,没有从行业发展和学生职业生涯发展的角度进行长期规划。受此影响,高职院校教师对创新教育不重视;三是教师创新实践不足。创新教育对教师结合经济社会发展过程中各种系统性、复杂性、交叉性、综合性问题,需要有深入的思考和解决实际问题的实践。而实际上高职院校有企业深度实践经历、创新和创业经历的教师人数较少。

3. 专业建设问题

新时代的高等职业教育,需要教师团队具备跟踪产业发展的洞察力和将企业岗位技能课程化的知识管理能力。用教育管理语言来说,就是要具备专业建设能力。这里的专业建设包括:根据行业企业调研,归纳行业发展趋势和岗位需求;根据行业企业岗位(群)工作流程,梳理知识技能模块;根据教育教学规律,将知识技能模块进行合理的序化,提炼形成课程体系;根据人才培养目标,将企业场景融合到校内虚实结合的实训基地建设中等。

新时代行业知识折叠现象在不断加剧,对服务现代产业的专业建设提出了巨大挑战:一是行业技术解读。现代产业技术更新速度快,对应专业建设要匹配产业发展,需要教师团队充分认知行业并保持持续更新能力。二是行业知识还原。职业场景创建以及岗位技术流程还原,需要教师团队除了具备较高的专业认知,还需要团队具备较强的教育教学能力和组织管理能力。而实际工作中"会专业、懂教育、善创新"的职教师资或团队是非常稀缺的。

(三)有效教学输出问题

1. 教学理念问题

近年来,教师对职业教育教学的理解认识不断提高,"做中学、学中做"

"翻转课堂""任务导向""项目化"等教学改革名词成为职业教育教学改革的高频词,对应的课堂教学组织形式由传统的"满堂灌"走向分组教学、主题研讨、学生汇报等多种方式,"学生主体"的教学模式改革取得了一定成效。

但对应现代职业教育发展要求,教师对职业教育的理解和认识还存在较多不足:一是学生主体理念认识不到位。许多高职教师教学备课仍然以备教材、备组织、备方法为主,对学生学情分析不足。没有意识到教学思维逻辑起点是"为教备学",没有形成"以学定教"的思维逻辑,不能"想学生所想、备学生所想",导致学生主体的理念不能实际转化为课堂教学行动。二是教学的有效性认识不到位。许多教师对课堂教学目标设定片面,往往比较关注知识、技能等结果指标,而对过程方法、学习者的情感关注少,不能站在学习者角度设计良好的学习体验。三是教学共同体认识不到位。课堂教学需要教师精心备课形成"预设",还需要通过"生成"激发学生主体活动和思维,构建教与学的共同体。预设体现教学的计划性和封闭性,它彰显的是教师的主导性,生成体现教学的动态性和开放性,两者辩证统一。当前教学过程中,虽然教师的课堂组织形式变了,但很多时候教学仍以"预设"为主,"生成"往往是低水平和可预知的,无法激发学生高水平参与和精彩的生成。

2. 教学能力问题

从专业知识与技能角度看,人们普遍认为职业教师欠缺的是实践能力,其实不然。对应教师专业实践能力缺乏的同时,教师专业教学能力与职业教育高质量发展同样存在较大的差距:

一是教学的本体过程,主要是教师在知识、技能、思维、素养等方面的能力不足。很多教师教学中只能复述教材内容,无法运用自己知识将教学内容加工成符合学生既有认知经验基础上便于理解的内容。二是教学的社会过程,教师在学生激励、课堂组织、班级管理等方面的能力不足。很多教师缺乏一定的社会能力,对班级管理缺乏社会复杂性认知,很多时候将教学演绎成个人的独角戏。三是教学时间的利用,主要是教师教学节奏把握、教学时间合理分配的能力不足。很多教师课堂教学不能突出重点,有的教学改革过于注重形式导致教学有效性严重不足。四是教学评价反馈,主要是教师对学情评价、过程性评价和结果性评价等方面的能力不足。很多教师课前不能对学生进行充分评价,课中只是关注自己把课上完,很少通过观察、提问等方式关注学生的学习状态,教学效果得不到保证。

3. 课程开发问题

课程是人才培养的落脚点,是否具备课程开发能力是衡量新入职教师和骨干教师的重要标识。课程开发能力主要包括三个方面,即课程标准制定能力、教材开发能力与教学资源建设能力。这三项都是难度较大的能力:对于课程标准制定,需要教师具备充分的理论知识和实践知识,准确把握课程定位和课程内容选取标准;对于教材开发,需要教师具备较强的教学理念认知以及良好的文案表述能力;对于教学资源建设,需要教师具备清晰的行业框架认知以及长期的实践教学素材整理积累。

当前教师课程开发能力总体上还处于比较弱的状态,主要表现在:第一,课程对新技术跟进能力不足,很多课程、教材开发只是对现有教材内容进行重组,没有与产业发展同步。第二,教师自身理实一体化能力不足,课程、教材开发缺乏对真实职业场景的还原,教学项目、案例与企业工作实际脱节。第三,教材编写模式缺乏深入研究,形式大于内容的教材问题比较普遍。

二、产教融合型教师团队建设目标定位

职业教育作为一种类型教育,其源于产业、服务于产业,跨界属性特征突出。新时期,围绕高质量发展产业转型升级需求,职业教育必须实现深层次的产教融合,而达到这一目标的首要条件是建立一支产教融合型的教师团队。

(一)构建实施有效教学与产学研一体的团队

1. 实施有效教学的团队

随着我国向创新驱动知识经济的加速转型,作为培养高技术技能人才的高职院校,非常重要的是要做到实用有效、契合产业和反应敏捷,使学生"从知识的容器转为知识的应用者"。在人才培养实践中,基于"手到、脑到、心到"的整体学习理念,深入开展"有效互动、过程导向、成果反馈"的项目化教学改革,实现"手到"——使学生具备工作所需的知识和技能;"脑到"——培养学生的创造性、独立思考和适应能力;"心到"——培育高素质的学生,使他们具有正确的自我、利他合作和社会价值观,以及终身学习的热情。

实施"学生主体、行动导向"适应深度学习的教学改革,需要团队教师具备深入的行业认知、专业的教学设计和课堂教学组织能力,更需要团队教师对专业实践的"驾轻就熟",虚实结合规划"真实场景、真实问题、真实反馈"的实践教学环境,这里构建"专兼结合、知识互补"的团队对课堂教学革命具有重要意义。

2. 构建产学研一体的团队

中共中央办公厅、国务院办公厅印发的《关于推动现代职业教育高质量发展的意见》指出：完善产教融合办学体制，优化职业教育供给结构。围绕国家重大战略，紧密对接产业升级和技术变革趋势，优先发展先进制造、新能源、新材料、现代农业、现代信息技术、生物技术、人工智能等一批产业需要的新兴专业，形成紧密对接产业链、创新链的专业体系。

当前企业靠低成本、规模化竞争的粗放型增长时代已经过去，高技术、高附加值、高效率的创新发展模式已成为企业转型升级的必然趋势。高职教育的技术创新和社会服务能力是吸引企业参与校企合作、推动产教融合的关键资源。面向企业生产难题提供技术服务、为企业员工开展继续教育培训、为企业提供新技术知识整理，需要建立一支"跨组织、跨专业、知识共享"、集产学研于一体的科技团队。

（二）构建"双师型"和知识共享团队

1. "双师型"团队

《国家职业教育改革实施方案》明确指出：多措并举打造"双师型"教师队伍，建立健全职业院校自主聘任兼职教师的办法，推动企业工程技术人员、高技能人才和职业院校教师双向流动，组建高水平、结构化教师教学创新团队。

在产教融合背景下，高等职业教育业态表现不再只是与人才培养相关的专业理论教育、专业建设与课程改革、教学资源开发，还要承担更多与产业、行业、企业发展相关的技术研究与社会服务。对应职业教育的各项工作，受时间、精力以及专业特长限制，仅仅依靠高职院校教师自身力量，是很难完成的。职业教育的专业性和跨界性决定，高职院校必须构建"实践＋理论""固定＋流动"的"双师型"团队才能完成上述产教融合工作。

2. 知识共享团队

知识共享团队是产教融合型团队的关键特征。知识共享团队是这样一群人，他们有着共同的关注点和对同样的问题或者同一个话题的热情，通过在不断发展的基础上互相影响，深化某一领域的知识和专业技术。职业教育有着教育的知识体系，也有着技术的话语体系，还有着社会的价值体系，有些是专家的知识，是其经验的积累，通常在工作中予以展现；有些知识是隐性的，通常可以在项目实践中感知。通过知识共享团队可以把来自不同实体的人和各自独立的业务单元联系起来，高效率解决重复出现的问题，使团队的每个人都达到最高水准。

信息技术水平的提高，使得教师、技术人员等个体的知识财富（显性知识和隐性知识)可以通过小组讨论、网络等交流方式为组织内其他成员所共同拥有,实现知识在个体、团队和组织三者间的流动,从而进一步深化产教融合水平。

三、产教融合型教师团队建设创新形式

(一)产教融合型教师团队建设的体制创新

1. 构建无边界教师团队

第一,形成内外跨界结构,促进产教融合。无论是实施深度学习需要的有效教学,还是产学研一体提升产教水平,都需要高职院校在组建教师团队时,注重团队成员在专业结构上保持内跨界,成员来源结构上保持外跨界。内跨界即团队中不仅有擅长理论教学和理论研究的教师,还要有精于实践和社会服务的人才,甚至要有政策咨询、项目管理方面的技术专家。这样形成的团队,成员技术特长互补,能有效增强团队完成各种工作任务的能力,同时能促进专业技术领域知识再创新。外跨界即团队内教师既有校内的专任教师,还有行业企业的技术骨干、产业教授、技术工匠,甚至还有政府官员、跨行业的管理专家等。外跨界团队保证了团队成员来源的多样性,可以增进"政行企校"多主体的深度交流,实现跨界跨行的深度融合。

第二,面向专业群构建"双师型"教师团队。服务现代产业发展需要专业集群发展,而单一背景的教师团队难以适应专业群的发展需要,高职院校应根据产业链对应专业群建立教师团队,使与产业链对接的专业有机融合,形成以教学育人为核心,以技术和服务产业为外环的"同心圆",实现团队的系统转型与功能再造,促进教育链、人才链与产业链、创新链有机融合。

2. 构建融合共生的教师团队

第一,构建知识共享团队。团队由来自学校、企业等组织的个体组成,以一定的任务为导向,创造并维持信任、支持、尊重和合作的团队氛围,共享各自领域知识、经验,以共同完成团队任务为基本目标。知识经济时代,个人拥有的知识已远远不能满足完成复杂工作的需要,产教融合育人需要来自不同领域、不同学科、不同专业的集体智慧,通过团队成员的彼此接触和协同改进,促进已有知识的价值最大化和新知识的不断涌现。高职院校教师团队的每个成员都有自身的从业经验和专业特长,成员间通过项目协同等方式产生的知识共享能使个人的知识、技能和能力产生乘数效应,显著提高工作成效。

第二，形成融合共生价值观。开放、包容、利他的价值观是知识共享和形成团队合力的基础，也是团队持续精进的基本特征。高职院校教师团队建设，应摈弃传统的校企合作人才培养的线性思维，打破人才培养、人才输出各个环节活动分离的机械模式，围绕"市场需求"和"学习者中心"，将理解需求侧人才培养需要和推动供给侧教学改革作为团队的核心工作，在教学、技术研发、社会服务等人才培养的各个环节，按照整体价值最优的原则实现产教融合育人目标。

（二）产教融合型教师团队建设的机制创新

1. 构建知识共享的产教融合机制

第一，建立新型团队合作机制。以任务团队结构取代层次结构，通过完善人才柔性引进机制，促进团队成员柔性组合，形成组织内部人员流动的氛围及机制，给予教师获得新机会的最大化可能性，加强融合共生团队文化建设，使团队成员在跨界的基础上实现专业思想、教改理念、技术创新等方面的融合，形成团队共同愿景和事业认同。

第二，建立扁平化的团队治理机制。依托产教联盟、现代产业学院等平台，加大高职院校现代治理模式探索力度，围绕产教融合平台建设、人才培养体系建设、产学研技术服务等专项工作，开展矩阵制、事业部制项目团队组织管理模式创新，减少管理层次和职能部门，强化内部信息交流与沟通，突出平等、速度与效率，从而形成具有示范引领作用的高水平教学团队和科技团队。

第三，建立团队知识共享机制。深化数字技术在团队知识共享、工作协同、知识创新中的作用，通过建立信息平台，帮助个体成员在相互尊重与信任的基础上进行知识与资源共享，协作完成组织目标。同时建立组内、专业群内制度化研讨制度和校内外人才流动机制，实现知识人物化管理，实现知识在系统内的自由流动。

第四，推进产教深度融合机制。有效的知识共享可以进一步促进知识创新，促进团队能力的显著提升。因此，要充分利用产业学院、校内创新实训基地、专家工作室等产教融合平台，有效整合行业、企业、学校、科研院所的人才资源，共同开展实践导向的教学模式改革，共同开展技术创新、企业培训和社会服务项目，在校企深度产学研创协同的过程中，加大理论交流、技术切磋和创新分享，实现高职院校和企业人才资源的优化配置和价值创造。

2. 建立人才引进和专业发展机制

第一，知识对话与反思平台。建立学校教学名师、学术带头人和优秀青年骨干教师等高层次人才理论水平提升和教学反思的平台机制,通过实施博士培养计划、访问学者计划、领军人才计划等,帮助团队教师提升学历,更新专业知识,优化知识能力结构;通过完善高层次人才柔性引进机制,以重大教学改革项目或技术创新攻关项目为载体,引进院士、行业知名专家担任团队负责人,促进团队教师提高专业实践能力和创新能力,为团队培育行业内技术权威,以及具有话语权的教学名师、首席专家或专业群建设带头人。

第二,实践训练与研究平台。一方面,依托现代产业学院等产教融合平台,以"固定岗+流动岗"的方式,实现高职院校与行业企业之间的人才双向流动。实施教师轮岗培训制度,选派专业教师进入企业开展工程实践、以岗访学,加强教师对行业企业人才需求规格的了解和认识,进一步提高教师运用新技术、新设备、新工艺的本领,打造能解决实际问题的专业教师。另一方面,利用产教融合平台的资源池,获取技术创新和社会服务项目,进一步借助产教融合平台的共享机制,在行校企协同推进项目过程中,提升教师专业创新能力和社会服务能力。

第三,专业教育与协同平台。产教融合团队需要从专业和教学两个角度进行互惠教育和双向协同。互惠教育主要指行校企多元主体构建的教师团队,一方面,学校教师需要加大对专业实践的学习,努力将自身专业知识、技能与产业发展动态保持同步;另一方面,行业企业教师需要加大对教育学理论和实践的学习,深入学习掌握现代职教理念和有效课堂教学的组织方法。双向协同主要指多主体围绕产教融合育人,要加大数字技术在校企合作育人各个环节的运用,消除人才培养过程中校企因信息不对称产生的冲突,以数字化显性技术手段,充分调动团队成员的积极性、主动性、创造性,有效提高育人成效。

第三节　现代产业人才培养体系重构

一、新时期现代产业人才培养面临的挑战

当前,以新一代信息技术、新能源技术、新材料技术、生物技术等为代表的集群式技术创新正在多个领域孕育突破,强有力地推动新的产业革命,加

速制造模式、生产组织方式和产业发展形态的深刻变革。产业发展、转型升级都必须依靠高素质人才队伍的支撑。长期以来,支撑我国经济快速发展的因素之一是"人口红利",但当前数量型"人口红利"正在逐渐消失并且不可逆转,质量型的"人才红利"或将为经济发展提供有力的支撑。"人口红利"向"人才红利"的转变,必须通过与相应产业的结合才能实现。因此,在2021年4月召开的全国职业教育大会上,习近平总书记对职业教育工作作出重要指示,在全面建设社会主义现代化国家新征程中,职业教育前途广阔、大有可为。

(一)专业建设与产业发展脱节问题

1. 专业建设滞后于现代产业发展

产业升级持续加速对专业建设提出挑战。当前,经济进入新时代,产业发展环境发生了很大的变化,以云计算、大数据、物联网为代表的新一代信息技术不断推动产业发生根本性变革,产业发展动力机制不断出现新式力量,产业日益跨界融合,产业转型升级迭代加速度不断提升。Ernst将产业升级方式划分为五种类型。一是产业升级,在产业层级中从低附加值产业(如轻工业)向高附加值产业(如重工业和高技术产业)升级;二是要素升级,在生产要素层级中从"禀赋资产"或"自然资本"(如自然资源和非熟练劳动力)向"创造资产"过渡,即物资资本、人力资本和社会资本升级;三是需求升级,在消费层级中从必需品向便利品,然后向奢侈品升级;四是功能升级,在价值链层级中,从销售、分配向最终的组装、测试、零部件制造、产品开发和系统整合升级;五是链接上的升级,在前后链接的层级中,从有形的商品类生产投入无形的、知识密集的支持性服务。

新发展阶段,我国现代产业发展将呈现出七大趋向:智能化、绿色化、高端化、网络化、个性化、服务化、全球化。产业升级对高等职业教育专业建设提出了巨大挑战:一是专业设置问题。产业升级创造了很多新的技术领域,如元宇宙、虚拟现实、智能产品等;二是专业融合问题。对照产业升级方式,可以看出,产业跨界融合日益明显。而对高校专业或学科而言,专业学科间缺乏融合,专业建设滞后于现代产业发展。2021年3月,教育部印发《职业教育专业目录(2021年)》,提出对接现代产业体系,服务产业基础国际化、产业链现代化推动专业升级和数字改造。从新版专业目录可以看出,当前专业设置对应现代产业发展需求还存在较大差距。

2. 产业资源投入与人才培养过程衔接难

依据产业内产品生产要素密集度的不同可以将产业分为劳动密集型产

业、资本密集型产业和技术密集型产业。同一产业内产品结构的升级,就是企业通过技术创新或市场调整,实现"劳动密集型产品-资本密集型产品-技术密集型产品"的渐进式升级或跨越式升级。

产业升级背景下,行业企业资本、技术、知识密集程度不断提升,对应现代产业人才培养成本不断增加,例如集成电路生产设备昂贵、洁净生产环境维护成本高,这些对开设对应专业的高职院校提出了巨大挑战:一是专业实训设备投入费用巨大,设备因技术更新折旧加速带来持续投入难的问题;二是由于行业知识密集程度提升,高职院校缺乏承接团队、管理维护能力等因素,行业企业产教融合资源无法有效融入人才培养过程。

(二)人才规格与岗位需求脱节问题

1. 复合型、创新型人才缺乏

融合是现代产业升级的核心关键词,它体现在三个方面。一是融合创新现有产业,对传统产业进行升级改造。二是融合创新现有商业模式,用新的组织管理方式和先进的实用技术改造升级传统产业。三是运用新一代信息技术实施跨界融合创新,形成新的产业。

对应产业升级的融合发展趋势,当前高职院校在复合型、创新型人才培养方面存在较大不足:一是专业建设对人才培养时限、产业融合特征等影响人才培养成效的复杂性因素理解认识不足,专业人才培养方案缺乏针对性;二是专业建设缺乏跨界融合的行动力,受高职院校传统组织治理结构影响,组织内专业融合度不高,专业群建设成效不足;三是专业人才培养没有站在未来的视角,审视人才培养目标设计和过程组织,人才培养侧重短期目标岗位的匹配,缺少对未来产业发展需要的创新能力训练和培养。

2. 人才培养规格与岗位需求不匹配

当前中国经济进入转型发展阶段,产业知识技术密集程度不断提升,企业不仅需要学生具备较强的动手能力,还需要学生具备持续学习创新的"心智"能力,更需要学生具备良好的职业素养和攻坚克难的"韧性"。对应产业发展需求,高职院校人才培养在供给侧亟待提升职业教育的适应性。

就服务现代产业发展来说,高职院校人才培养供给主要存在以下问题:一是专业边界不清晰,培养学生核心能力不强。复合型人才培养的前提是需要有突出的主业能力,目前高职院校专业在学生"一招鲜,吃遍天"的核心能力培养上普遍缺乏,导致专业缺乏边界,学生竞争力弱;二是专业边界刚性,学生复合型知识技能缺乏。专业边界认识不足,直接影响了专业大类乃至跨专业的融合,学生进行专业学习时缺乏行业背景、缺少具有明确问题背景的实践训练,导致学生无法适应企业岗位要求;三是规划设计不足,培养出的学生不符合岗位需求。高职院校专业建设受专业调研不足、专业对应行业、产业理解认识不足等问题影响,人才培养目标设定与产业发展脱节,有的岗位设置过于理想,如高职大数据管理专业将岗位设定在数据挖掘上,与企业实际岗位需求不匹配;有的岗位设置过于现实,如高职大数据与会计专业按照传统认知,将岗位设定在会计出纳、会计核算岗位上,与行业发展趋势不匹配。

(三)专业教学与生产实践脱节问题

1. 现代产业技术教学难度大

现代产业发展新格局的特征之一是制造业的高端化发展。当前全球制造业正在发生深刻变化,并呈现出四大新特点:一是全球供应链不断强化和复杂化;二是技术开发和利用速度加快;三是无形资产如设计、商标和研发的重要性空前凸显;四是制造业转向低碳经济模式。

仔细分析全球制造业的四大新特点,可以看出现代产业技术复杂度、知识集成度、多专业融合度正在不断提升,越来越多的制造企业向为客户提供综合解决方案的制造服务化转型,在这种认知高度折叠的背景下,高职教学面临着巨大的挑战:一是学生存在较大畏难情绪。微电子技术、自动化制造等工科专业受行业技术创新影响巨大,知识技能寿命周期短、内在逻辑性强,且对数理化基础知识要求较高,学生学习普遍存在畏难情绪。二是职场环境还原难。由于行业技术的快速更新以及日益高端化发展的因素影响,智能制造、电子信息类专业实训场地建设困难、维护运行困难,保持与行业发展同步则更加困难,这些因素导致实践导向教学组织无法有效开展。

2. 教学方式与生产过程脱节

制造业智能化、数字化、高端化发展趋势,导致面向现代产业发展需求的专业教学组织难度持续加大,突出表现在以下几个方面:

一是教学标准脱离实际。课程教学标准是具体课程对课程的目标、内容、组织及教材编写与实施要求等要素的规定,它是教材编写、教学实施、评价考核的依据,也是教育行政部门管理和评价课程的手段。由于产业更新迭代快、产业持续交叉融合,而教师团队专业知识技能更新慢,导致现有的课程教学标准与行业实际存在较大脱节,直接影响人才培养的成效。

二是实践教学脱离实际。现代产业的主体是制造业,伴随产业的不断升级,制造企业资本密集程度、技术密集程度持续加大,导致学校实践教学基地设备条件、实践教学项目技术水平与实际生产存在较大脱节,在一定程度上造成了工科学生所学专业理论化以及所学技能"学非所用"的尴尬局面。

三是能力培养脱离实际。培养能解决实际问题的专业人才是高职院校教学改革的出发点。当前高职院校普遍开展的"项目化、模块化、情境化"教学改革,其核心是通过创设一定的资源和约束条件,要求学生通过自主分析、自主学习、自主研讨,提高学生实践创新解决问题的能力。但在实践中,由于教学团队缺乏对行业的深度感知和对生产环境的实际掌握,教学改革开展的项目、精心创设的职场情境,与真实生产之间存在较大差距。一方面由于缺乏真实性削弱了专业学习深度,另一方面由于缺乏挑战性削弱了学生学习兴趣,使很多行动导向的课堂教学变成了"课堂秀",实际课堂教学有效性则非常低。

二、产业链贯通构建专业集群

(一)专业群建设背景与意义

1. 适应产业变革的需要

随着工业经济由信息经济进一步向数字经济加速演化,以"云物大智"为代表的新一代信息技术产业对传统产业转型升级及产业链的交叉融合产生了巨大的推进作用,越来越多的行业、企业需要基于用户思维,对企业生产经营活动进行柔性化、精准化、个性化、数字化的变革,企业岗位业务融合程度显著提升,"特敬业、懂理论、多技能、能创新"的高技术技能人才成为企业发展的核心诉求之一,如何培养复合型、创新型人才成为高职院校服务产业转型升级发展的时代命题。

2. 职业教育高质量发展的内生需要

1996年颁布的《中华人民共和国职业教育法》从法律意义上确定了高职教育在我国教育体系中的地位。在国家改革开放四十多年的快速发展中,高职院校为国家的经济发展培养了数以亿计的产业工人,在"人口红利"助力国家经济腾飞中作出了巨大贡献。伴随着高等职业教育的快速发展,职业教育的办学质量和水平还存在较大的提升空间。一是职业教育大而不强。受传统观念影响,职业教育被社会看作"分等教育",而不是一种分类教育,职业教育亟待提高人才培养质量。二是职业教育学科化建设不足。职业教育类型教育特色不显著，院校专业建设类本科学科组织架构治理固化，与产业需求存在较大脱节。三是职业教育适应性不强。职业教育专业师资团队在学历、职称结构、科研能力等方面和本科院校相比存在较大差距，高职专业资源瓶颈突出，力量薄弱，通过专业群整合发展是职业教育高质量发展的有效路径。

十八大以来，国家高度重视职业教育发展，围绕专业群建设密集出台了一系列职业教育发展政策。2019年出台的《国家职业教育改革实施方案》明确指出：要加快建设一批引领改革、支撑发展、中国特色、世界水平的高等职业学校和骨干专业（群）；出台的《关于实施中国特色高水平高职学校和专业建设计划的意见》强调：聚焦高端产业和产业高端，重点支持一批优质高职学校和专业群率先发展；在出台的《职业教育提质培优行动计划（2020—2023年）》中，提出建设600个左右高水平专业群，进一步规划了专业群建设进度计划。从职业教育内生发展和国家政策导向可以看出，专业群建设是高质量职业教育体系建设的重点任务之一。

3. 专业群建设宗旨

综合职业教育的内生需要和外部产业变革，高职院校需要深刻学习领会习近平总书记对职业教育工作的重要指示和全国职业教育大会精神，全面把握建设高质量职业教育体系的重点任务，主动根据产业发展需求动态调节专业目录，打造高水平专业群，主动适应科技发展和产业变革。专业群建设必须坚持"更强、更高、更优"的宗旨。

一是坚持立足于面向高端产业和产业高端的原则，将专业群建设主动融入服务国家战略、新兴产业、区域传统优势产业转型升级，围绕产业链设置专业集群，根据产业需求进行专业设置，结合产业特点开展人才培养，提高职业教育社会贡献度。

二是坚持立足于面向岗位和面向发展的原则，将专业群建设主动融入服务学生多元化成长成才，围绕专业核心能力和职业发展能力，加大教学资源整合优化，建设模块课程配套模块化教学团队，满足学生个性化发展和职业生涯发展预期，提高职业教育社会获得感。

三是坚持立足于科学发展和现代治理，将专业群建设与高职院校现代组织治理体系和治理能力提升有效结合起来，加大专业群与外部产业的协同，优化内部资源组织配置和组织激励方式，加快课程开发、师资队伍建设，提高职业教育投入产出效度。

（二）聚焦产业链人才需求设置专业集群

1. 现代产业的链式发展

当前产业发展以"龙头企业"为"链主",以链式集群发展的态势日益突出。江苏省出台的《江苏省"产业强链"三年行动计划（2021—2023 年）》作出规划:聚焦 13 个先进制造业集群和战略性新兴产业,实施 531 产业链递进培育工程,用三年时间,重点培育 50 条具有较高集聚性、根植性、先进性和具有较强协同创新力、智造发展力和品牌影响力的重点产业链,做强其中 30 条优势产业链,促进其中特高压设备、起重机、车联网、品牌服装、先进碳材料、生物医药、集成电路、高技术船舶、轨道交通装备、"大数据＋"等 10 条产业链实现卓越提升。

以无锡市产业发展为例,无锡市选择销售收入在 5 亿元及以上,或近两年销售收入和利润平均增幅在 10% 以上的"龙头企业",聚焦于新一代信息技术和高端制造业,如远景能源、朗新科技、SK 海力士、华润微、海澜集团、红豆实业、阿斯利康等知名企业,瞄准"产业基础高级化和产业链现代化"的目标进行"建链强链";实施"千企升级"计划和"小升高"行动,支持中小企业技术创新、管理提升、直接融资、市场开拓,培育一批专精特新的隐形冠军企业"补链";推动"制造＋服务"深度融合发展,大力发展供应链服务企业等要素企业"延链",实现高质量的链式集群发展。

2. 匹配产业链的专业集群建设

新发展阶段高等职业教育的高质量发展,需要不断完善产教融合办学体制,围绕国家重大战略,紧密对接产业升级和技术变革趋势,以高职院校特色优势专业（群）为龙头,聚焦区域先进制造业、新一代信息产业等区域支柱或战略性产业需求进行"专业建链";围绕目标产业链专精特新的隐形冠军企业、中小企业岗位需求进行"专业补链";进一步围绕制造企业"制造＋服务"融合发展趋势,以产业链岗位群需求,进一步融合相近、具有内在关联的若干专业进行"专业延链"。从而优化学校专业布局,形成紧密对接产业链、创新链的专业体系。

深度匹配区域产业链推进专业集群建设,一方面,实现了专业（群）在点、线、面各个维度与现代产业发展的动态匹配,提高职业教育对产业发展的适应性;另一方面,依托专业集群建设,通过"基础通用、平台共享、核心聚焦、方向融通"的课程体系建设,提高了高职院校教学资源配置效率,打通了群内专业方向课程的互选互通,促进了创新型、复合型人才培养。

3. 专业群组群逻辑

构建专业群的主要目的有三个：一是匹配产业变革，二是内生发展需要，三是满足高技术技能人才培养。根据专业群建设目的，专业群组群的原则是要做好"三相三共"。"三相"指：学科基础相通、职业岗位相关、技术领域相近。"三共"指：教学资源共享、基础课程共用、教师队伍共育。"三相"是从需求端开展的分析，主要着力点在评价专业群建设方向的科学性和可行性，解决的是专业群建设的必要性问题。"三共"则是从供给端出发阐释了专业群建设的基本原则，解决了专业群建设的路径问题。

专业群组群逻辑主要倾向从外部产业需求响应和内部专业资源整合两个维度出发，进行专业群的构建。目前高职教育专业群组群逻辑通常有三种：一是产业逻辑，即围绕产业链对应相关专业进行组群；二是岗位逻辑，即把有工作关系的专业组织到一起；三是内容逻辑，即把课程内容有相关性的专业组织到一起。高职教育专业组群的主要目的是促进高技术技能人才培养，因此它更多地应从复合型人才培养的角度寻求知识逻辑。不同的职业类型具有各自的特点，高职教育专业群组建必须采取不同模式。徐国庆提出高职专业群组建的典型模式有三种：立柱模式、扣环模式、车轮模式。立柱模式的特点是群内有一个作为支柱的专业，其他专业依附其发展；扣环模式的特点是群内各专业之间是交叉、并列关系；车轮模式的特点是群内有一个居于中心地位的专业，但它与群内其他专业之间的关系是平面的。专业群的组建，需要对专业之间的知识关系进行分析，并进一步设定专业方向，从而进行具有明确定位的专业群编组。

（三）聚焦产业链人才培养重构课程体系

职业教育内涵建设的关键环节与核心内容就是课程建设，课程建设问题一半是学习论问题，一半是知识论问题。因此，高职院校人才培养课程体系构建，一是要基于学习论角度，根据产业发展需求和学生认知规律，确定人才培养目标，创新实施科学的人才培养模式；二是要基于知识论角度，根据现代产业职业岗位群所需要的工作知识和能力要求，合理规划课程体系，并根据专业标准进行课程教材等课程资源的开发建设。

1. 课程体系构建

杜威说过，一盎司经验胜过一吨理论。服务产业链人才培养的专业群课程体系构建面临三大突破点，即课程群体系的构建、模块课程的重组、项目体系的建构。在三大突破点中，课程群体系的构建是专业群构建的核心，解决的是复合型人才知识体系建构问题,决定着专业群建设的方向问题,最为重要。

课程体系构建按照以下范式开展:一是确定岗位群开展工作任务分析,二是确定职业能力,三是构建"底层共享、中层分立、高层互选"的课程体系,四是项目化等课程建设。

第一,确定岗位群开展工作任务分析。根据现代产业发展需求、学校办学特色和学生的发展预期,高职教育课程体系构建的逻辑起点是确定专业群定位的岗位群。在确定职业岗位群基础上,开展工作任务分析,就是对某一岗位群中需要完成的任务进行分解,掌握具体的工作内容,为后续准确、细致地定义职业能力提供重要基础。

第二,确定职业能力。职业能力是确定课程内容的基本依据,区别于工作任务分析,工作任务帮助我们理清了工作内容,描述的是工作岗位上要完成什么事情。职业能力描述的是完成这些事情的人应该具备的条件,它必须清晰地描述出在什么条件下人能够把事情做到什么状态。职业能力的正确定义,最终形成的成果就是专业(课程)培养目标和毕业要求。

构建"底层共享、中层分立、高层互选"的课程体系。围绕复合型人才培养和教育资源的充分整合,按照成果导向的课程体系设计思路,由培养目标和毕业要求达成逆向建构课程体系,确定专业群培养标准、专业标准、实训基地建设标准等。

项目化课程建设。职业教育是面向实践能力培养的教育,"理实一体"是职业教育人才培养的基本模式。现有的职业教育课程必须在课程组织模式、课程内容及教学模式等层面进行根本性变革。在课程组织模式上,必须突破按照静态知识关系组织课程的传统学科模式,把知识、技能融入项目任务和具体的问题解决过程中,用"行动的逻辑"进行课程组织。在课程内容上,必须充分考虑理论知识和实践知识的融合,将课程内容与岗位工作任务有效融合。在教学模式上,必须建立起"学生中心、行动导向、成果反馈"的项目化教学模式。

2. 教学标准建设

职业教育教学标准是国家职业教育标准体系的重要组成部分,是指导和管理职业院校教学工作的主要依据,是保证教育教学质量和人才培养规格的基本教学文件。我国职业教育领域基本形成了由专业目录、专业教学标准、课程教学标准、实践教学标准、专业仪器设备装备规范等5个部分构成的国家教学标准体系。

职业教学标准有着重要的意义。标准引领专业群建设方向，职业教学标准衡量职业教育现代化水平的重要标志，它反映了高职教育在人才培养、课程建设、实训组织等现代化职业教育方面的发展水平；职业教学标准是职业教育内涵发展的根本保障，对职业教育提质培优具有充分的导向作用；职业教学标准也是教育与产业深度融合发展的生动体现，是评价技术技能人才培养质量的重要依据，也是中国职业教育走向世界舞台的亮丽名片。

3. 人才培养模式

服务现代产业链开展卓有成效的人才培养工作，除了有科学的课程体系、项目化课程资源外，还需要有效的人才培养模式。高等职业教育的人才培养模式是指学校和用人单位根据人才教育目标共同确定的培养目标、教学内容、培养方式和保障机制的总和，并在实践中形成的固化范式。

人才培养模式需要解决的核心问题主要包括三个：一是校企"双主体"育人的实现方式。高职院校通常通过订单班、现代学徒制、企业学院等路径发挥企业育人的主体作用；二是人才培养组织形态。基于不同专业的特点和要求，人才培养组织有着不同的形态，如现代职教体系贯通人才培养项目，课程衔接体系需要综合考虑专业的纵向衔接和横向贯通问题，对此人才培养组织形态通常呈现为个性化分层分类的形态。例如以高技术为典型特征的集成电路专业群人才培养，课程体系需要综合考虑课程的动态更新、复杂技术实训项目的开展等由于产业自身技术密集度带来的教学组织问题，对此人才培养组织形态通常呈现为基于现代产业学院的产教融合育人形态；再如产业创新大多是以资本化为特征的电子商务专业群人才培养，课程体系需要着重考虑新技术的快速复制和批量化人才培养问题，对此，人才培养组织形态采用"岗课赛证融合"的人才培养模式相对更为有效；三是人才培养保障。职业教育需要创新校企合作理事会等校企合作机制，校企"共谋、共建、共管、共用、共培、共享"实训基地，校企混编师资队伍，协同构建产学研用创新实践平台等方式，保障产教融合人才培养工作的开展。

三、跨专业融合实施课堂革命

课堂是人才培养的落脚点，是学校立德树人的主阵地，课堂教学改革是教育改革的核心。2019年5月，教育部、财政部发布的《关于实施中国特色高水平高职学校和专业建设计划的意见》明确指出：打造高水平专业群，深化教学团队、教材与教法改革，推动课堂革命。2017年，教育部原部长陈宝生首次提出课堂革命,他指出:坚持内涵发展,加快教育由量的增长向质的提升转变。把质量作为教育的生命线,坚持回归常识、回归本分、回归初心、回归梦想。深化基础教育人才培养模式改革,掀起"课堂革命",努力培养学生的创新精神和实践能力。

现代产业人才培养供给需求不匹配乃至冲突问题突出:知识技术更新快与院校课程建设慢、信息时代知识无限与学生学习时间有限、学生主体意识强与教师控制观念强、企业需要学生实践能力主导与学校供给理论教学主导等。化解上述矛盾,需要从课堂理念转变、课堂组织形式、课堂教学实施等方面整体推进落实。

(一)推进课堂教学理念变革

1. 变"教学课堂"为"育人课堂"

新经济时代,创新驱动是社会进步经济发展的核心要素,学习的本质是提高学习的能力,它远比学会一门课程知识或技能更重要。新时代教师不能只做传授书本知识的"教书匠",而要成为塑造学生品格、品行、品味的"大先生"。课堂教学必须坚持德智体美劳全面发展的育人目标,重视研究课程的知识、技能所承载的职业素养、工匠精神以及学习、工作与生活的方法,创设易于学生理解,具有活力和美感的课堂教学情境,使学生掌握专业知识技能,让学生掌握思考、工作的方法,通过学生主体的实践探索,形成正确的情感态度和价值观,变单维"教学课堂"为多维"育人课堂",使师生形成学习共同体。

2. 变旧"三中心"为新"三中心"

要打破传统的以教师为中心、以教材为中心、以教室为中心的旧"三中心"模式,创设以学生为中心、以问题为中心、以成果为中心的新"三中心"课堂教学模式。在传统教学中,教师是知识权威,教材是权威学习资源,教室几乎是教学活动开展的唯一场所。教师的"教"决定了学生的"学",其逻辑是教师教得好,学生必然学得好。这种匹配工业化社会的教学模式已经远远不适应新时代的要求。

现代产业的复杂技术难度、有限的学习时间、知识技术的快速迭代、教师自身知识的局限性等是约束学习有效发生的瓶颈问题,使课堂教学模式必须突破旧"三中心"模式,创设"以学为本""为学而教"的学本课堂,为此,我们应该从三个方面推进课堂教学方式变革:一是树立以学生为中心的理念,彻底改变教师三尺讲台"满堂灌""填鸭式"的"教师教学中心",把学生的被动静听转变为"以学生学为中心,教师启发引导"的方式。二是要深入推动基于问题导向的教学方式改革,以问题创设学习情境构建有明确目标、有意义的学习。三是要建立成果导向的教学组织方式,教师要根据学习目标逆向开展教学设计,开展以有形成果为载体的项目化教学改革,通过教学成果反馈提升学生课堂学习体验,建立学业自信强化学习兴趣,与此同时,通过教学成果有效评价教学有效性,进一步促进师生共同体的持续形成。

彻底摒弃照本宣科的讲授方式,深挖教材,创设适合本班级学生实际的课程,以课程建设和核心素养的培育为中心,解决课堂教学与生活实际脱节的问题,促进每一个学生的全面发展。要突破传统教室这一物理场域对教学活动的限制,把学校和社会变成泛在的学习场域,让学生到大自然中去,到工厂去,到博物馆去,到应到的每一个地方去。只要有利于学生成长的地方,都可以去,都是课堂。这才是一切为了学生,为了学生的一切。

3. 变"有界课堂"为"无界课堂"

科技的突飞猛进正深刻地影响着教育的变革。新时代的教育信息化,在移动互联网、大数据、超级计算机、传感网、脑科学等新理论、新技术以及经济社会发展需求的多种力量驱动下,"互联网+"教育、大数据技术、AR、元宇宙等现代信息技术对课堂教学产生了颠覆式变化。7×24小时的在线课堂满足学习者在任何时候、任何地点开展泛在学习。基于大数据技术的课堂教学评价,可以精准开展课前教学评价,提高教师对学情分析的有效度;可以高效便捷地评价教学过程中学习者的学习情况,并给予精准有效的指导,提高学习效率。与此同时,信息技术水平的不断提升,使企业参与人才培养成本不断降低,学习者可以方便地和学校教师、企业师傅乃至行业内从未见面的技术专家进行高效的学习研讨,课堂形态正在由传统的"有界课堂"迈入跨时空、跨组织、跨专业的"无界课堂"。

(二)推动教学组织管理变革

1. 建设新型基层教学组织

课程与专业教学是高职院校的核心产品,受高职院校行政管理制度的影响,传统教学活动以行政管理方式为主,行政管理人员、行政权力是影响教学组织的主要因素。随着国家治理现代化的推进以及产业转型升级对学校人才培养的需求,高职院校教学活动不再由学校这一单一主体组织开展,越来越多的行业协会、企业、产业等职业教育利益相关者参与到教学活动中来。现代教学活动不再是单一的教学活动,而是多维的育人活动,也不再将教师比作"燃烧自己点燃学生的蜡烛",而是主张构建教学相长的师生学习共同体。对此,高职院校必须健全内部治理体系,打破直线式、科层制的传统管理模式,跨课程(群)、跨专业、跨院系构建多层级、多专业领域、多类型的新型基层教学组织。

2. 打造师生学习共同体

落实"以学生为中心"理念,推动教师充分认识教学的思想性和育人价值,熟练掌握大学生认知发展规律和学习特点,以建立师生之间信任平等的学习关系为基础,针对课程目标、学生学习问题以及未来岗位要求,精心设计教学内容,模拟和再现真实的职业工作环境。应通过各种技能大赛、创新创业项目、承担企业委托课题等,提升团体的学习研究能力和操作实践能力,充分体现"任务驱动""项目导向""教学做一体"等行动导向的实践教学,在教学设计中融入真实职业案例和工作项目,让学生能够在整个教学过程中明确职业职责、提升实践能力。完善学业指导制度,健全教师担任学业导师、班主任、辅导员等配套制度,打通第一、第二课堂,不断拓宽教师教书育人的工作内涵和形式载体,多途径构建师生学习共同体。改革学生学业评价,构建全过程、多元化的评价体系,建立学业预警和学业帮扶制度,及时化解学生心理压力,为学生健康成长搭建平台。

3. 构建模块化课程组

成立模块化课程组,教师分工协作基于目标岗位工作任务分析,在此基础上,通过定义职业能力,依据职业能力知识、技术聚类情况,形成课程模块。根据模块化课程体系需求,按照"结构合理、专业互补"原则,综合职称结构、年龄结构、学历结构、从业情况,构建跨组织、跨院系、跨专业的模块化教师团队。课程组教师团队面向岗位需求,围绕专业核心能力培养,共同开发"问题导向、目标导向、成果导向"实践主导的教学项目,开发的教学项目以实际问题为主线,串联学生专业基础知识,以虚实结合的实际工作场景和基于问题基础上的矛盾冲突,加深学生知识理解,强化学生分析解决实际问题的能力。与此同时,基于专业群课程体系建设思路,将平台课程和核心课程设置成由基本任务单位构成的模块化课程。学生可以根据专业方向或个性化需求,定制化参与对应独立单元模块课程学习,满足自身复合能力训练需求。课程团队教师负责相应的任务单元,分工协作实施模块化教学,将学生所学技术技能融会贯通,达到精准人才培养的目标,实现人才培养质量的提升。

(三)深化教材与教法改革

1. 新形态教材开发

以信息化技术为手段,开发"符合技术模块特点、适合多导师教学、可模块化组合"的新形态教材。基于信息技术,保持教材内容的前沿性,紧贴现代产业发展的前沿,开发具有直观性、互动性和成长性的新形态教材。突出教材建设的时代育人主题,推动习近平新时代中国特色社会主义思想编入课程教材,将德智体美劳全面发展的要求贯穿教材的建设理念、内容选材、体系编排、呈现方式等各个环节。加强信息技术与教育教学的深度融合,引入新技术、新工艺、新规范等产业先进元素,使用新一代信息技术手段,模拟企业生产一线真实场景,校企共同开发"内容活页+功能插页"的活页式教材,突出灵活性、重组性及趣味性,使被称为课堂教学"剧本"的教材,有效衔接课堂和工作环境,让学生在技能训练过程中更有岗位实感。

2. 教学资源建设

开发适合模块化课程实施的"数字化+"教学资源,符合技术模块特点、适合多导师教学、可模块化组合,内容紧贴智能制造发展前沿,学校和企业共同制定教学资源库建设标准并将现有教学资源整合,融入新技术、新工艺、新产品,建设成包含所有课程的教学资源。教学资源主要包括媒体素材、试题、试卷、案例、课件、动画、视频、网络课程、微课等,为师生提供"教学练考评"一体化的教学支撑,同时,有助于提升专业群职业培训能力,促进终身学习体系建设,提升专业群服务区域的能力服务学生个性化需求,设计立体化的学习资源。

3. 教学方法改革

改革教学内容。完善"岗课赛证"综合育人机制,按照生产实际和岗位需求逆向设计开发课程,开发模块化、系统化的实践导向课程体系,深入实施"学生中心、成果导向、持续改进"的成果导向教学组织模式,建立课堂教学事前培养目标设定、事中常态纠偏、事后成效评价的质量控制体系,深入实施职业技能等级证书制度,打通学历教育与技能等级证书转化制度;完善高职院校"国家-省-校"三级技能竞赛体系,深化"以赛促教、以赛促学",以技能竞赛为载体构建职场化训练体系,提高学生专业实践能力。

创新教学模式与方法。高职院校应将现代信息技术与教育教学深度融合,普遍开展项目教学、情境教学,提高课堂教学质量。现代信息技术在教育教学的融合,一是提高了教学评价的精准性。例如,通过信息技术可以在课前充分评价学习者的既有知识经验,完成精准的学情分析,从而指导课堂教学组织,进一步动态把握学习者学习过程中的知识技能掌握情况,以便有效开展教学辅导。二是提高了教学输出效率。例如,工科实验通过虚拟仿真,方便学习者学习理解难点问题,提高了学习效率。三是信息技术进一步促进了项目教学、情境教学的组织开展。项目教学是一种以学生为主体,以教师为主导,以岗位工作流程为线索,以典型项目为中心,以产品(或者服务)为载体,以职业素质和能力为目标,理实一体、做学一体、做学结合的教学方法。情境教学是通过虚实结合的技术手段,构建实景、实操、实地的"三实"教学环境,使学生必须在真实的带有约束的资源条件(如限定时间、环境限制等)下,由简单到复杂、由静态到动态地训练工具应用能力、分析判断能力、决策判断能力乃至设计能力,最终强化学生解决实际问题的能力和创新能力。

第四章

平台建设与管理

第一节　平台的作用

平台是指基础的、可用于衍生其他产品的环境，它的精髓在于打造多主体的共赢共利生态圈。现代产业人才培养离不开产教融合创新平台，只有在产教融合平台上，才有可能培养出更高质量的现代产业人才。

一、产教融合平台的战略作用

（一）产教融合平台是职业教育改革的战略手段

2019 年，国家发展改革委、教育部等 6 部门印发《国家产教融合建设试点实施方案》（以下简称《方案》），提出"城市为节点、行业为支点、企业为重点"的改革路径机制，明确"打造产教融合重大平台载体"，以重点带动全局，标志着深化产教融合改革正由"破冰期"迈入"深水期"，成为引领新时代教育、人才、产业、经济变革的战略方向，因此，产教融合重大平台建设就成了职业教育改革的战略关键环节，必须高度重视并全力建设好平台。

职业教育产教融合平台是指通过政府主导、学校主动、行业与企业积极参与，把专业、人才与产业发展统一起来，实现人才和资源的充分共享，共同搭建协同育人环境。换句话说，产教融合平台就是基于市场机会、企业和职业院校的使命与战略目标，结合共同的愿景，利用各自的资源或优势，建立优势互补、利益共享的合作。例如，实习实训平台、毕业顶岗实习平台、"引教入企"平台、技术与教学成果相互转化平台、就业创业协作平台等。产教融合平台作为应用型人才培养和职业教育社会服务的主要窗口，直接影响着职业院校核心竞争力及服务国家、行业、区域的经济能力。产教融合平台建设能够推进企业或行业、学校资源的共享，整合产业与职业教育资源，培养应用型人才，提升职业院校的核心竞争力，推动职业院校更好地服务国家、行业的快速发展。

产教融合天然的跨界性决定了产教融合的平台化发展。产教融合不仅需要物理空间上的平台载体支撑，更呼吁新的生产力组织方式。《方案》的发布，能够有效统筹城市承载平台、行业聚合平台与企业主体平台互联互通，为产教融合综合性改革与制度创新提供试验平台,为数字化、智能化、网络化融合发展创造交汇点,为推进产教融合创新实践走向高维跃迁提供战略支点,为打造行业创新生态体系构建骨干神经网络。

(二)产教融合平台是提升职业教育核心竞争力的基石

高水平的产教融合平台可以为科学研究、人才培养、专业建设以及产业经济建设提供良好的环境。职业院校可以围绕平台建设,在高水平专业建设推进过程中,探寻符合社会发展需要的专业生长点,构建行业背景突出、特色明显、综合实力较强的专业群;行业企业可以借助职业院校科研、人才服务等优势资源,更好地促进产业发展。通过高水平的产教融合平台建设,促进资源和信息的共享以及人员的交流与合作,吸引国内外高水平科技人员,拓宽职业院校科学研究的思路,提高科学研究的时效性,从而生产出重大科技成果,培养出高层次人才,与地方的产业集群进行无缝连接,推动职业教育发展。例如,海澜集团与当地高职院校在科研、教育和设备等方面开展了多维度的合作。除此之外,海澜集团还构建了专业课程和活动平台,开设了学生创新体验中心,帮助学生更好地了解企业的发展需求。这种校企之间的合作是产教融合平台建设的成功案例,双方在平台上取长补短,实现了企业发展与人才培养的双赢,也为学生提供了指向人生实践的综合课程。

(三)产教融合平台是区域经济发展的助推器

产教融合平台建设是区域经济发展不可或缺的组成部分,在区域经济创新方面发挥着重要作用。产教双方围绕着共同的目标和愿景,带着不同的观点,基于相互信任、分享实践,解决各自发展中存在的问题。职业教育所要培养的人才必须能够快速适应职业以及社会的变化,是具有较高的职业能力和专业操作能力的复合型人才。

因此,职业院校相关专业的教育不能脱离社会实际和企业需求。企业要想获得更好的发展,全面提升企业自身的市场竞争力,除了企业自身必备的因素外,还需要职业院校培养出大量的优秀专业型人才。职业院校是区域高技能人才培养的主阵地,是区域经济发展的生力军;企业提供的帮助能够最大限度地提升职业院校对学生的专业技术和职业能力的有效性培养。职业院校通过平台建设,结合多学科优势资源,可以促进科技资源共享,形成较强的综合实力,更好地服务区域内产业集群的发展,提高区域创新的整体实力。

二、产教融合平台的共生作用

(一)产教融合平台是校企协同育人的最优选择

高校和企业之所以需要协同育人,是因为双方不得不面对这样一个客观现实,即各自都不具备独立实现某种组织目标的资源和能力,或者说在双方现有的条件下,独立实现自身目标并非一种最优化的选择。

从高校和企业的发展来看,双方对人才质量的要求是具有高度契合性的。高校需要不断提高学生的创新精神和实践能力,需要使人才培养更好地满足产业、行业、企业的实际需求,而企业为了实现自身生产发展、技术改造、产品和产业的转型升级等,也需要自身员工包括新进员工不断提升素质和水平。两者之间的高度契合性需求,迫使校企双方必须加强协作,围绕高素质人才的培养,协同建立实训基地或共建实验室等,对双方的相关资源进行合理整合和优化配置。

因此,高校和企业双方都应该充分认识到,校企合作平台建设既是高校深化教育教学改革所必需的,是高校培养高素质人才的重要保证,也是企业推动生产发展、提升经济效益所必需的。只有校企双方都把协同育人合作平台建设视作自身发展的生命线,充分认识其不可替代的重要价值和作用,才能在相关政策制定、资源投入以及协同行为等方面落到实处,即使遭遇到一些困难和障碍,也能顺利突破和解决。

(二)产教融合平台是协同育人不可或缺的重要载体

面对当下经济与社会快速发展对人才素质提出的新要求,高校仅仅完全依靠自身的条件、资源和力量,是不可能很好地独立承担和完成培养高素质人才这一艰巨任务的,而是需要通过整合各种内部和外部资源,解决在人才培养过程中的资源局限性问题。高校只有借助与企业等多方面的通力协作,才能确保自身育人工作的顺利开展。

要使校企之间的协同育人取得预期的理想效果,在学校与企业之间,必须共同合作搭建一系列产教融合平台,这些平台通常包括:管理平台、信息及共享平台、学生实验实训实习平台、教育教学平台、师资队伍建设平台、科研及社会服务平台、就业及创新创业平台等。这些平台的建立,可以为校企协同育人提供有力的支撑,实现校企双方在信息、智力、设备、技术等方面的优势互补,促进双方资源的优化和整合,将校企双方真正融入同一发展空间,从而提高育人的实效性和针对性,使人才培养质量切实得到提高。

作为校企双方协同育人的载体和相互连通的桥梁,产教融合平台是一种以高校和企业双方的需求为基础,以协同为手段,以育人为目的,突破双方资源壁垒与局限,将学校的学科和人才优势与企业的生产和实践优势等紧密结合的系统。无论是对于企业还是高校,它都是至关重要的。

对高校而言,校企合作平台的搭建,既可以使学校突破在技术、资金、设备、信息等资源方面的瓶颈,促使学校的人才培养能够更好地与产业发展实际无缝对接,及时地根据产业发展的实际需求,来调整自身的专业设置、培养规模、培养层次和培养方式等,也可以更好地整合和利用多种不同的教育环境和教学场所资源,解决实践教学渠道缺乏、实习基地不够稳定、实习管理困难、实习效果不佳的问题,还可以在很大程度上解决学校师资结构单一、"双师型"教师缺乏的问题等。

对企业而言,同样也能从校企合作平台中受益良多,实现与学校的互利共赢。通过校企合作平台的搭建,不仅能够有针对性地为企业的生产发展和技术升级培养和输送一大批高素质的技术和管理人才,满足企业发展对人才的需求,而且,校企合作平台的搭建,也有助于解决企业员工在岗和转岗的培训提高等问题,提高企业人员的整体素质。

(三)产教融合平台是校企协同育人不可替代的重要途径

校企双主体依托搭建的产教融合平台,拓宽产教融合交流渠道,制定开放式的人才培养方案,从而提高学校、企业双方的积极性。高等职业教育是以培养"高素质、应用型、符合企业生产一线需求的人才"为目标的高等教育组织形式,其人才培养方案的目标定位必须贴近市场需求,实时把握行业发展动态。高职院校的专业群对应的产业发展速度较快,知识、技术更新周期较短。因此,要实现实时、动态把握信息技术的发展不能采取传统的人才需求市场调研方式,要有效利用信息化手段,利用网络优势实现跨行业、跨地区采集市场需求数据。各企业、产业联盟可以通过服务产教融合校企合作平台及时动态发布人才需求,高职院校可以通过平台实时获取行业动态,及时修订人才培养方案。

产教融合平台是以信息技术为手段,学校、企业、学生、政府多方参与的多主体协同平台。学校、企业、政府都要有专人负责跟进平台的即时信息,并即时处理信息,从而可以实现学校、企业、政府三方达成共识、共同培养企业所需的高素质技术技能人才。学校可以及时了解企业的人才需求情况、企业的职业岗位技能；企业可以通过平台参与学校系院的专业人才培养方案的制定、参与课程论证与课程建设、参与教学资源库的建设等。产教融合平台的建立有利于拓宽学校、企业、学生之间的交流渠道，减少了合作上的交流成本，能使信息得到及时传播。同时产教融合校企合作平台重组了产教融合流程，能以信息技术为手段提高企业、学校和学生三方的参与度，解决了因空间和时间而制约产教融合发展的瓶颈问题。

同时，高职院校依托搭建的产教融合平台，利用现代信息技术，有利于建立人才培养质量科学评价体系。目前，我国人才市场供需关系存在很大的矛盾冲突，一方面，随着我国信息技术产业的迅速发展，对人才的需求日益增大。另一方面，却出现许多各科成绩优秀的学生找工作越来越困难的现象，从而导致校内专业的招生人数逐年下降。因此，合理评价人才培养质量，要积极引入企业评价指标，依托产教融合校企合作平台，实施毕业生就业跟踪机制，将毕业生就业专业对口率、工资水平、岗位提升时限等纳入人才培养质量评价指标。同时，用人单位通过产教融合校企合作平台对学生专业水平、工作能力及时反馈，对专业课程设置提出修改意见，建立人才培养质量评价的反馈机制，构建科学的质量评价体系。

第二节 平台的建设

一、产教融合平台的建设类型

产教融合、校企合作是职业教育改革与发展的根本方向。只有深度构建产教融合和校企合作机制，整合多方力量、多种资源，推动产教融合、校企合作，才能提高人才培养质量，推动职业教育的发展，在有效促进学生就业的同时，推动产业优化升级，解决人才培养与社会需求对接不紧密的问题。

高职产教融合平台作为多方协同育人的载体，同时也是全方位服务产业需求、支撑区域产业转型升级的利器，其建设和长效运营涉及多方主体。高职产教融合平台是由高职院校、行业企业、政府等多方主体共同协作建设和运行，力图同时实现"既面向技术技能培养，又对接行业企业需求；既能服务专业建设,又能有效服务行业企业"双向服务的综合型人才培养"大"平台。平台以提供双向服务功能为特色,即由行业企业为高职院校提供"育人支持服务",高职院校供给"要素支持服务"。平台旨在通过校企共赢,调动产业参与高职院校专业建设的积极性,力图破解当前校企合作中普遍存在的校企合作层次低、企业参与积极性不高、未能形成长效合作机制等问题。

高职产教融合平台是高职院校、行业企业、政府等多方利益主体融合的产物,不同主体具有不同的组织性质和利益诉求。平台中的第一主体为高职院校。高职院校是平台的核心主体,是双向服务的接收方和输出方之一。在平台中,高职院校是"育人支持服务"的主要接受方,同时也承担着输送高技能人才、资源纽带、市场连接、创新支撑等"要素支持服务"的供给。平台中的第二主体为行业企业。行业企业是由若干代表产业最新技术水平的多家企业组成的群体。作为双向服务的另一方,行业企业是信息、人力、技术等生产要素支持服务的接收方,同时也是专、兼职师资培养,引领专业设置与定位调整,实践教学支撑等"育人支持服务"的提供方。平台中的第三主体为政府。政府是区域经济活动的宏观调控者,引导调节平台上各类主体的活动,推动区域内行业企业生产经营活动和院校育人活动的开展。

根据不同主体之间的需求,在资源、人员、技术、管理、文化等多方面进行实质性深度融合,建设不同类型的产教融合平台载体,首先是具有辐射引领作用的高水平、专业化产教融合实训基地。其次是多主体协同开展关键核心技术人才培养、科技创新和学科专业建设的教育教学平台、教科研团队、科研及社会服务平台,共建高水平师资队伍。最后,在所有产教融合平台中,目前相对比较高层级的平台是产业学院和产教联盟(职教集团)。

(一)共建产教融合实训平台

国家鼓励各地依托产业园区、龙头企业和骨干学校,围绕优势专业集群建设开放共享、产学研一体的公共实习实训平台。支持高校和职业学校主动服务科技创新和产业发展,与地方政府、产业园区、行业企业共建科技公共服务平台、产学研服务平台和产业应用技术研发创新平台,打造高水平产教融合创新创业园区。

江苏信息职业技术学院与中兴通讯、华虹微电子、华润微电子、瑞士GF、北京精雕、日本三菱、福建三锋(福耀集团)、海克斯康、保时捷中国、东风雷诺、联想集团、北京新大陆、神州数码、海澜集团等国内外一流企业紧密合作,建有由中央财政支持的实训基地2个,省级实训基地7个,立项建设

2个江苏省产教融合实训平台和1个江苏省高等职业教育产教融合集成平台。

案例1 物联网产教融合实训平台

2016年,江苏信息职业技术学院物联网融合创新实训平台由省财政、学校、企业(联想集团、新大陆科技集团)共同投入1 120万元开始建设,采用校企混合投入的方式共建物联网融合创新实训平台,一期已经建成了物联网关键技术实训室、物联网行业应用实训室、物联网智慧城市实训室,建设面积600 m²,共投入400万元(新大陆投入100万元)。二期建设物联网互动展示中心、物联网虚拟仿真实训室、智能制造创新工作室、智慧物流创新工作室、智能交通创新工作室,建设面积1 000 m²,共投入700万元(新大陆投入200万元)。该平台于2019年建设完成,为物联网学院各专业的教学和实训提供优质基础条件,平台引入新大陆运行的流程、规范和制度,打造融教学、科研与服务于一体的综合基地。

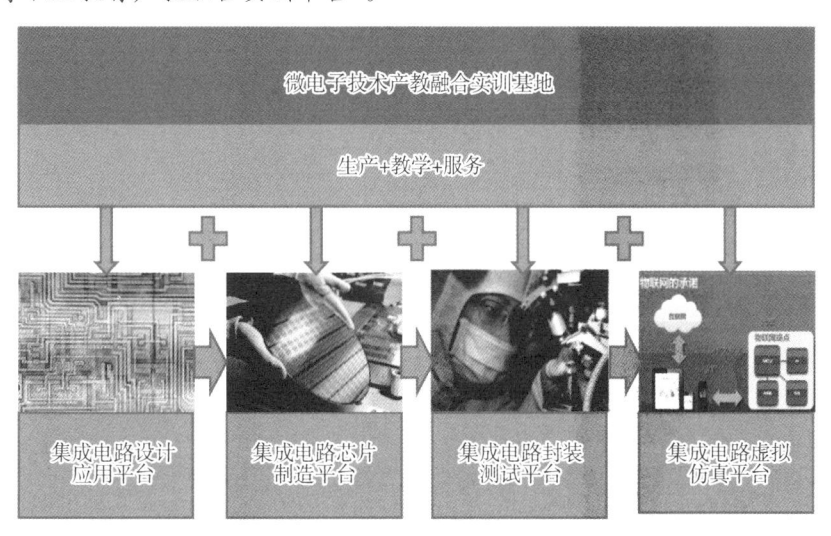

案例2 面向集成电路产业链的微电子技术产教融合实训平台

2016年,江苏信息职业技术学院联合华润微电子等3家企业联合申报共建"面向集成电路产业链的微电子技术产教深度融合实训基地",获评"江苏高等职业教育产教融合实训平台"。

图 4-1 微电子技术产教融合实训平台

华润微电子投入40台PC机和1台工作站,价值10.3万元,并提供设计软件,共建集成电路设计应用平台。华润安盛捐赠集成电路装片键合设备,共建集成电路封装测试平台;我院与华润上华科技有限公司共同开发"3D虚拟集成电路制造车间",为集成电路虚拟仿真平台创建增砖添瓦。

案例3 智能物联网(AIoT)产教融合集成平台

2019年,江苏信息职业技术学院与新大陆科技集团共同申报、建设江苏省产教融合物联网平台——智能物联网(AIoT)产教融合集成平台,现已建成"1+X"传感网应用开发考证中心,工业互联网感知与控制实训子平台建设正在进行中,共投入569万元(企业投入180万元)。

校企双方共同完成大数据实训子平台"1+X"传感网培训考证中心建设并投入使用,在"1+X"传感网培训考证中心完成传感网应用开发职业技能等级证书师资培训基地建设。

(二)共建科研及社会服务平台

1. 瞄准社会需求,增强科研服务能力。一是加快打造科研创新高地。深入贯彻落实"科技改革30条"等政策,加快融入苏南国家自主创新示范区和苏锡常都市圈建设,把科研创新的"关键变量"转化为学校高质量发展的"最大增量"。二是进一步改革科研评价机制,促进教师专业化发展;探索科研反哺教学评价体系,完善科研创新团队建设模式,提升团队协同作战能力;营造科研环境,释放科研人员创新动能,鼓励创新宽容失败,加大对科研人员的放权力度,把为人才减轻不合理负担的要求落到实处。

2. 对接区域经济发展,打造创新服务平台。一是服务芯片产业,依托省微电子技术产教融合实训平台、省集成电路制造装备工程技术研究中心和省专用集成电路设计重点实验室,与中科芯集成电路有限公司、华润微电子有限公司等企业合作,启动集成电路协同创新平台立项建设。平台提供芯片设计服务、量产测试服务、应用方案开发服务,进行技术成果转化、产业领军人才和大师名匠等高水平技术技能人才培养。二是服务智能装备,依托"苏信·精雕智创中心"、无锡市模具行业协会等,以李德群院士指导的省科技创新团队为核心,启动智能制造生产性实训平台立项建设。打造"线上企业、线下学校"的混合式教学,为企业提供"项目解决方案+人才培养"一站式服务,形成服务集成电路产业链装备开发、工艺验证、质量检测的高精密制造生产性实训平台。三是服务数据互联,依托省智能物联产教融合集成平台,以省级科技创新团队为核心,与江苏航天大为科技股份有限公司等企业合作,启动新一代信息技术应用平台立项建设。平台聚焦物联网技术在智能装备、智能交通、智慧商业和智慧建造等领域的技术研发和产业化应用。

3. 坚持开放协同,完善成果转移转化和科研组织机制创新。一是探索科技成果转移转化的新机制和新模式,畅通创新链、产业链和资金链;完善成果转化管理体系和运营机制,在已有产业学院的基础上,探索建立产业技术研究院等专业化技术转移机构及新型研发机构,构建科技成果市场化运营体系。二是聚焦高水平学科和专业建设,推进学科和专业开放、交叉融合机制;瞄准国家重大战略和学科前沿发展方向,建立需求导向的交叉学科、专业发展机制;推动建立科学合理的交叉学科、专业发展评价机制;健全政产学研用协同创新机制;探索建立长期稳定的国际学术交流机制。

案例1 江苏省集成电路制造装备工程技术研究中心

1. 我国第一块相变存储芯片研制。江苏信息职业技术学院一位博士以项目骨干身份参与设计了我国第一块自主研发的相变存储芯片、第一套商业化相变存储IP、第一款以OpenRISC为核心的嵌入式相变存储器验证平台,采用FPGA等先进嵌入式技术,开发了基于OpenRISC处理核心的嵌入式相变存储芯片验证平台,该项目由国家"02专项"、973计划、863计划等支持。实现了我国第一个相变存储语音演示平台,录制了我国第一段由相变存储材料记录的语音信息。该成果被包括新浪、搜狐、EE TIMES在内的国内外多家媒体报道。

2. 海防搜索雷达研制。参与研制了监控太湖湖面船只作业情况的海防搜索雷达,并与无锡海事局合作,参与建设了海事局新一代海事监控系统。海防搜索雷达是一款全天候、大范围、高精度的船舶监测系统,可自动汇报探测区域内的船只位置/速度信息,并且可以连续跟踪非法作业船只的运行轨迹,为海事人员的执法行为提供有效保障。该雷达目前已部署在太湖仙岛,为保障海事人员的执法行动发挥着重要作用。

3. 面向自动驾驶测试的视频注入设备。为了在调试阶段,向自动驾驶控制器反复注入各类路试场景视频,从而验证自动驾驶控制器的安全特性,丁晟博士研制了面向自动驾驶测试的视频注入设备。该设备将GPU输出的视频信号转换为车载GMSL视频流信号,并将该视频流注入自动驾驶控制器。该视频注入设备具备高带宽、低延迟、能够实现故障注入等特性。目前已在一汽、吉大青岛院、重庆车检院等单位使用。

案例2　物联网技术研究院

1. 大亚湾核电站岭澳核电机组EAU(结构在线监测系统)改建。江苏信息职业技术学院一位老师承担的中广核大亚湾核电站岭澳核电机组的EAU系统进行自动化改造项目,从原来的人工测读数据升级为自动化监测系统。改造范围包括1号到6号共计6个机组,本次项目改造任务由苏州热工研究院总体负责。苏州热工研究院委托我方具体实施。实施内容包括项目踏勘、方案设计(含电气设计、结构设计的出图)、自动监测数据管理系统软件的设计开发、设备器件采购调试、机柜机箱设计加工、出厂测试、现场技术服务以及新型垂线坐标仪的研制与供货。

2. 无锡四方股份有限公司数字化管理系统。江苏信息职业技术学院一位老师研制的该系统采用基于.NET的自主研发的Hades开发框架和工作流引擎开发,是面向制桶企业等制造业的一套完整的企业定制ERP系统。系统包括权限管理、基础数据管理、采购管理、销售管理、生产计划管理、车间生产管理、仓库管理、库存管理、人力资源管理、财务管理、物流管理、应付款管理、协同工作等模块。

3. 化工设备运维数据采集及其可视化。江苏信息职业技术学院一位老师承担的南通新纳希新材料有限公司数字化生产项目,实现了树脂生产流程中重要环节的生产设备运维的工业数据采集、数据存储、数据处理与分析及数据可视化、生产故障预警、生产流程优化建议等功能。该项目通过合理布置采集生产中各要素传感器,利用物联网技术实现网络布局、实施终端链接,利用大数据技术实现Hadoop云平台搭建,实现数据存储、处理与分析,实现采集数据的可视化,并对生产过程中生产的故障作出判断并发出预警,利用机器学习算法实现生产流程的改进提升的建议。

(三) 共建产业学院

江苏信息职业技术学院以产教深度融合为重要抓手,与企业采用共同育人、共建机构、共享资源、合作研究等方式实施"三共一合"的合作活动,确立政、行、企、校"平台共建、管理共担、师资共培、人才共育、文化共融、成果共享"的"六共"机制,开展集团化办学、双主体办学、共建实验实训基地共建、师资队伍共育、科研及社会服务平台共搭等五大合作模式,不断做实工学结合、做深校企合作,做透产教融合,成效卓著。

学校牵头成立的无锡集成电路产业学院是全省首家由政府主导的产业学院,打造苏锡常都市圈职教改革样板。学校与中兴通讯、华虹微电子、华润微电子、瑞士GF、北京精雕、日本三菱、福建三锋(福耀集团)、海克斯康、保时捷中国、东风雷诺、联想集团、北京新大陆、神州数码、海澜集团等661家国内外一流企业紧密合作,校企共建苏信·海澜学院等11个具有混合所有制特征的校级产业学院。

案例1 苏信·精雕学院

1. 合作企业北京精雕科技集团有限公司情况简介

北京精雕科技集团有限公司(以下简称北京精雕)成立于1994年,总部位于北京中关村门头沟科技园,在职员工4 800余人,其中研发人员900余人,技术服务人员1 200余人。经过20多年的不懈努力,现已构建了完善的研发、生产、销售体系,并于2019年被认定为国家企业技术中心。

集团立足北京,着眼全国。在廊坊、天津、西安、宁波、苏州、广州投建了建筑面积总计990 000平方米的研发制造基地和验证中心,并在40多个城市建立了专注于市场拓展的分支机构,形成了覆盖全国的销售和服务网络。与此同时,积极开拓海外市场,在美国、德国、越南、马来西亚成立了分支机构,以满足海外客户的需求。

深耕本业,精力研发,北京精雕建立了完善的产品体系。精雕高速加工中心作为主营产品,其核心部件均为精雕自主研发和制造,可稳定实现"0.1 μm 进给,1 μm 切削,nm级表面粗糙度"的加工效果。正是由于具备如此高精度的加工性能,精雕高速加工中心被广泛应用至精密超精密加工、精密模具加工、精密磨削加工、金属零件批量加工等多个领域。

自成立之日起,北京精雕一贯重视科研体系的建设,坚持每年将8%以上的收入用于技术研发,现已掌握了数控机床的核心技术,并取得了丰硕的研发成果,为精雕机性能的不断提升和精雕的持续发展奠定了坚实的基础。自北京精雕成立以来,产品设计中心已设计研发了300多种新型精雕机、600多个定制型产品,目前仍以每年推出5款新型精雕机的速度进行着研发创新工作。在20多年的发展历程中,北京精雕累计投入超过40亿元,在北京、廊坊、宁波建成了规模化生产、精细化管理的精密数控机床制造基地,具备年产12 000台中型精雕机和16 000支精雕主轴的生产能力和交货能力。

在未来发展中,北京精雕将依然专注于数控机床行业,借助在智能制造领域的核心技术优势,在大型精密数控设备、专用数控设备、精密零配件、柔性制造系统、信息化生产管理系统等领域不断探索,努力成为高端数控设备制造商和数控工程技术供应商。

2. 建设背景及项目综述

江苏信息职业技术学院智能工程学院建有中央财政支持建设的高等职业教育实训基地、江苏省区域开放共享型实训基地,在模具与数控加工、自动控制等领域具有技术优势,并于2018年建成国内高职院校领先的GF加工方案智能制造培训体验中心、三菱精密电加工培训中心、中国模具工业协会数字化信息化委员会"模具智能制造人才培养示范基地"。并在教育部《高等职业教育创新发展行动计划(2015—2018年)》项目中被认定两个骨干专业(模具设计与制造、电气自动化技术)、一个生产性实训基地(模具设计与制造专业群生产性实训基地)、一个高端装备制造"双师型"教师培养培训基地。

北京精雕在数控机床精密制造、高端装备制造领域,有着很高的技术优势,目前在国内机床行业排名前三。集团在关注企业自身发展的同时,积极投身社会公益事业,是全国机械行业产教融合型企业。2019年8月,苏信·精雕学院获得立项,以产业发展、市场需求为导向,校企深度融合办学,通过校企协同育人的产业学院育人新模式,培养新时代的交叉复合型创新人才,服务区域经济发展。

3. 建设内容

为解决精密制造拔尖创新人才匮乏的痛点问题,2016年1月,北京精雕与我校在联合承办省赛的基础上,决定签订校企合作协议,联合开展人才培养,拟每年培养精密制造人才200名,拔尖创新人才20~30名,公司以准捐赠的形式陆续投入48台套价值5 800多万的高端精密加工设备联合共建了苏信·精雕学院,共同开展创新人才培养。几年来,通过深化产教融合,突出实践创新能力培养,对人才培养模式进行了系统创新和实践,取得了一定成效,共培养了600多名精密制造人才,其中112名为拔尖创新人才,在所在的专业领域获得一系列荣誉,成果在国内200多所相关高职院校进行推广交流,起到了较好的示范带动作用。

(1) 管理机构、管理制度、运行机制及平台建设

共同成立苏信·精雕学院理事会,制定了苏信·精雕学院理事会章程,进一步明确了主要任务,理事会及相关机构、人员产生和职能。成立了苏信·精雕学院专家委员会,由全国机械行业教育教学指导委员会资深专家担任专家委员会主任、中国工程院院士担任顾问。

(2) 师资共培

目前，本产业学院教师共40名，其中北京精雕选派5位工程师长期在校进行校企合作课程的任教及相关资源的开发，并聘任北京精雕客座教授8名。企业兼职教师占本产业学院专业教师比例超过30%。

(3) 共育人才

共同制定了数控技术专业、机械制造与自动化专业、模具设计与制造专业的人才培养方案，以及卓越人才训练营培训方案。2020年6月28日，成立了第一期"苏信·精雕学院卓越人才培养训练营"，并举行了开班仪式。2021年成立了第二期"苏信·精雕学院卓越人才培养训练营"。

(4) 合作开发教学资源

依据专业职业能力标准，共同开展了"在机测量基础""计算机CAD/CAM应用"课程设计及其相关建设。共同承担了模具专业的"专业综合实训"这门课程的教学，建立了校企双方共评机制，通过考核的学生可获得"精雕技能企业培训证书"。

2019年7月在教育部公布的《高等职业教育创新发展行动计划（2015—2018年）》项目认定结果中，以产业学院为依托的模具设计与制造专业群生产性实训基地和高端装备制造"双师型"教师培养基地均获得认定。

(5) 产学研合作及合作培训

依托建成的苏信·精雕智创中心，面向全院教师和实训室管理人员，利用暑假时间集中开展精雕平台数控加工工艺项目培训，项目计划通过各阶段的理实一体培训，使参训教师从入门的初步掌握应用、逐步提升到企业技师的技术水平。

(6) 实训基地共建

2019年，北京精雕与我校共建"苏信·精雕学院"，所投入的设备共46台套，包含北京精雕最新款的柔性智能制造单元、五轴数控加工机床等，全部为新出厂的全新设备，合计价值5800余万元，由北京精雕集团无偿捐赠与我校，用于装备制造类技术技能人才培养。同时，共同制定了苏信·精雕智创中心工作职责制度。

(7) 文化共融

产业文化进教育、企业文化进校园、职业文化进课堂，制定了一系列实验室安全、卫生管理制度，规划了精雕文化墙等。

4. 具体做法

(1) 共建了精雕产业学院管理机构

校企双方联合共建了精雕产业学院管理机构——理事会,执行机构——苏信·精雕学院,指导机构——专家委员会。苏信·精雕学院专家指导委员会委员、理事会聘请了专家指导委员会名誉主任、主任、专家指导委员会委员、名誉理事长、理事长、副理事长、名誉院长、院长和执行院长。

(2) 校企共订了系列管理制度

校企业双方共同制定了《苏信·精雕学院理事会章程》《苏信·精雕学院发展规划》《苏信·精雕学院专家委员会工作职责》《苏信·精雕学院实习管理制度》《苏信·精雕智创中心管理制度》等系列制度文件,保证了苏信精雕学院各方面管理的正常进行。

(3) 形成了稳定规范的运行机制

形成了每年一次的理事会和专家委员会会议、每月一次的院长办公会、每星期一次的苏信·精雕智创中心工作人员会议的会议制度。苏信·精雕学院的运行基本形成了校企双主体分工负责、良性互动、资源共享的运行机制。

(4) 校企共育精密制造人才

校企共同修订了模具、数控、机制专业人才培养方案,并制订了卓越人才训练营培训计划。

引入企业的技术骨干,组建人才培养方案修订小组,在确定精密制造岗位能力基础上,围绕微米级精度的人才培养目标,校企联合修订了《模具设计与制造专业人才培养方案(3+2)》《模具设计与制造专业人才培养方案(普通班)》《模具设计与制造专业人才培养方案(3+3)》《数控技术专业人才培养方案(普通班)》《数控技术专业人才培养方案(3+3)》《机械制造及自动化专业人才培养方案》等系列人才培养方案。

校企制定了"精密制造工艺开发与应用"卓越人才训练营实施方案和教学计划,共同实施培养。

高端精密制造卓越人才培养。为培养五轴加工技术高端精密制造人才,每年遴选30名热爱高端精密制造的同学,组建了卓越人才培养训练班,开展高端精密制造创新人才培养。经过半年多的培养,通过双方选择,卓越班每年有超过四分之三的同学选择在精雕苏州公司、精雕五轴研发中心或精雕客户企业顶岗实习,顶岗实习期间薪资达6 000元以上。为提升学生技能,实习期间还举办了卓越人才训练营技能大比武活动。

"阳光训练营"人才培养。为了帮助家庭困难的同学脱贫,苏信·精雕学院开展了"扶贫扶智"的阳光训练营计划,首期遴选了20名家庭困难的同学,组成一个技能训练班,开展技能培训,让这些家庭相对困难的同学,通过掌握高端精密制造技能,毕业时能找到一个不错的工作,达到"就业1人,全家脱贫"的目标。

课程教学。2020年,模具、数控、机制3个专业共15个班级的5门课程在精雕智创中心平台实施,累计受益学生近800名。5门课程分别为"在机测量基础"(32课时)、"计算机CAD/CAM应用"(120课时)、"数控编程与加工"(90课时)、"五轴加工技术"(90课时)、"精密制造技术"(90课时)。

在新生中开展智能制造启蒙教育,受益学生达2 000多名。2020年在全校学生中开展精密制造启蒙教育共5批次,累计受益学生达2 000多名。

2020年,在精雕平台,成功申报省级大学生实践创新训练项目2项,获得省级技能竞赛一等奖1项,行业赛三等奖1项。

5. 校企共建"双师型"师资团队

围绕高端装备制造人才培养要求,企业委派王鹏瑶、毕函坤等5名企业技术人员和校方老师组成了14名校企混编师资团队,混编师资团队负责人为中国模具工业协会职业教育领域教学名师、模具设计与制造校级教学团队带头人徐善状。

通过校企合作,师资团队建设成效明显,团队成员中除了企业员工外,学校老师中双师素质比例是100%,团队获批院级优秀教学团队1个、校级技能大师工作室1个,在建省级科技创新团队1个。

6. 校企共建课程资源

课程和教材资源建设。基于精雕学院平台,依据项目化课程开发理论,引入企业真实案例,校企共同研讨建设了"在机测量技术""五轴加工技术""数控加工工艺与精密加工技术""计算机CAD/CAM应用"等6门课程,修订了课程标准和开发了课程案例。共编了《计算机CAD/CAM应用教程》校本教材。

7. 产学研合作和培训

苏信·精雕学院积极进行教学改革工作,联合申报并获批了教育部专项产教融合教改课题"基于产教融合校企合作的精密制造人才培养模式探索与实践"。

2020年9月23日,教育部职业技术教育中心研究所发布了《关于参与1+X证书制度试点第四批职业教育培训评价组织和职业技能等级证书的公示》（教职所〔2020〕206号），由北京精雕牵头，我校参与的精密数控加工"1＋X"技能等级证书获批。2021年6月26日，教育部精密数控加工"1＋X"证书试点说明会在常州举行。精密数控加工"1＋X"证书由北京精雕牵头组织，我校作为协办单位，组织教师参与了项目申报工作。并成功承办了三期精密数控加工"1＋X"职业技能等级师资培训班，成效显著。

2020年，苏信·精雕产业学院为企业提供技术研发3项，合同金额近百万，解决了企业的技术难题。与上海靖和实业有限公司签订横向课题"某型号机械手表机芯加工工艺开发及工艺验证"，合同金额到账8万元，该课题解决了机械手表加工稳定性与效率难题，与上海汉缔医疗设备有限公司签订了横向课题"口腔内窥镜零件加工关键技术研究及工艺验证"，资金到账28万元，制定出合理的加工方案来提高加工质量和加工效率。与无锡市维克多机械有限公司签订了横向课题"喷丝板模具加工"，该项目为非标定制，攻克了批量微孔快速加工的工艺问题。

2020年，苏信·精雕产业学院承办了全国机械职业教育教学指导委员会、机械工业教育发展中心主办的五轴数控加工技术行业赛，江苏省职业院校技能大赛模具设计与制造技术（高职）赛项。

承办了由无锡市人力资源和社会保障局主办、江苏信息职业技术学院智能工程学院承办的"2021年度无锡市五轴高速精密加工中操作员技师岗位技能提升培训班"。本次技师岗位技能提升培训紧密围绕智能制造产业，深化产教融合，发挥学校人才培养和服务社会的功能，深入实施职业技能提升行动，加强高技能人才培养，提升技师技能攻关、技能创新水平，传承工匠精神。通过研修平台更好地提升员工的技能水平，40多名企业的技术骨干带着工作问题来学校学习、研修，借此机会拓展新思路、新视野，提升能力并学以致用。

8. 共建共享型产教融合实训基地与教师工程实践基地

双方完成共建共享型产教融合实训基地"苏信·精雕智创中心"建设工作，企业共投入5 800万元设备及辅机辅件、软件等，由企业导入企业文化、运营理念、培训方案等，学校投入项目场地约2 000平方米，建成国内一流的共享型实训基地"苏信·精雕智创中心"。

引入企业文化，打造教育部教师工程实践基地。引入企业文化进实训基地，把学校文化和企业文化融合，共同弘扬工匠精神，做到产业文化进教育、企业文化进校园、职业文化进课堂。邀请公司领导及专家走进苏信·精雕产业学院"芳华课堂""苏信青年面对面"座谈会，与青年师生畅谈人生、共话先进制造业的发展趋势和人才需求。

未来围绕智能制造,苏信·精雕学院将进一步落实合作协议中的各项内容,形成细化的专业教学执行方案,加强"双师型"混编团队建设、加强资源建设与开发应用,切实提高学生的职业素质、专业技能、创新思维能力,培养复合型创新型技术技能人才。

案例2 保时捷职业教育学院

1. 校企合作背景及项目综述

2015年,江苏职业信息技术学院与保时捷(中国)汽车销售有限公司(以下简称保时捷(中国))合作,在汽车营销、售后服务、机电维修、钣金喷漆等方面合作开展品质实习生项目,共建保时捷职业教育学院,目前已成为保时捷(中国)合作最紧密的院校,为全国各保时捷中心各经销商门店提供品质实习生233人,录用学生数量和质量均位居全国合作院校前列。此外,学院还承担了23个批次约340人次的保时捷PEAP项目全国基地集训、教师资格赛等各级各类培训。项目合作案例多次获媒体报道,并在第十届中国产学研合作创新大会"校企合作与创新创业发展"高峰论坛上,获得"2016年度中国校企合作好案例"。项目获得保时捷(中国)高度认可,在2018年11月首次"保时捷职业教育发展媒体沟通会"上,学校领导及优秀毕业生分别作为唯一代表接受访谈。项目毕业生刘欢被作为保时捷2020项目招募宣传材料中优秀毕业生案例,在全国20余所合作院校分享推广。

2. 项目建设内容

(1) 共建创新人才培养体系

保时捷职业教育学院主要方向包括:机电维修、钣金喷漆等。聘请行业、企业、专家为指导委员会成员;聘请相关企业的总监、经理、部门主任、技术骨干为一体化课程改革专家,外聘校外专家,与保时捷(中国)共同对全国保时捷中心进行基础作业的调研工作,总结出企业作业内容最多的项目加入课程内容,将企业作业内容最多的项目融合在人才培养方案中,共同开发出具有我校特色的模块化课程体系,除职业基础平台课程以外,共同开发编写校企教材,保时捷模块特色的专业课程体系,主要包括:保时捷技能强化训练、保时捷客户关系管理与沟通技巧、保时捷机电P01、保时捷整形技术、保时捷涂装技术、保时捷品牌认知、保时捷售后服务流程、保时捷保修、保时捷配件和保时捷岗位导入实习。与此同时,与企业共同开发相应的课程,共同开发编写校企教材并用于教学。

加深与企业的合作,进行人才培养方案改革,并进行创新人才培养模式。学生在一年级阶段采用专业群统一的通识教育和职业平台课程模式,重点在培养符合一流企业高端标准的基础能力、职业素养和可持续发展能力;学生在一年级即将结束时,已基本了解了汽车行业的相关发展方向,基本明确了自身的发展目标,可根据个人意愿选择不同模块进行学习,学院提供保时捷项目模块、雷诺项目模块等个性化模块课程让学生进行专业学习,以提升学生适应不同品牌、不同岗位的职业的能力,实现精准化、针对性的培养,打造学生的专业核心竞争力。

(2) 共建培训基地

基于校企合作需求,引入保时捷培训中心的建设标准,采用与保时捷原厂同样的设施、设备和仪器,建设基础设施和设备,面积3 000多平方米,由保时捷培训中心提供保时捷原厂实训用车、教学车辆台架系统、V8发动机实训台架、保时捷专用工具、专用检测仪和原厂资料。教室布置按照保时捷培训中心标准进行装修布置,理实一体化教学模式,实现理论区域与实训区域"零距离",在实训区域营造真实的车间环境,培养学生职业素养和操作规范,使学生毕业前就成为符合保时捷铜级技师要求的全面人才,并将共同开发编写的课程和教材应用于教学中,培养学生实践动手能力,做到"无缝上岗,轻松胜任"。

为降低保时捷项目学员的培训成本,保时捷职业教育学院对校内共建的实训基地进行考核认证,并对项目教师技能进行考核,将部分培养课程安排放在学生所在院校的培训基地中完成,从而避免学员外出培训所产生的交通和住宿的费用。

保时捷职业教育学院针对合作院校进行定期原厂车辆资源的支持,由合作院校提出使用车辆申请,保时捷职业教育学院随机提供实训用车,实训用车可用于保时捷模块的专业课程。除提供实训用车外,还支援了保时捷最新的原厂专用诊断仪PIWIS,为解决底盘实训课程内容支援保时捷底盘实训车辆。

(3) "多元化"教学团队

保时捷职业教育学院先后通过7名保时捷认证教师,并接受保时捷系统培训,每年安排教师在企业参与实践,提高教师的实践动手能力,为教学提供服务,企业教师同时参与我校的教学活动,解决了项目教师偏少的问题,并能够实现企业教师和我校教师优势互补,通过校企双方建立相互作用的机制,实现学校职业技术能力培养和企业生产技术提高的"双赢",增强学生的就业适应能力,真正做到与职业岗位无缝对接。同时保时捷对实习录用学员提供免费的教学培训,形成了专兼结构合理的"多元"培养模式并存的优秀教学团队,通过组建"多元化"教学团队,使教师教学方式得到拓展,学习方法得到延伸,教学措施更加多元化,教师的工程实践能力得到提升、研究能力得到提高,教学资源得到充分利用。

3. 具体做法

(1) 共建管理机构、管理制度、运行机制及平台建设

一是建立产业学院管理机构及运行机制,制定产业学院相关管理制度,形成产业学院工作标准和规范;

二是制订产业学院的发展规划,对几年来校企合作的成果及经验教训进行研究与总结,形成产业学院的发展模式;

三是定期会商合作事项,形成分工负责、良性互动、资源共享的运行机制;建立沟通机制,推动产业文化教育进校园、职业文化进课堂,共同开展产业学院建设发展交流会议及活动。

(2) 共建共享型产教融合实训基地与教师工程实践基地

校企共建学校文化和企业文化融合、沟通机制,共同弘扬工匠精神,做到产业文化进教育进校园、职业文化进课堂,企业在双区联合开展活动。双方在校内共建3 200平方米的保时捷职业教育学院实训基地,其中包括机电教学区域1 000平方米、非技术教学区域500平方米、钣金喷漆教学区域1 700平方米,校企共建,校内基地获得"保时捷实习生培训基地"授牌,开发并稳定运作5家以上校外实训基地,完善基地相关的管理制度。双方继续加大对实验实训设施的投入,共享实验实训等资源。扩大基地及教学资源的受惠面,继续为全院学生开设保时捷职业素养类基础课程,实验实训教材配套齐全,实验实训资源利用率高。

(3) 共培保时捷体系认可的售后服务卓越人才

产业学院深入推进模块化人才培养名师改革,共同制定与产业结构相吻合、可操作性强的保时捷模块人才培养方案。每年稳定保时捷模块班规模在30人以上,其中获得保时捷面试通过的PEAP项目的实习学员人数占80%以上。积极鼓励学生参加世界技能大赛、保时捷全国PEAP项目竞赛、行业大赛、省赛及市赛,并获得省级三等奖以上奖项。毕业生平均一次就业率大于等于90%,继续做好保时捷中心的遴选工作,对实习单位优中选优,专业对口率、起薪线高于本地区同类专业平均值;用人单位对毕业生综合评价满意率达90%以上。

(4) 共育校企混编、互聘互认的高水平"双师型"团队

采用"共建、共享"的混编模式,企业兼职教师占比达到25%以上,并提供一定数量的创新创业导师;校内教师经过保时捷培训认证的人数逐年增加;机电项目教师参与保时捷机电辅导员项目,并为经销商门店承担技术培训项目;双主体考核,按协议约定付酬;产业学院教师到企业实践(培训)比例达80%以上,争取安排教师全职参加专业实践(培训)3个月以上。企业专家承担校内保时捷模块化理实一体化教学任务,开展校园日、行业发展动态等专业讲座。

产业学院依托世界技能大赛双冠军团队,建成无锡市大师工作室——"马祥原技能大师工作室",并提高校内教师专业水平和社会影响力。教师教学水平和科研水平不断提升,具备"双师"素质的教师比例达100%;积极申报校企双带头人或校级以上教学名师,力争获得校级以上的教学团队或科技创新团队等称号。

(5) 共同开发和设计符合保时捷品牌需求的课程资源建设

一是形成丰富的教学资源成果。依据专业职业能力标准,共同开展课程设计,合作开发保时捷实训课程不少于1门/学年。采用企业真实的生产项目与案例,共同开发专业教材(包括校本教材)2门以上,并应用于学校教学或企业培训;校企共同设计实践教学体系,共同制订实习管理规定或实训指导书,共同分担课程教学任务,并共同组织好顶岗实习、毕业实习等,继续推进保时捷实习生实习指导考核体系。企业积极参与学校教学质量评价和毕业生质量评价,校企共同设置考核标准,形成贯穿教学全过程的学校、主机厂、经销商三线平行考核机制,效果显著。

二是产业学院在教学改革、专业建设方面取得突出成效或成果,产生良好的示范效应或取得公认的标志性成果,形成可复制、可拓展的示范样本,在国内校企合作领域打响品牌;在相关行业协(学)会、职教集团、办学联合体等机构中具有一定影响力;专业招生保持增长势头,争取2020年汽车招生规模稳定在400人以上,取得显著的招生优势;企业继续大力支持并参与学校办学、重大项目建设、活动(如新生报到等)、设立资助项目等。

(6) 共同开展产学研合作及社会服务

产业学院积极承办保时捷PEAP项目全国基地集训、教师培训、教师资格赛、新车上市培训等各级各类培训。产业学院资源应用于职业资格鉴定、师资培训、社会培训、技术研发等,成效显著。每年完成各类培训100人次以上。

校企深度开展产学研合作，组建职业教育集团、产学研联合体、技术服务中心等平台，共同争取国家、省、市级课题或项目，合作开展技术改造、产品研发、科技攻关、课题研究等项目，取得较好的社会效益和经济效益；教师与合作企业合作在横纵向课题、论文、专利等方面取得成果，在各级各类比赛中获奖。

（7）探索和完善混合所有制办学的新机制

校企在多元化办学的体制方面积极探索，细化完善与无锡市捷宝汽车培训学校在汽车车身维修技术专业的合作。在企业投入价值502万元的设备，学校投入基础装修及设施的基础上，建好基地，共同成立管理机构，完善管理制度，协商并签署培训管理相关协议，积极开拓各级各类培训，积极承办各类技能大赛。

一是校企共建，完善体制机制。与无锡市捷宝汽车培训学校携手，按照混合所有制模式共同建设，学校提供场地和师资，企业提供设备并聘请企业培训师，双方合作成立管委会，对钣喷培训基地的建设运行进行规划管理，形成共建共管共享机制，实现基地的正常运行和良性发展；以产学研用立体协同推进为实施手段，构建"专业共建、人才共育、师资共培、资源共享、文化共融、校企共创"的校企双主体协同育人机制。

二是校企共投，建成国内一流汽车钣喷技术服务平台。由无锡市捷宝汽车培训学校分两期提供近500万元的最新设备，按照保时捷售后培训的标准进行场地建设和设备采购配置，引入保时捷、雷诺等国际知名企业培训认证体系及文化氛围设计方案，建成符合高端品牌要求的钣喷培训基地，可承接保时捷、雷诺、玛莎拉蒂等品牌的售后钣喷培训，设备和技术资源校企同步更新，共同开展信息技术条件下的教学改革，建成一流汽车钣喷技术服务平台。

三是校企共培，提升双师素质。学校选送教师参加保时捷售后技术培训，企业聘请高水平培训师和企业技术骨干来校与教师共同授课，校企互兼互聘，共建混编教师团队，提升教师实践能力。校企双方共同聘请马祥原、庄益来、周忠喜等企业顶尖培训师，与保时捷项目教师共同承担人才培养、企业技师培训、课程开发等任务，促进专业双师素质显著提高。

四是校企共创，加强实训教学资源建设。汽车与智能交通学院与无锡市捷宝汽车培训学校双方依托保时捷、雷诺等国际名企，对接职业标准、行业标准和岗位规范，校企共建基于工作过程理实一体化教学体系，校企共同开发虚实结合的汽车技术实训教学资源库，吸收企业先进技术和文化精髓，将职业素养养成和工匠精神贯穿人才培养全过程。

4. 成果成效

（1）完善管理机构和管理制度，项目有序运行

建立产业学院管理机构及运行机制，制定产业学院相关理事会章程，制订产业学院的建设计划，并使得项目有序运行。产业学院定期开展项目进展说明会，与企业方协商项目下一阶段的运行模式，友好沟通合作相关事宜。

（2）师资共享，成果累累

聘请企业专家、技师参与我校的教学活动，并安排我校教师参与企业培训、进行企业技能认证，力争做到承担企业培训活动，实现师资共享。依托世界技能大赛双冠军团队，建成无锡市大师工作室——"马祥原技能大师工作室"，并提高校内教师专业水平和社会影响力。与企业方进行教学能力的交流，并组织我校教师参与江苏省教学能力大赛，获二等奖。通过参加企业培训，提高我校教师智能网联汽车技术水平，并参加全国智能汽车竞赛（华东赛区），获1个二等奖、1个三等奖。通过技能提升，项目教师高明获批无锡市人才工作领导小组的创新领军人才。

（3）实训基地共建，推进校企融合发展

产业学院推进了校企合作进展，符合高职教育发展的内在规律，有利于促进高职教育的发展。为了促进校企共建，我校建成12 000平方米的汽车教学、实训基地新大楼，包括保时捷职业教育学院、东风雷诺R-MVP培训基地暨华东区域培训中心、玛莎拉蒂实习生培训基地、面积1 700平方米的高水平钣金喷漆培训中心、福耀汽车连锁服务（旗舰）培训店，以及新能源汽车、发动机、底盘、电器、汽车营销、模拟仿真等实训室，设备价值超过1 500万元。其中，保时捷钣喷基地-钣金喷漆培训中心由北京博尔客汽车科技咨询有限公司总监马祥原（曾获世界钣喷大赛冠军，承接保时捷、林肯、捷豹路虎等品牌钣金技师培训和认证）按照保时捷标准设计，尝试混合所有制建设，可承接高端品牌的钣金、喷漆技师培训、认证或技能大赛等。校内基地获得"保时捷实习生培训基地"授牌，并同步开发稳定运行5家以上校外实训基地，完善基地相关的管理制度。保时捷针对我校目前发展情况，投入了保时捷原厂车辆1辆用于教学，支持了保时捷最新的原厂诊断设备Piwis TEST，并提供升级服务，此外，为配合保时捷高端品牌的实训教学内容，保时捷捐赠设备近70万元，其中包括实训台架若干、实训底盘车辆3台等。

在保时捷职业教育发展媒体沟通会的职业教育项目分享环节，我校席海涛书记、优秀项目毕业生代表、我校2017届毕业生、苏州相城保时捷中心服务

顾问刘欢接受访谈。此外,保时捷(中国)特意调派跑车进驻校园提供迎新生服务。

（4）加强校企合作,推荐教学改革

深入推进模块化人才培养模式改革,共同制定与产业结构相吻合、可操作性强的保时捷模块人才培养方案,优化内部机制,完善了保时捷模块组班方案,首先由汽车与智能交通学院组织模块分班动员大会,学生根据自身发展进行模块自愿报名,根据学生报名情况,由保时捷项目教师团队进行保时捷模块的说明,并进行报名学生的考试遴选,同时结合班主任推荐信息以及学生面试情况最终确定组班名单。

加强校企合作,使职业教育更具特色,培养学生能够从学校到行业零距离的对接,项目教师结合企业培训经验,组建团队,并获批校级教学团队和校级科研团队,不断加强技术的提升,更好地服务社会、企业、学生。

（四）组建产教联盟（职教集团）

江苏信息职业技术学院一直致力于探索产学研战略联盟,牵头成立了"中国职业教育微电子产教联盟"和"中国电子信息行业联合会物联网产教联盟",构建了"政行企校"四方联动、多元协同的校企合作办学体制机制,依托联盟,领衔制定了国家微电子技术和物联网技术等岗位标准、专业建设标准和教学标准,共同开发课程和教材,形成了具有苏信特色的集团化办学模式,深耕区域产业集群,"政行企校"融合发展。

案例1　牵头成立中国电子信息行业联合会物联网产教联盟

2016年10月18日,经中国电子信息行业联合会审核批准,我校牵头召开了"中国电子信息行业联合会物联网产教联盟"成立大会,旨在推进产教融合,加强产教融合体制机制建设,为国家物联网产业快速发展提供支持。目前,联盟已有创始单位50家,其中高职院校27家,物联网相关行业协会3家,物联网企业等20家。依托这一平台,我校与感知中国物联网商会等行业协会、无锡地方企业合作,参与企业横向项目开发,完成了10余项企业信息化系统创建和改造项目,彰显了职教集团的校企合作平台作用,为合作企业的发展与进步作出了自己的贡献,取得了较好的经济效益和社会效益。

2021年,中国电子信息行业联合会物联网产教联盟(职教集团)被遴选为

"全国第二批示范性职业教育集团(联盟)培育单位"。

案例2　牵头成立中国职业教育微电子产教联盟

鉴于微电子职教集团在产教融合方面发挥的重要作用和日益扩大的影响力,我校根据无锡市微电子产业的发展优势,结合学校围绕微电子产业建设专业群的办学理念和特色,发挥我校微电子技术专业作为无锡市示范专业的引领作用,于2012年12月牵头成立了无锡市微电子职教集团,搭建了产教融合平台,召开了第一届理事会。职教集团联合无锡市教育局、无锡市信电局等政府管理部门、无锡市的半导体行业协会、SK海力士半导体(无锡)、华润微电子有限公司等大型微电子企业及相关的大中专院校,共同开展微电子人才培养。职教集团成立后,紧紧围绕无锡微电子产业的发展,充分发挥"政行企校"各自优势,促进"校企合作、工学结合"职业教育人才培养模式的改革,提高人才培养与社会需求的契合度,提升职业教育服务无锡微电子产业发展的能力。

依托微电子职教集团这一平台,我校和无锡市半导体行业协会以及产业链上的重点企业共同制定了"微电子技术专业人才培养方案",在集团内各高职院校推广使用;通过无锡市微电子职教集团这一平台牵线搭桥,无锡职业技术学院、无锡科技学院和我校分别与SK海力士半导体(中国)有限公司签订校企合作协议,三年来共设立冠名班9个,为企业培养了大批人才;成员学校在成员企业聘请6名技术人员担任专任教师、成员企业也在成员学校聘请1名教师担任工程师,有超过10名教师到成员企业进行工程实践;彰显了职教集团的校企合作平台作用。近期,微电子职教集团被评为无锡市职业教育集团建设成果展评二等奖。

2016年9月28日,在微电子职教集团的工作基础上,由教育部职业教育与成人教育司、中国半导体行业协会集成电路分会、工业与信息化职业教育教学指导委员会作为指导单位,我校牵头成立了"中国职业教育微电子产教联盟",联合国内开设微电子相关专业的高职院校,有影响力的规模企业、研究所、产业重点发展地区的行业协会共计49家,打造校企协同育人的新平台,深化专业群内涵建设。产教联盟将在从业人员岗位标准、专业教学标准、师资队伍共建、实训基地建设等方面开展工作,最终助推微电子产业发展。形成了"政行企校"融合的四方联动平台,旨在以政府为主导,以行业、企业需求为导向,协同产业和职业教育,通过产教联盟可以整合行业、企业、学校的资源,依托联盟内的师资、设备、课程、基地开展优质培训,在平台乃至更大的范围实现资源共享、优势互补,加快产教融合、创新人才培养模式、提高高等职业教育人才培养质量,推进并扩大和深化"政行企校"在多层次、多维度、多区域的深入合作,创新产教融合体制机制,着力构建具有中国特色的微电子和物联网产教联盟体系,促进国家微电子、物联网及相关产业良性发展。

二、产教融合平台的建设困境

随着产业结构的转型和升级,社会就业结构与方向也相应地发生改变,导致人才规格需求变化。在产教融合实践过程中,由于办学资源、企业需求存在差异,各地职业教育产教融合平台建设战略及发展路径不尽相同,多数职业院校依托其专业和资源优势特点,产教融合平台建设已初具规模。但总体而言,目前产教融合平台建设尚处于探索阶段,困扰产教融合平台建设的问题亟待解决。

(一)平台目标性有偏差

目前,我国市场机制发展尚不够完善,企业参与校企合作的目的是获取信息技术资源和劳动力资源,而一般的学校只能提供劳动力资源,所以,企业参与职业教育产教融合的内驱力尚待提高。学校为企业培养并供给人才,而企业需要并利用人才,双方在人才供需上存在着互补性和匹配性,使校企之间既有合作的需要,又存在着利益博弈,且学校往往处于被动和劣势地位,部分企业急功近利,有利则合、无利则散,通常都是"有限合作"或"短期合作",单向且被动、内容单一且浅层次、动力不足等问题的存在使校企难以实现持续、稳定的良性合作,也无法保证人才培养的质量。高水平的产教融合平台创建的目标前提是寻找利益结合点,形成共享便利化和全要素服务,使校企合作达到最优化效果。由于职业院校和行业企业等合作主体存在各自的利益点,因此,产教融合平台建设的成功与否取决于双方是否能够获得各自的收益,是否能够促进共同发展,即双方之间内在的需求是否得到满足。目前,职业院校在为企业提供服务方面的作用明显不够,产教融合平台的基础性支持依然比较少。平台建设方面存在融合不足现象,虽然职业院校和行业企业都比较积极,但在为对方提供实质性服务上却有所欠缺。

在调研中发现,全国建立的各种产教融合平台名目繁多,如针对学生实习建立的实习实训平台、基于工作岗位的毕业顶岗实习平台、"引教入企"平台、教学与技术成果相互转化平台、就业创业协作平台等,但各类产教融合平台存在重前期建设、轻后期管理的情况。在平台的运营方面存在资源把握、人才管理没有形成专业的运营服务模式等问题,平台未能真正发挥其作用。产教融合平台建设大多是政府出资,在管理中存在商业化倾向或者是完全公益化倾向。如何更好地体现平台建设的初衷,在管理功能上尚未进行有效挖掘,没有形成具有开拓性和不可复制性的产教融合环境。

(二)服务内容较为薄弱

产教融合平台建设未能对"教"和"产"的需求进行全盘考虑,双方对平台建设中自身的职责没有清晰的认识,简单地把产教融合平台理解成各种资源的共享;还有的职业院校认为产教融合平台建设是个伪命题。企业和学校对产教融合平台建设在认识上存在偏差,导致部分职业院校片面重视自身需求而忽视企业的愿望,强调院校的主导作用,只是把企业参与作为辅助,使得企业参与产教融合平台建设的意愿淡薄,无法提升产教融合平台建设的广度和深度。

产教融合平台建设的核心是使产教双方的需求得到满足。对企业而言,是高技能人才得到充分的满足。对职业院校而言,培养学生的自我生存能力不仅仅是具体岗位的专门知识与技能,更是多种能力的综合体,其基本规格和质量标准的共性要求包括扎实掌握专业理论基础知识、能够围绕专业进行辐射性的学习和拓展知识面,从而形成本专业的核心能力,能够在实践中观察、发现、分析问题。

目前,产教融合平台在服务内容上依然不够理想,在学生素养改进、学以致用等方面还未得到有效提升,信息服务的便捷性和精准性也有待提高。例如,对技术技能人才市场需求及职业院校专业发展的数据研究不足。数据研究是产教融合平台建设的基础性工作,企业对人才需求的数据要求是职业院校专业设置、招生规模的重要前提。虽然部分平台也开展了对技术技能人才市场需求等信息的调查,但更侧重"产业发展与人才需求之间的关系",尚未以职业、岗位为研究的逻辑起点,与职业院校的专业设置数据关联度不够。事实上,在产教融合平台建设中,只有个性化的服务层次、全面化的服务内容才能体现其有效性,需要科学合理地设计平台服务的架构以完善平台的服务体系。

（三）产教供需双向对接渠道不畅通

职业院校的目标是培养人才，更加注重社会效益；而企业的目标是追求利润，更加注重经济效益，双方在目标利益诉求上存在差异。职业教育的发展要与经济社会发展同步规划，当前，"教""产"双方在认识上尚未形成同频共振的局面，反映时代特征的先进工艺和技术无法在职业院校的教学过程中体现出来。产教融合平台建设的目标是为提升育人质量提供良好的环境，包括将体现产业发展特征的先进工艺、技术和文化等融入职业教育的教学过程中，力图使职业教育的教学内容、专业设置与产业发展实现"无缝对接"，提升职业教育服务产业发展的适切性。但当前职业院校教师的专业知识、能力资格等难以与产业发展的技术升级转型速度同步，加上繁重的教学任务以及职业院校缺乏对教师应对产业发展需求的激励机制，导致教师没有更多的时间和精力提升适应产业发展技术转型与升级的能力。相比而言，企业更贴近市场，更能够应对产业发展和技术转型与升级，能够以灵敏快速的反应能力适应市场的变化，为职业院校提供应对产业技术升级以及产业发展所需要的资源与课程。

（四）产教融合平台建设的相关政策有待完善

目前，我国职业教育法律法规不够健全，其中涉及产教融合方面的法律法规及政策较少，现有职业教育法律法规和政策中关于产教融合的条款都是原则性条款，缺乏具体的、操作性强的规定。校企双方既没有明确的权利和义务规定，也没有可依据的行动指导，即使双方自行协商，约束力也不强。专门的法律法规保障的欠缺，使得产教融合平台建设往往流于形式，职业院校与行业企业之间的合作缺乏足够的深度，企业参与产教融合平台建设的意愿不高。产教融合平台建设无章可循，呈现随意化、无序化及表面化倾向。此外，对于产教融合平台建设没有政策红利和专项经费支持，缺乏激励机制，很多企业尤其是中小企业把精力更多地放在保证企业正常运行而不是产教融合平台建设上。在产教融合平台建设过程中，企业的参与不可或缺，如果企业对产教融合没有足够的认识，产教融合平台则无法真正建立，也不可能持续发展。

除了相关的法律及政策体系之外，能够支撑职业教育产教融合平台的评价机制、绩效体系等配套制度也有待完善。基于这种背景，在产教融合平台建设中要加强完善评价机制、绩效分析等配套措施，进一步凸显现代信息技术在产教融合平台中分享各种资源的力度,以及时反映产教融合平台的功效。例如,可以利用社会第三方评价机构参与职业教育产教融合平台评价,将企业参与职业院校办学以及职业院校服务社会功能等作为评估的主要指标,将评价的结果作为产教融合平台建设的激励依据,通过评估引导职业院校强化产教融合平台建设的进程。

三、产教融合平台的建设路径

为了促进产教融合平台建设的有序运行、健康发展,充分发挥其作用,在平台建设过程中,需要更新思维,寻求在体制机制等方面的突破,加强战略研究,提高管理水平,按照"统筹规划、突出重点、优化配置、深化管理"的原则,充分发挥产教融合平台作为产学交互学习与协同创新场地的作用。

(一)树立协同意识,科学合理制定建设规划

1. 结合国家政策、地方经济、职业教育发展战略,发挥职业院校专业优势。明确产教融合平台整体建设的方向,在院校、行业企业以及地方政府之间进行深度合作,建立适合不同区域经济发展,形式多样的产教融合平台,对产教融合平台进行合理规划布局,分层次、有重点地推进产教融合平台建设。例如,将产教融合平台建设摆在重要位置,并将其纳入学校的整体规划中,基于职业院校的总体发展规划和优势专业的实际,整合资源,促进高技能人才的培养和满足企业发展的需要;也可以根据教学内容的需要,针对不同学生群体、不同的学习阶段,搭建不同层次的实践实训平台,将学生创业训练的难度、门槛降低,实现创业训练的实操、有序、可控。

2. 提高企业参与产教融合平台建设的积极性。在产教融合平台建设中,要真正发挥企业的主体作用,进一步提升企业参与的广度与深度,这是产教融合平台建设的基础与保障。《中华人民共和国职业教育法》明确规定,积极履行参与职业教育包括办学、教学及决策体系是企业的义务。提升企业参与职业教育的力度也是加快职业教育现代治理体系建设的应有之义。因此,在产教融合平台建设中,可以通过多种渠道充分调动企业参与的积极性与主动性。例如,在主流媒体上以通报表扬的形式塑造企业的良好社会形象;根据贡献度的量化给予相应的政策红利,包括提供专项基金、税收优惠等。通过拓宽企业参与渠道推进职业院校的教学改革,发挥企业在职业院校的专业设置、教学过程、教材开发、教学设计和实习实训等方面的主导作用,形成共同

育人、共同开发以及共享资源的局面。2019年1月24日,国务院颁发的《国家职业教育改革实施方案》(以下简称《方案》)针对企业参与职业教育积极性不足的现状提出,"在开展国家产教融合建设试点基础上,建立产教融合型企业认证制度,对进入目录的产教融合型企业给予'金融＋财政＋土地＋信用'的组合式激励,并按规定落实相关税收政策。试点企业兴办职业教育的投资符合条件的,可按投资额一定比例抵免该企业当年应缴教育费附加和地方教育费附加"。

（二）破解行业企业参与不主动现状

目前,各级各类职业教育产教融合平台的数量众多,存在重复交叉现象,需要对现有的平台进行清理,明晰平台的职能和功效。相关领域的前沿研究是职业院校的优势,在产教融合平台建设过程中,职业院校应该发挥知识传承和创新的优势,为企业提供产品生产方面的支持,激发企业参与产教融合平台建设的积极性,使院校和企业共同参与的专业人才培养关系更加融洽。从优化产教融合平台内涵的角度出发,可以构建从区域、省市到国家产教融合平台的逐级体系,建成有特色、有层级的产教融合群,在寻求平台级别数量提升的同时,注重平台的内涵建设。

要破解行业企业对产教融合平台建设不主动的现状,教育管理部门可以发挥纽带作用,把企业、职业院校、行业组织等多元主体聚集在一起,依据行业企业结构调整、转型升级的要求,及时发布权威人才政策、行业企业人才需求数量和结构等资讯,高效对接行业企业人才发展需求。为及时准确反映行业企业技术技能需求、借助职业标准固化业界共性要求,教育管理部门可以基于产业发展出现的新变化、新需求,明确资源共享的渠道、范围等,为共享服务提供法律依据;通过行业协会、企业、职业院校等多元主体参与评价,健全完善产教融合平台的评估制度,并定期向社会公布评价结果;采用政府向企业购买服务等方式建设提高行业企业参与职业教育的积极性和关注度。职业院校在听取行业企业专家对人才培养工作各个环节的合理性意见的基础上,调整专业设置和人才培养方案进行质量评价和技能竞赛,让行业企业参与到职业教育人才培养的全过程。

同时,职业院校要基于对人才规格需求的调查,把握产业的人才需求,建立与行业企业的沟通机制,收集整理并及时反馈与行业发展相关的各种市场信息,促使职业院校成为行业信息的重要交汇点,提高职业院校对行业的敏感度,校正高技能人才的培养方向,优化人才的培养过程。

(三)优化资源配置,提升平台综合实力

产教融合平台建设应成为区域创新的重要节点,使企业与职业院校的产业技术研究院、科技孵化器等载体与平台相互串联,促进创新资源在区域内有效流动与利用,促进各个创新主体构建知识网络嵌入性关系,进行开放创新与协同创新。产教融合平台资源一般包括资金、场地、设备等硬件要素,产教融合平台设备投入应分层次、有重点支持,遵循自愿共享原则,提高设备使用效率;产教融合平台资源的软件要素包括人员、研究方向、交流与合作等。"物化"的技术与"人化"的技能齐头并进、相得益彰。从产教融合平台建设相关制度角度审视和考虑,在建设过程中,一方面,要对现有产教融合平台建设过程中的软硬件要素有一个全面的了解;另一方面,要争取多方支持,制定鼓励平台开发建设的相关政策,优化平台建设的软环境和硬措施,改善产教融合平台基础条件。通过多渠道筹措资金,分层次、有重点地集中力量改善基础设施条件,通过中央与地方共建、产教融合平台专项等经费支持,集中优势资源建设高水平产教融合平台;通过对平台基础条件的改善,增强平台的服务和创新能力。

另外,产教融合平台建设应加大开放力度,开展形式多样的交流活动,增强社会认同感。一个高水平的产教融合平台,既能够保证学生在产教融合平台中学习、成长,营造良好的学术氛围,又能够使行业企业以此获得相应的各种资源和所需的人才。职业教育产教融合平台建设应实施"开放、流动、联合、竞争"的运行机制,一方面,要积极完善各种资源的共享机制,实现资讯、设备、科技服务、人才等资源的共享,充分发挥现有资源优势以更好服务社会;另一方面,借助产教融合平台优势,开展符合产教双方利益的交流活动。例如,职业院校可以深入企业,总结提炼优秀企业文化,与校园文化一起形成合力,为职业价值观教育增添活力。通过开放交流,活跃产教双方的思想和观念,增强平台成果的转化和创新能力,推进高技能人才的培养。

第三节 平台的管理机制

一、平台管理模式——以产业学院建设为例

在产业学院成立初期,首先应建立产业学院管理机构及运行机制,制定产业学院相关管理制度,形成产业学院工作标准和规范;其次要制订产业学院的发展规划,对几年来校企合作的成果及经验教训进行研究,形成产业学院的发展模式;最后是要定期会商合作事项,形成分工负责、良性互动、资源共享的运行机制,校企双方要经常性召开产业学院建设发展交流会议或活动。

产业学院组织机构如图 4-2 所示:

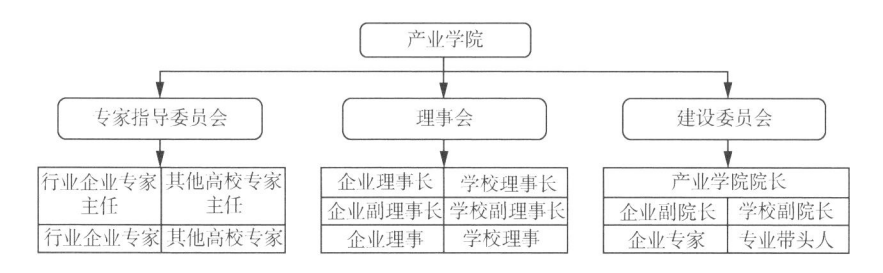

```
                        产业学院
          ┌───────────────┼───────────────┐
     专家指导委员会        理事会          建设委员会
   ┌────────┬────────┐ ┌────────┬────────┐ ┌────────┬────────┐
   │行业企业│其他高校│ │企业理事│学校理事│ │  产业学院院长  │
   │专家主任│专家主任│ │   长   │   长   │ ├────────┬────────┤
   ├────────┼────────┤ ├────────┼────────┤ │企业副院│学校副院│
   │行业企业│其他高校│ │企业副理│学校副理│ │   长   │   长   │
   │  专家  │  专家  │ │  事长  │  事长  │ ├────────┼────────┤
   └────────┴────────┘ ├────────┼────────┤ │企业专家│专业带头│
                      │企业理事│学校理事│ │        │   人   │
                      └────────┴────────┘ └────────┴────────┘
```

图 4-2 产业学院组织机构图

1. 校企双方共同成立决策管理机构——理事会。理事会采用"双理事长制",由学校主要领导和企业主要领导共同担任,理事会负责审议产业学院年度工作计划和年度工作报告,并对产业学院建设中有关运行及发展的重大事项进行决策,检查督导理事会决议的落实情况。

2. 校企双方共同成立执行机构——建设委员会。产业学院采用理事会领导下的院长负责制,院长由产业学院所在学校的教学单位行政主要负责人担任,副院长由产业学院所在学校教学单位分管领导和合作单位相关负责人共同担任,产业学院建设委员会负责产业学院研究、规划建设、组织实施及日常管理工作。

3. 校企双方共同组建指导机构——专家指导委员会。专家指导委员会主任采用"双主任制",由行业、企业及高校知名或权威专家共同担任,专家指

导委员会提出产业行业需求和具有前瞻性的专业发展方向,靠前对接产业和专业,负责对产业学院的专业建设、课程设置、师资队伍建设、社会服务、学生实习就业等方面进行有针对性的指导,并参与实施,有效促进产教深度融合。

案例　×××产业学院组织机构

一、决策管理机构——理事会

理事长

×××　企业主要领导(法人)

×××　学校主要领导(法人)

副理事长

×××　企业主要分管领导

×××　学校主要分管领导

理事(若干)

×××　企业主要分管部门负责人

×××　企业相关部门负责人

×××　企业项目主管

×××　学校主要分管部门负责人

×××　学校相关部门负责人

×××　学校项目负责人

二、执行机构——建设委员会

院　长

×××　产业学院所在学校教学单位行政负责人

副院长

×××　企业产业学院负责人

×××　学校教学单位分管教学负责人

三、指导机构——专家指导委员会

主任委员

×××　高校有威望的领导、知名教授或专家

×××　行业企业有威望的领导、知名企业家或专家

成　员(若干)

×××　高校相关专业教授或专家

×××　行业企业内相关企业家或专家

二、平台的"六共"运行机制——以产业学院建设为例

（一）共建基地

在产业学院专家指导委员会的指导下，围绕着专业人才培养方案中核心课程对应的核心专业技能的培养，校企共同建设产业链所需专业，共同探讨制定专业（群）建设方案。采用企业投入教学设备和技术，学校投入基础建设的方式，共同打造专业所需实训基地，将企业先进技术、现代管理制度、工艺流程和规范引入院校，共建真实生产环境的教学实训平台和实践基地，打造教学、科研与服务一体化的综合基地。

（二）共担职责

校企双方通过产业学院理事会、产业学院建设委员会、产业学院专家指导委员会，共同履行对产业学院的管理职能，校企分工明确，协同管理，对专业建设的过程进行质控和管理，保障校企合作的规范化运行、规范化管理。

（三）共育人才

契合产业、企业发展需求，在产业学院专家指导委员会的指导下，在理事会的领导下，根据产业发展对岗位的需求及岗位标准，校企双方共同探讨并制定专业（群）人才培养方案，构建课程体系。校企混编师资团队教师共同完成教学组织、教材编制和教学评价。对产业学院学生实施联合培养、培训，为合作的一流企业及其产业培养具备良好的职业素养、扎实的专业知识和过硬的专业技术的高质量技术技能人才。

（四）共培师资

师资由双方互聘互认。学校聘请行业、合作企业知名专家、资深工程师为学校客座教授或兼职教授，与学校专业教师共同组成混编师资团队。校企专家共同担任专业负责人，实行"双专业负责人制"；实行"互兼互聘制"授课，即聘请的企业兼职教授承担部分专业核心课程及主要实践课程的教学工作，学校专业教师担任企业项目研发工程师等，实现了双方的"身份互认、角色互通"。

（五）共融文化

校园文化建设是建设高水平职业院校的重要内容。高职院校以社会主义核心价值观为引领，与一流企业合作的同时将企业文化引入校园，推进校园文化建设，从浅层的"主动贴近"到深层的"相互交融"。校企建立学校文化和企业文化融合、沟通机制，使产业文化进教育、企业文化进校园、职业文化进课堂，共同弘扬工匠精神。引导校园文化建设方向，搭建学生素质综合提高平台，搭建学生自我教育、自我管理的个体素质发展平台。打造融学习、生活、服务、社交于一体的公共生活空间；建设以现代信息技术为支撑的共享场所，打造共享文化，共享思想，共享生活；实现最大程度"人文化"，全面提高学生的综合素质。

（六）共享利益

校企双方共同建设产业学院，共同投入产业学院所需软硬件，在合作协议中明确双方的投入及利益分配，保障双方依法依规开展合作。产业学院采用二（多）元投入的方式，学校以教育教学服务、师资、教学标准、办学场地、实验实训设备等形式投资；合作方以资金、校外办学场地、实验实训设备等形式投资或捐赠。学校的收益包括提高双师队伍水平、学生培养质量、社会美誉度、社会服务能力及获得培训的获利资金等；合作方的收益包括获得毕业生、技术服务、技术研发成果和培训的获利资金等。实现了互惠互利、相互促进、共同发展、合作共赢。

三、平台的考核评价机制——以产业学院建设为例

产业学院的考核评价采用年度绩效评价，年度绩效评价从共组管理机构、共建高水平专业（群）、共同开发教学资源、共培共组师资团队、共育高水平人才、共建实验实训基地、产学研培合作、文化共融等方面全面进行。通过产业学院所在教学单位自评，行业、合作企业和学校等多方专家评价，形成产业学院年度评价分数。

1. 共组组织管理机构。主要考核评价产业学院理事会等管理机构是否健全、产业学院管理制度是否健全以及体制机制上的创新与突破。

2. 共建高水平专业（群）。主要考核评价企业参与专业（群）建设和教学改革取得的标志性成果、专业（群）影响力以及企业参与专业（群）标准制定

情况。

3. 共同开发教学资源。主要考核评价共同开发课程和共编教材数量、共担实践课程教学情况以及共同开展教学考核情况。

4. 共培共组师资团队。主要考核评价师资共培共组情况、名师领衔的师资团队建设情况以及建设成效。

5. 共育高水平人才。主要考核评价人才培养方案或岗位标准与产业需求吻合度、共育学生数量和质量、就业率以及用人单位对毕业生的综合评价和满意率等情况。

6. 共建实验实训基地。主要考核评价校内外实验实训基地管理制度是否健全，校企共投实验实训设施、设备情况，开展实训和培训情况以及实验实训资源利用率。

7. 产学研培合作。主要考核评价产学研合作平台建设情况、合作培训等社会服务情况以及取得成果。

8. 文化共融。主要考核评价校企文化融合的沟通机制，在产业文化进教育、企业文化进校园、职业文化进课堂等方面联合开展活动情况。

案例　江苏信息职业技术学院构建产业学院的绩效考核与评价体系

为了深入贯彻落实《国家职业教育改革实施方案》《国务院办公厅关于深化产教融合的若干意见》和教育部等六部门印发的《职业学校校企合作促进办法》等文件精神，主动适应产业转型升级和职业教育改革发展的新形势、新要求，我校以现有校企合作项目为基石，携手一流企业，培育共建"苏信·海澜学院"等9个产业学院，为我校高水平发展搭建多元共享、同频共振、协同发展的高质量产教融合平台。同时，我校在不断完善产业学院建设相关管理制度和运行机制的基础上，创新构建了产业学院绩效考核与评价体系，为产业学院的发展提供保障，促进我校产教深度融合。

产业学院绩效考核与评价体系是一套设计完整的系统工程，遵循了激励为主原则、兼顾各方利益原则、结果导向原则、短期利益和长期利益相结合原则，产业学院的绩效评价采用年度绩效评价，在校企共组管理机构、共建专业、共建课程、共培师资、共育人才、共建实训基地、产学研合作、文化共融、创新发展等方面全面进行综合考核与评价，通过产业学院所在教学单位自评、行业、合作企业和学校等多方面专家评价，形成产业学院年度评价分数。

2020年度，在产业学院绩效考核与评价体系引导下，我校各二级学院积极开展工作，较好地实现了各产业学院既定的年度建设目标，取得了丰硕的建设成果。校企共建"移动通信校内实训基地"等3个,成功申报省产教融合集成平台1个;企业兼职教师比例超过30%,双师素质教师比例达95%;共建国家、省级在线开放课程3门,共同开发、出版教材(含1+X培训教材)19本,共同完成云计算技术国家教学资源库及3门专业课课程资源建设,合作培训1 200多人次,共同开展产学研合作项目30多项,"四技"经费到账110余万元,获得实用新型专利授权20余项。

产业学院的绩效考核与评价体系充分激发了各二级学院主导建设产业学院的积极性,有力保障了各产业学院年度建设目标的实现,也为全国高职院校设计合理的产业学院绩效考核与评价体系提供了有益的参考。

第五章

高职院校师资队伍建设

百年大计,教育为本;教育大计,教师为本。习近平总书记指出:"发展是第一要务,人才是第一资源,创新是第一动力。"《国家职业教育改革实施方案》(以下简称《方案》)提出:在双师队伍培养上,将加大对高学历、高技能和领军人才的引进力度,系统规划和制定教师培训进修政策制度,实施教师分类管理制度,大力推进教师向"双师型"转变。整个《方案》释放出新的强烈信号:产教融合,培养大国工匠。师资队伍建设是高职院校发展的根基,没有高水平的师资队伍,就很难培养出高水平的创新人才,也很难产生高水平的创新成果。

自教育部发布《关于全面提高高等职业教育教学质量的若干意见》(教高〔2006〕16号)以来,高职院校进一步加强师资队伍建设,深化制度改革,舍得投入经费,已使得师资队伍的素质和质量取得了全面的提升。2021年9月27日至28日,习近平总书记在中央人才工作会议上提出"全方位培养、引进、用好人才,加快建设世界重要人才中心和创新高地",给高等职业教育师资队伍建设提出了新要求。如何多主体协同育才,如何锻造更多大国工匠,是每一个高等职业院校高质量发展的新聚焦之处。

第一节　高职院校师资队伍建设的目的和意义

一、国家战略性新兴产业发展对高水平师资队伍建设提出外在要求

战略性新兴产业代表新一轮科技革命和产业变革的方向,是构建现代产业体系、培育新经济的关键。当前,我国处于供给侧结构性改革的转型发展期,以信息技术、高端装备制造业、新能源等为代表的高新技术产业迅速崛起,传统产业转型升级方兴未艾,受新冠肺炎疫情和中美贸易战等影响,国内外经营形势、产业需求、人才需求瞬息万变。

为此,国家大力提倡校企合作、产教融合,高职院校多元办学的思路,为多主体协同培育人才提供了很好的实现路径。通过与战略性新兴产业企业共识产业需求、共建产业学院、共享教学资源、共谋人才培养、共话课程体系,通过产教融合实现专业集群内的跨专业课程和通用课程底层共享、中层分

立、高层互选,将职业实践课程、职业技能课程、应用学科课程、基础学科课程等有机结合;培养大国工匠和服务生产一线的技术技能型人才,构建符合区域产业经济发展与战略发展需求的人才培养体系,持续深化职业教育供给侧结构性改革,满足科技革新时代我国经济与社会发展对职业教育技术技能人才日益增长的需要。

高职院校要建设高水平教师队伍,提高教师技术技能水平,以全力打造"双师型"教师队伍为抓手,通过完善人才引进机制,确保双师素质教师"进得来",创造教师培育机制,确保双师素质教师"送得出",优化教师培养机制,确保双师素质教师"教得好",健全教师成长机制,确保双师素质教师"留得住"。实施教师能力提升计划,建立校级、院(系)部、教研室联动推进机制,丰富教学内容,优化教学方法,全面提高教师技术技能水平。

国际竞争归根到底是人才的竞争,加强师资队伍的优化配置,全力打造高水平师资队伍,从而培养出符合社会需求的高技能人才,是适应时代发展的需要。

二、行业变革企业转型对高水平师资队伍建设提出协同要求

推动转型升级是提高企业核心竞争力和持续发展能力的关键。目前技术技能型人才积累仍然不够,缺乏高技术高技能人才,制约着新兴产业技术、材料、设备等方面的开发和应用,高新技术企业经常出现因招不到人而导致人才断档的现象,同时还存在部分技术含量低的传统制造业企业一线操作人员过剩现象。

高职院校是培养技术技能型人才的主力军。学校人才培养需要政府发挥主导作用,整合政府、行业、企业和高校多方资源,建立与"产学研一体"的人才培养方案相配套的规范标准,对企业和院校实行动态管理,并为二者搭建良好的合作桥梁,协调双方利益机制。政府提供政策和资金资助,让高职院校的学生有机会通过企业实践来加强课堂所学的理论知识;企业搭建技能培训训练平台,参与院校技能人才培养;高职院校提升教学条件,构建相关高新技术创新实践平台,培养高技能人才。总之要根据社会和产业所需,高校要与企业共同制订人才培养与开发计划,更新培训内容和手段,实现产教深度融合,提高毕业人才岗位匹配度。企业要建立健全技术技能型人才在职培训和继续教育制度,在高技术高技能人才评估、职称评定上要以标志性成果为依据,能者先行。

为了更加灵敏高效地应对变化,高端化、扁平化与小团队化更能适应企业转型。如何授权赋能基层团队,激发小团队的主观能动性,打造敏捷高效适应环境的团队,是近年来企业组织变革和高水平学校建设的重头戏。以专兼融合的科技创新团队为组织模式的科研工作方式在行业企业的变革过程中展现出了巨大的优势。高水平师资队伍中各个教科研创新团队的协同发展,适应了这种伟大的历史变革进程,符合当前科学研究知识涉及范围广、研究点密集,并且趋于复杂化的特点,是促进科研进步、解决行业企业转型变革中难题的最重要途径。

三、职业教育高质量发展对高水平师资队伍建设提出创新要求

中共中央办公厅、国务院办公厅印发《关于推动现代职业教育高质量发展的意见》,提出加快构建现代职业教育体系,建设技能型社会,弘扬工匠精神,培养更多高素质技术技能人才、能工巧匠、大国工匠,为全面建设社会主义现代化国家提供有力人才和技能支撑。2019年4月,教育部、财政部印发了《关于实施中国特色高水平高职学校和专业建设计划的意见》,"双高计划"着眼于新时代的人才战略需求,意在打造高质量的职业教育队伍。

高层次人才是职业教育人力资源核心,是体现办学水平和保证人才培养质量的要素。高职院校实施"人才强校"战略,需要引进"专家学者"型和"技能大师"型高层次人才增强学校办学实力和竞争力。"双师型"教师队伍建设是高职教育自身发展和人才培养的内在要求。师资队伍建设过程中存在的"双师型"教师认定、培养、激励等诸多问题亟需解决。国家虽然出台相关政策,但没有进一步配套文件来细化规定,导致"双师型"教师队伍建设因学校、地区存在差异。

高水平师资队伍作为推动高职院校发展的重要因素,在育人体系中担当"掌舵人"的角色。实现"双师型"教师队伍规范化建设,可以推动师资队伍建设科学健康发展。因此建设一支结构合理、师德高尚、业务精湛、作风过硬、具有创新精神和发展意识的高水平师资队伍,最大限度发挥其"领头雁"效应,显得刻不容缓。

四、教师职业生涯发展对高水平师资队伍建设提出变革要求

教师职业生涯发展是指教师自发地不断地设置、调整职业目标,制定职

业规划,并通过不断践行计划从而最终实现职业目标的过程。

教师在职业生涯中,必须进一步坚定理想信念,回答好"为了谁、依靠谁、我是谁"的问题。"有理想信念"位于"四有"好老师的首位,它是教师精神之"钙",只有补足精神之"钙",师资队伍建设才有动力之源。规划教师职业生涯主要有三个方面。第一,共同确立职业目标。高职教师的职业生涯可划分为多个阶段,处于不同阶段的高职教师都有着各自的个体特征与任务,在促进高职教师职业生涯规划时首先应该针对不同阶段的教师主体共同确立分阶段职业目标,从而使高职院校教师能够看到自身的发展路径以及职业蓝图,激励教师主体依据自身情况采取有关的职业行为从而实现职业目标。第二,鼓励继续学习。无论是企业员工还是高职教师,继续学习都是每一个组织成员所必不可少的一项活动,在发展迅速的社会背景下,终身学习已经成为每一个社会成员的必然要求,对于专业性极高的教师而言更是必不可少,因此要促进高职教师专业发展,必须要大力推动教师继续学习。第三,营造和谐关系。和谐的工作环境有助于高职教师全身心投入其专业发展与教学研究工作中,人际关系是每一个团队都必须考虑的问题,和谐的团队关系能够减少组织成员之间的矛盾与冲突,避免不必要的问题与困难,从而为成员的个人发展与组织发展保驾护航。

因此,教师的个人生涯发展也对高水平师资队伍建设提出了新的变革要求,没有团队的协同发展,教师个人职业生涯也难以持续健康地发展;而处于结构合理、协同发展的高水平师资队伍中,教师个人职业生涯会得到持续的高质量发展。

第二节　高职院校师资队伍建设的途径和方法

高职院校师资队伍建设坚持以习近平总书记的教育思想为指导,坚持系统思维和融合创新,突出以人为本、协同增效、优势互补。江苏信息职业技术学院借助赋能型组织理论和贝尔宾团队角色理论,从师德师风建设、"双轮驱动"协同培育运行机制、"政行企校"多元协作共同体模式三个方向进行初步探索,并在实践中浅尝验证,希望能为高职院校师资队伍建设的进一步发展,积极贡献方案智慧。

一、高职院校"双师型"教师队伍建设的研究基础

王旭善认为,要从提高现有教师的双师素质、引进具有"双师"素质的教师队伍、保持提升已有"双师"素质教师的教学和实践能力等三个方面开展工作。其中,提高现有教师"双师"素质实践水平的举措主要有:到国外培训机构进行职业培训,在国内职业技能培训中心培训,在校内实训中心培训。通过产学研结合提高教师实践能力,如轮岗和挂职锻炼、参与普通高校和科研院所的科学技术研究并开展科学研究和技术服务、在社会上兼职、去生产现场锻炼等。在改善教师队伍、增加"双师型"教师数量上,提出了引进优秀人才的原则:力求实用、突出重点、实事求是。具体的方法包括:招聘选才、推荐选才、登门招才、市场招才。同时提出了保持"双师型"教师理论水平和实践水平与时俱进的途径:产学研结合是"双师型"教师不断提高水平的根本途径,经常开展专业调研是"双师型"教师不断获取专业信息的重要途径,经常参加学术活动是"双师型"教师提高学术水平和体现学术价值的有效途径。

张德新归纳了培养"双师型"教师的六种实现途径:一是证书式。鼓励教师参加职业资格证书的培训与考试,获得相应的职业资格证书。二是校外锻炼式。有计划地安排教师到生产一线去进行专业实践的锻炼。三是校内实践式。有计划地安排教师在校内实验室、实训室进行专业实践的锻炼。四是捆绑式。聘请一批生产和服务线的能工巧匠,与校内相应专业的教师"捆绑"成一个相应的"双师型"教师群体。五是研发式。鼓励与支持教师走出学校,面向企业、面向生产一线开展科技服务,做好科研成果的转化工作。六是导师式。安排高职称的名师作为青年教师的指导教师,进行一对一的"传、帮、带"。

李梦卿等认为,应当制定"双师型"教师任职资格认定标准,制定"双师型"教师队伍的职业生涯管理规划,建立"双师型"教师聘任制度,加强"双师型"教师培养培训力度。在"双师型"教师的培养方面采取以下措施:设立专项基金,鼓励优秀教师参加培训;优化职教师资培训基地建设;建立教师到企业实践制度等。

贾平认为,当前对高职院校师资队伍建设的研究与实践尚需进一步深化和系统化。今后的研究应对高职院校师资队伍建设存在的问题进行多角度、多层面的深度挖掘,重点对具有代表性的案例展开个案研究,并结合国内外先进的职业教育师资培养经验,对高职院校师资队伍建设的理论、发展战略、

培养模式、实操性等方面进行研究。

二、高职院校师资队伍建设现状

根据中国教育科学研究院、全国职业高等院校校长联席会议编著的《2021中国职业教育质量年度报告》(以下简称《报告》),越来越多的高职院校已把师资队伍建设作为学校发展的重要价值取向,师资队伍发展水平已成为当前高等教育界共同关注的热门话题。

《报告》列出的建设成效显示:第一,建设教学创新团队,带动师资队伍质量提升。首批立项建设的120个国家级职业教育教师教学创新团队覆盖27个省(区、市)122所高职院校,并分领域建立了19个协作共同体,围绕团队建设、人才培养、教学改革等主题开展协同研修600余次,立项重点专业课题123项,开发精品资源共享课程655门、在线开放课程969门。各地建立了229个省级创新团队、1 200余个校级团队、40余个省内团队协作共同体,推进了国家、省、校三级联动,专兼结合的"双师型"团队建设。第二,校企共建企业实践基地,助推教师专业成长。高职院校积极对接企业,共建教师企业实践基地,推动教师企业实践常态化、制度化、标准化、规范化;坚持校企互聘共培,共建共育人才队伍,打通校企人才双向交流合作通道,促进教育教学改革创新。第三,改革管理机制,激发教师队伍活力。高职院校深化教师队伍评价改革,推进践行教书育人使命,破除"五唯"痼疾,在岗位评聘、绩效分配、考核评价等方面积极探索改革举措,突出业绩导向,实现多劳多得、优绩优酬,调动教师工作积极性、主动性和创造性。

根据《报告》,以江苏省第一、第二批中国特色高水平建设院校(部分)为例,表5-1显示专任教师高级职称比例大部分都超过40%,专任教师高级职称比例提升显著。

表5-1 专任教师高级职称统计(%)

学校	2020年度	2021年度
南京工业职业技术大学	42.36	45.10
无锡职业技术学院	46.60	48.30
南京信息职业技术学院	48.29	47.58

续表

学校	2020年度	2021年度
常州信息职业技术学院	42.21	41.14
常州工程职业技术学院	39.59	40.32
无锡商业职业技术学院	44.64	42.72
江苏信息职业技术学院	38.36	42.75
江苏电子信息职业学院	39.75	39.78

根据《江苏省高等职业教育质量年度报告(2020)》,2020年江苏高等职业院校"双师"素质专任教师比例达到79.24%。对比《报告》,表5-2显示"双师型"教师比例大部分超过85%,接近90%,高水平院校"双师型"教师队伍建设处于全国领先水平。

表5-2 "双师型"教师比例统计(%)

学校	2020年度	2021年度
南京工业职业技术大学	92.29	92.35
无锡职业技术学院	83.66	84.01
南京信息职业技术学院	83.10	87.13
常州信息职业技术学院	86.23	87.96
常州工程职业技术学院	84.57	82.44
无锡商业职业技术学院	94.29	94.66
江苏信息职业技术学院	88.58	89.80
江苏电子信息职业学院	86.19	86.37

三、加强师德师风建设是打造高水平师资队伍的首要任务

职业教育肩负着培养社会主义事业建设者和接班人的重大任务,必须坚持正确的思想政治方向。高职院校要围绕立德树人根本任务,把师德师风建设永远放在师资队伍建设的首位,这是"四有"好老师的核心要求,并贯穿于教师职业生涯发展的全过程。

江苏省教育厅制定了《江苏省高校教师师德失范行为处理办法(试行)》(苏教规〔2019〕1号),认真贯彻落实教育部等部门《新时代高校教师职业行为

十项准则》和《关于加强和改进新时代师德师风建设的意见》等文件精神要求。江苏省高等职业院校采取多种举措,积极落实上级要求,加强师德师风建设。一是各校建立和完善了党委统一领导、党政齐抓共管、二级单位具体落实、教师自我约束的领导体制和工作机制,形成师德合力建设;二是积极开展师德培训,加强教师思想政治教育,抓好师德日常教育引导等,从实际出发把准则要求转化为教师行为指南与禁行底线,将师德师风纳入教师岗位聘任、职称评聘和业绩成果认定等领域;三是实行师德师风"一票否决制",使师德师风建设在制度上有抓手,在行为上有对照,在管理上有规范;四是不断完善师德师风建设长效机制,引导教师做有理想信念、有道德情操、有扎实学识、有仁爱之心的"四有"好老师。

高职院校要充分发挥党委教师工作部作用,统筹推进教师思想政治工作和师德师风建设工作,全面加强党对人才工作的领导。以习近平新时代中国特色社会主义思想武装教师头脑,始终把政治标准放在教师队伍建设的首位,健全师德建设长效机制,推动师德建设常态化长效化。引导全体教师以德立身、以德立学、以德施教、以德育德,争做"四有"好老师。通过宣传师德典范、树立师德楷模、讲好师德故事、强化师德考评等活动,用典型的力量带动人、用先进的力量引导人、用榜样的力量鼓舞人。

四、创新"双轮驱动"协同引培运行机制

"双轮驱动"的协同引培运行机制,即高层次引才的共用驱动和青年人才培养的共育驱动。通过"双轮驱动"机制的协同培育,拓展多元化师资引进和梯队培育途径,推进分层分类的评价体系,积极赋能,突出协同增效和优势互补,构建内外跨界、优势互补、紧密协同的良好生态,充分调动和激发成员工作的积极性,加快培育造就一支高水平师资队伍。

(一)人才流动通道创新,造就优秀师资队伍

在师资队伍的选聘、评价、待遇等方面深化改革,打通校企人才流动通道,提高团队成员专业类型的多样性,形成校企命运共同体,开展全面深度合作,依托教师发展中心、协同创新中心、协作共享平台等,构建卓越的教科研共生体,形成内外跨界、优势互补、紧密协同的高水平师资队伍。

（二）教师培养模式创新，培育高水平团队

根据师资队伍中不同层次、不同教育背景、不同岗位、不同职业经历的人员，横向按专业带头人、骨干教师、青年教师、产业导师四个层面，纵向分教师专业发展能力、实践创新能力、信息技术应用能力、教学研究能力、社会服务能力、国际交流合作能力等六个方面，实施有针对性的按需培养、分层分类技能提高计划。

（三）多元化评价机制创新，助力人才培养

具体而言，要树立"以人为本"的理念，建立职业院校、行业企业、培训评价组织多元参与，针对不同的专业类型、工作领域和技术等级建立分层分类的评价考核体系。评价既要体现学校发展目标，也要涉及成员每个人的绩效，既能促进学校整体效益的提高，提升社会服务能力，又要有助于创新人才的培养、积累、成长，营造协同创新的氛围，促进师资的专业化发展。

五、构建"政行企校"多元协作共同体模式

深化产教融合，政府、行业、企业、院校共引共育，探索建立"互惠互利、多方共赢、协同发展"的师资队伍多元协作共同体模式。突出以人为本，强调教师的职业发展、全面发展和终身发展，基于协同理论进行政产学研命运共同体的构建，突出协同增效和优势互补。

（一）依托学校教师发展中心，"政行企校"合作成立专门的领导小组，制定管理章程和制度，共同进行师资队伍建设的决策和管理工作。

（二）成立协同创新中心，负责教师横向协作交流，对外承接合作项目，推荐、介绍学校优秀教学成果相关人才，引进一流企业和其他研发机构为学校人才培养服务。

（三）成立一个协作共享平台，负责"政行企校"之间的信息共享、资源共用、成果共享、需求共享，实现无障碍沟通。

第三节　高水平师资队伍建设举措

一、加强师德师风建设

（一）开展教师节主题教育

以教师节为契机,开展一次主题教育,引导全体教师进一步激发内生动力,厚植爱国主义情怀,坚守立德树人使命,努力培养担当民族复兴大任的时代新人。重温教师入职誓词,激励广大教师不忘初心,牢记使命,勇于担当,创新有为,努力成长为新时代的"四有"好老师。

（二）开展特色师德建设教育活动

结合工作实际,以师德师风报告、论坛、演讲、讲座等系列活动为抓手,创新活动形式,开展不同形式、丰富多彩的师德建设教育活动。活动要围绕主题,突出价值导向,增强广大教师的价值认同和行为自觉,提高教师自律意识,加强自我修养。活动形式可灵活多样,提高教职工参与积极性,做好宣传推广,对外展现新时代教职工风采,激发广大教师的职业自豪感和荣誉感,争做新时代"四有"好老师。

（三）开展师德师风建设大讨论

教师工作部要加强对《高等学校教师职业道德规范》《新时代高校教师职业行为十项准则》《教育部关于高校教师师德失范行为处理的指导意见》等文件的宣传教育。先进典型宣传与反面警示教育结合进行,引导广大教师以德立身、以德立学、以德施教,树立正确的教师职业理想,提高职业道德水平。

二、创新"双轮驱动"协同培育运行机制

（一）创新人才引进机制，着力解决"师资短缺"问题

大力实施人才强校战略，出台一系列制度文件，加强师资队伍建设整体设计和政策保障。制定师资队伍建设规划，以统筹好师资数量、结构、质量为目标，以人才引进、培养和使用三个环节为抓手，努力建设规模适当、结构合理、质量一流的创新型师资队伍。成立人才工作办公室，印发《高层次人才和优秀青年人才引进暂行办法》，建立协议目标、协议薪酬、协议职称的"三协议"人才引进和管理模式，加大对高端人才和优秀青年人才的引进力度。

1. 要拓宽引进渠道。要做高层次人才引进工作的有心人，在各类高端平台、高水平学术交流活动中增强高层次人才引进的意识，主动出击，精准发力，而不是守株待兔，对看准的人才要有三顾茅庐的精神。

2. 要注重柔性引进人才。对于"重量级"领军人才，要采取"不求所有、但求所用"的方式柔性引进，通过设立特聘（客座）教授、产业教授岗位等方式，使其参与指导学校教学科研和专业建设等工作，形成多元化、开放式的师资来源渠道。

3. 最后要引进"名校优生"。多渠道、多举措吸引高校优秀毕业生来学校任教，在坚持引才标准、严格录用程序的前提下，优先从国内外高水平大学录用优秀毕业生，同时注意改善学缘结构，提高教师整体素质。

案例1　院士工作室，创新谱新篇

江苏信息职业技术学院聘任中国工程院李德群院士为学校战略发展顾问，并柔性引进李德群院士团队，成立李德群院士团队合作工作室。院士工作室主要工作任务：一是为学校发展战略提供咨询和技术服务；二是为学校教学、科研、创新人才培养及省级"先进集成电路封装模具技术"团队建设提供服务；三是指导模具专业群建设、卓越班人才培养，打造芳华课堂；四是指导学校产教融合集成平台、智能制造基地建设。

目前，该校院士工作室已经成为学校技术的推广站和成果转化的试验田，为社会、企业和学校创造了显著的社会效益和经济效益，同时培养了一支智能制造"双师型"教师队伍，成了专业服务产业发展的"增压器"。

（二）创新教师培养机制，着力创造"人才成长"条件

习近平总书记在2021年两院院士大会、中国科协第十次全国代表大会上的讲话中指出，"培养创新型人才是国家、民族长远发展的大计。当今世界的竞争说到底是人才竞争、教育竞争"。党的十八大以来，习近平总书记多次强调要将理论与实践统一，既为高校提升实践育人能力提供重要理论支持，也对高校构建和完善实践育人工作体系提出了新的更高的要求。

1. 教师成长发展工程推动教师队伍高质量发展

教师成长发展工程，运用模块化科学思维和工作方法，为教师"驱动单元"镶嵌精准的师德荣誉、制度激励、高端引领、进修培养四个"成长模块"。在师德荣誉模块，铸就优良师德师风。倡导广大教师全力做到"爱学生、有学问、会传授、做榜样"，全方位培养锻造一支坚持教书和育人相统一、言传和身教相统一、潜心问道和关注社会相统一、学术自由和学术规范相统一的教师队伍。在制度激励模块，激发教师内在动力。为教师的成长发展建立了一系列制度机制，让教师发挥所长，立足岗位多出业绩。在高端引领模块，优化结构提升水平。打造高水平创新团队，打破专业壁垒，实现相关专业交叉融合，带动教师成长成才。在进修培养模块，全面开阔教师视野。加大访学研修等项目派出力度，学校出台推进教育国际化实施意见，使教师的研修积极性显著提高。教师的教学执教能力、科研能力、实践与创新能力有了明显提高，成果数量明显增长。

根据教师职业生涯发展区间，完善教师发展支撑体系。以对接国家级、省级高层次人才发展体系为目标，针对不同学科、不同层次、不同年龄、不同知识结构人员，划分教师职业生涯发展区间，按照领军人才、优秀团队、青年教师三个层次进行分层培养，制定个性化培养方案，为教师发展提供更好的平台和环境，促进师资队伍整体水平提升。一是要培养领军人才。实施教授培育工程，在对学校现有副教授充分摸底的基础上，有针对性地遴选一批优秀专业带头人和骨干教师进行重点扶持培养，本着"缺什么、补什么"的原则，为其申报教授职务创造有利条件，尽快提升其教学水平和科研能力；培育一批名师工作室进行重点扶植和培养，对于考核优秀者优先推荐省级人才培养工程；有针对性地遴选一批中青年教师作为省级、国家级教学名师培养对象，给予相关政策支持，使他们能够快速成长为教学名师。二是要培育优秀团队。制定"优秀教学团队、科技创新团队的遴选和培养办法"，打造教学、科研与社会服务工作的精兵强队。围绕"构建大平台，组织大团队，争取大项目，

创造大成果"目标,大力加强学校优秀教科研团队建设,以团队建设促进教师梯队建设,以点带面,以强带弱,积极引导将个人优势转化为团队优势,积极争取国家级、省级团队项目,力争教学和科研上台阶、上水平。三是要助力青年教师成长。青年教师是学校师资队伍的有生力量,是学校发展的希望所在,建设好这支队伍具有长远的战略意义。要加大青年教师培养力度,切实发挥好教师发展中心的作用,启动教师沙龙项目,帮助青年教师尽快转变角色、适应环境、融入学校,促进青年教师在教学科研方面快速成长。首先要打牢教学基本功。优化新教师岗前培训内容,增强针对性、实效性和可持续性;推进青年教师"导师制",切实发挥老教师"传、帮、带"作用,组织开展教师教研活动和教学能力练兵活动,不断提升青年教师的教学科研能力和专业水平,做好青年教师职业规划,确定发展方向。其次要提升学历学位。落实教师在职攻读博士学位奖励政策,鼓励和支持中青年教师在职攻读博士学位,尤其是攻读国内外名校博士学位,改善学历结构和学缘结构。最后要加强专业实践能力培养。在努力提高青年教师教学能力的同时,高度重视青年教师专业实践能力培养。持续推进青年教师企业实践,加强过程管理,真正使青年教师企业实践落到实处,取得实效,促使青年教师由"理论型"向"实践型"、由"教书匠型"向"教练型"转型提升,全面提高青年教师"双师"素质。

2. 搭建科教融合平台,提升实践育人能力

提高科研创新能力,探索引领行业未来发展的新问题。高职院校应鼓励教师专注于攻克制约行业发展的关键技术难关,探索推动行业进步前沿问题,取得创新性科研成果。充分发挥产教融合平台功能。高职院校在发展过程中与企业、科研机构、行业主管部门结合紧密,在优势学科教学资源整合、实践平台建设等方面具有独特的优势。高职院校应积极主动加深产学研融合,为创新型人才培养提供实践平台,培养实践能力突出人才。通过产学研融合,提升师生运用专业知识解决实际问题的能力,在科研实践中坚持知行合一。在实践过程中引导学生了解行业发展历史,对未来从事的行业建立起清晰认知,明确未来学习目标。

3. 健全目标体系,赋能团队成员,构建学习型、赋能型组织

《国家职业教育改革实施方案》明确提出"探索组建高水平、结构化教师教学创新团队",更强调团队整体的功能与作用,而非片面强调教师个体的"多功能"或"多资格"。倡导"赋能"的管理模式,根据市场需求和高职教育的发展要求,确立学校总体目标,各教科研团队根据学校总体目标设置团队发展目标,团队成员根据团队发展目标制定个人发展目标。通过给教科研团队

赋能,让团队带头人具有系统解决重大问题的能力,使团队成员的能力具有多样性和互补性,让团队每一位成员能够根据各自的优势和专长完成不同的工作模块,增强团队整体完成工作任务的专业能力,学校、团队与个人之间相互作用,相辅相成,团队成员在构建学习型、赋能型教科研团队中完成自我激励,在团队成员合力下更好地承担起产教融合下的育人、研发和服务功能。(见图5-1)

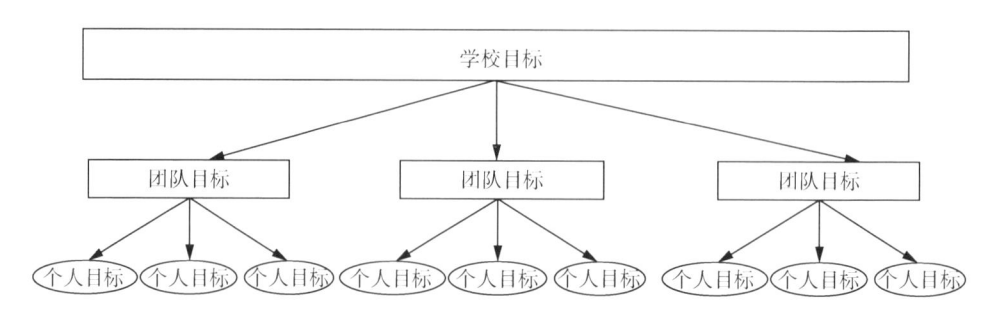

图 5-1 教科研团队目标体系图

案例 2 江苏信息职业技术学院探索高职、本科、行业、企业四方战略合作,提升微电子专业师资人才队伍综合实力。

学校与南京信息工程大学滨江学院进行战略合作,与常州大学电子科学与技术专业建立"4+0"联合培养项目,和华虹半导体(无锡)有限公司、无锡华润微电子有限公司等国内一流微电子企业实施产教融合,通过中国职业教育微电子产教联盟和中德职业教育产教融合联盟等多方指导,以领军人才引领、大(名)师团队组建为突破口,突出以"强精尖高"为导向,聘请2位中国工程院院士和1位"千人计划"特聘专家担任学校战略发展顾问,聘用6位产业教授、12位客座教授、10位兼职教授、8位企业导师,柔性引进6位高层次人才、全职引进2位微电子博士,探索形成了高职技能人才、本科应用人才和企业高技术人才的互聘、互融、互通,打通高职本科高素质技术技能应用型人才联合培养新模式、新途径,为学校发展和集成电路相关专业建设提供了强有力的智力支持和人才保障。

(三)多主体协同,产才融合,共同打造高水平师资队伍

现对江苏信息职业技术学院省级高校哲学社会科学优秀创新团队(多元协同视阈下高职院校赋能型教科研团队模式创新与实践)建设案例分析如

下:该团队以高职院校教科研团队建设为研究对象,以团队协同模式创新与实践为研究方向(见图5-2)。即以习近平总书记的教育思想为指引,借鉴贝尔宾团队角色理论和赋能型组织构建理论,立足于团队管理创新和实践,以指导各类团队开展愿景规划、明晰建设方向、分析团队存在价值、协作形成团队间合力及团队大数据服务等作为主要工作,探索建立"政行企校"多元协作共同体模式,搭建"一中心"即协作创新中心,"一平台"即协作共享平台,强化教科研团队项目化过程化管理,为打造一支师德高尚、技艺精湛的"双师型"教师队伍,为培养德智体美劳全面发展的高素质复合型技术技能人才,提供"智力智库"和"师资人才"保障。

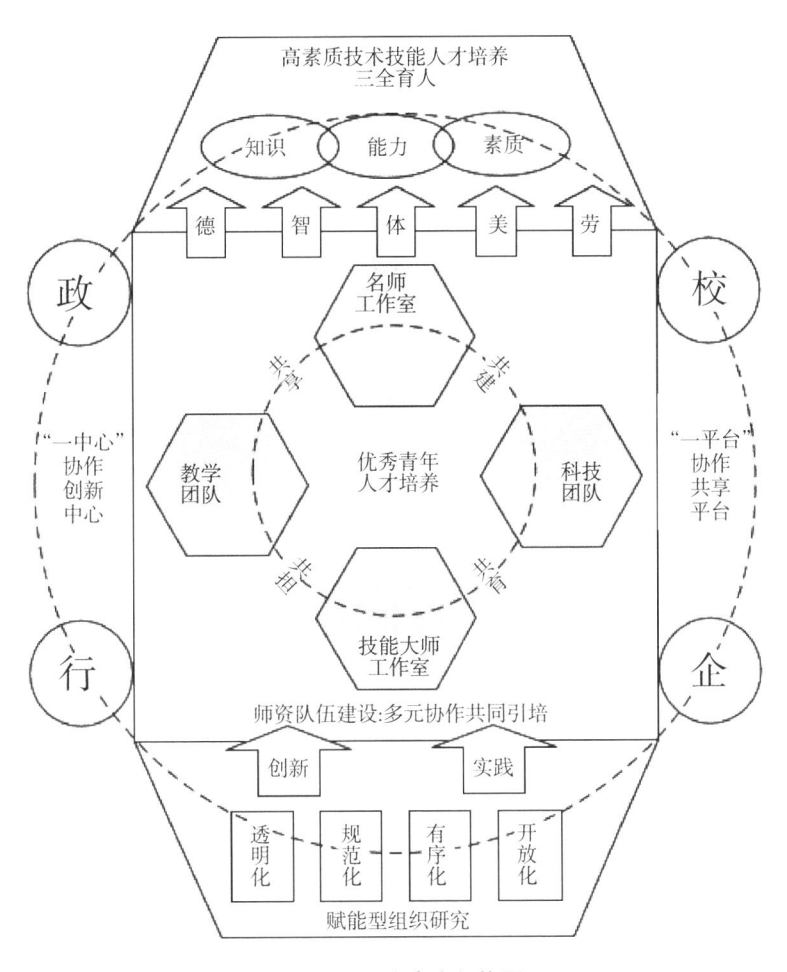

图5-2 研究内容架构图

1. 产教深度融合,构建多元协作共同体模式

深化产教融合,政府、行业、企业(国内一流企业)、院校(本科、高职等)共引共育,探索建立"互惠互利、多方共赢、协同发展"的人员多方协作共同体模式(见图5-3)。通过共同引育领军人才、教育专家、教学名师、科学技术能手、技能大师、能工巧匠等人才,采用"固定岗"人员负责,"流动岗"人员协助的方式,形成协作共同体。

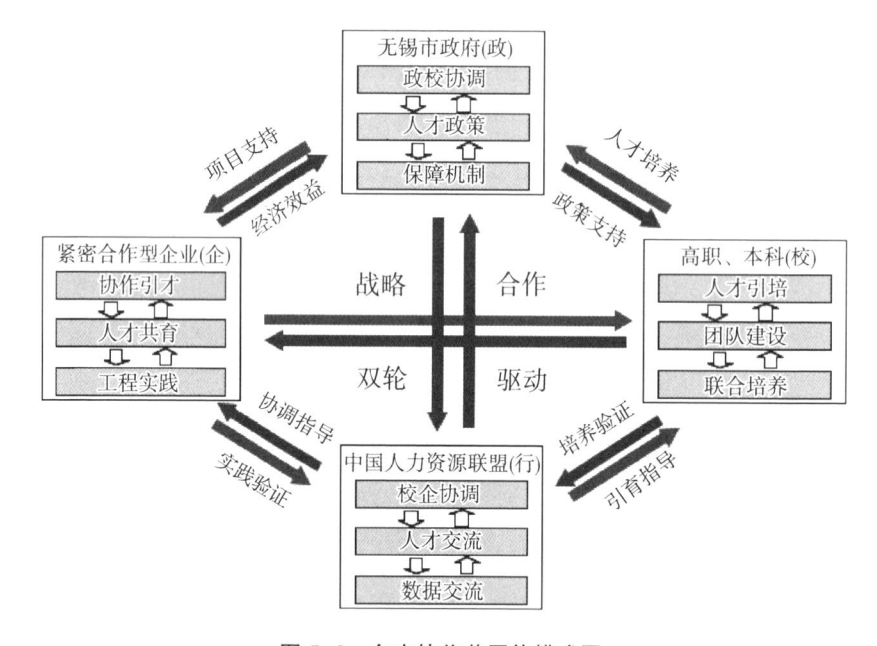

图 5-3 多方协作共同体模式图

协助各类团队构建分层分类目标管理机制,进一步明晰教学团队、科技团队、名师工作室、技能大师工作室等团队的主体责任和发展方向,按省、市、校三级建立不同的管理办法和保障措施,全力赋能创新团队,采用"三步法"即"靠上去服务、捕捉第一诉求、化解发展难题",向团队提供政策支持、人才支持、智力支持,充分服务团队发展正能量。

2. 立足分级培育,制定优秀青年人才培育机制

校企共建人才引育共同体,实施人才引育"双轮驱动"战略,即高层次引才驱动和青年人才共育驱动。为引进人才和现有人才提供同等的待遇和机会,提升人才特别是具有潜力的青年人才的积极性和潜能。制定学科(专业)、团队两级优秀青年人才培育机制,结合实际情况明确选拔方案、选拔条件、优选培育政策等。校企通过机制共建、人才共育、责任共担、成果共享,营

造有利于优秀青年人才脱颖而出的良好环境;通过事业留人、感情留人、待遇留人,加快培育一支符合学科(专业)或团队需要的人才队伍。

遵循人才成长内在规律,推进优秀青年人才培育机制创新,在满足成果共性需求的同时,统筹兼顾各年龄段、各专业技术职务层次人才的成长差异性需求,着力构建一套科学合理并能促使师资队伍快速、健康成长的培养体系。

3. 实行项目管理,形成师资队伍阶梯式培养体系

以"一中心"协作创新中心的服务为载体,采用"一平台"协作共享平台的"共享、共建、共育、共担"协作机制,跨学科、跨专业、跨区域空间将企业和学校深度融合。

面向职业教育现代化2035和"双师型"教师队伍建设目标,对标"四有"好老师,完善"双师型"教师队伍管理办法,分岗级制定详细的教师自我测量指标,探索形成符合高职教育特点并具有学校信息化特色的课程教师、骨干教师、专业(课程)负责人、专业(学术)带头人的四级阶梯式培养体系。

根据"双师型"教师专业发展的需要和能力水平的差异,优化教师分层分类考核评价机制,完善"双师型"教师集聚配套政策、制度和环境条件保障,科学评价教师目标任务完成度并形成自画像,进一步完善考核方案,逐步打造师资队伍阶梯式培养体系,助力专业人才培养与技术创新有效融合。

4. 实施"四化"建设,营造教科研团队协作创新文化

协作创新是新时期高职教育的本质特征之一。团队围绕协作创新,实施"四化"建设,即"经费管理透明化、选人用人规范化、项目实施有序化、成果分享开放化",将经费使用、引才育人、任务管理、成果分享等与核心业务有关的互联网数据引入团队协作共享平台。通过切实打破团队间不同利益、层级间的分隔与孤岛,有效保障团队协作能力,提高运行过程透明度、资源调配效率、创新成果的使用效能等,营造"包容、开放、信任、共享、协同"的团队协作创新文化,创建"友善、合作、关怀、创新、进步"的教师发展环境,带动全校的协作创新校园文化建设。逐步实现文明教化、以文化人,为促进德智体美劳全面发展的高素质复合型技术技能人才培养,提供强有力的师资队伍保障。

三、创新教师管理机制,激发师资队伍创新潜力

(一)成立"教师教学发展中心"

通过定期组织教学沙龙活动,分享教学理念和方法,围绕教育教学、人才培养、教师发展等问题开展系列培训与研究。重点支持教学科研团队,着力培育更多教学名师和知名学者,带动师资队伍水平整体提升。积极推动教师"走出去",鼓励教师赴国内外一流高校访学或去基层一线挂职锻炼。面向40岁以下青年教师,在入职第一年拨付启动经费,此后每年根据上一年的业绩给予滚动支持。实施"师资博士后"制度,强化师资博士后的业绩考核,为高水平师资队伍建设提供优质人才储备。

(二)强化人才分类考核,让优秀人才竞相涌出

以分类管理为基础,出台新的教师、辅助系列专业技术岗位评聘工作实施办法,更加突出"五个注重":一是注重分类评价。将教师岗位分为教学为主型、教学科研型、科研为主型、社会服务型四种类型,评聘实行业务条件"1+1+X"创新模式,第一个"1"指教学最低要求,第二个"1"指科研最低要求,"X"指各学院自主增设相当水平的业务条件要求,使评聘条件更符合学院发展实际和学科专业特点。二是注重快捷高效。在校内人才中实行教授确认制,在引进人才中实行教授、副教授直聘制,在教授中设置终身教授岗位,打造人才成长强力引擎。三是注重青年教师成长。对一些职称岗位申报中高一级岗位的任职年限或申报条件放宽限制,减少论资排辈,为优秀青年人才脱颖而出助力搭台。四是注重本职工作内容评价和工作实绩。辅助系列对发表论文等成果的要求更加符合岗位履职特点,在实验技术、工程技术、会(审)计3个系列增设正高级岗位。五是注重成果质量。以破除"五唯"为导向,实行代表作评议制度,不再片面讲成果数量和形式,而是以追求质量和内涵为主,适度考虑数量。

(三)搭建人人都是驱动单元的"动车组"发展模式

依托岗位聘用工作,聚焦教师考核评价中的难点,制定教师岗位任务与考核指导意见,通过聘期考核,实现"岗位能上能下、待遇能高能低、人员能进能出",激活人才队伍干事创业的"一池春水"。科学建立基于岗位管理的"设

岗聘任、晋升晋级、考核评价、分配激励、流转退出"五位一体的教师职业发展激励约束机制,突出学院在学校发展中的主体地位,引导教师发挥所长,分类特色发展,鼓励教师在学生教育管理、专业建设及教学服务、实验室建设、科研平台建设、学术团体履职等方面承担立德树人职责和公共服务职责,让每一位教师都主动成为"驱动单元",使学校"从火车变动车",在学校发展史上具有里程碑意义。

案例3 依托地方产业优势,探索高素质"双师型"教师队伍建设长效机制

江苏信息职业技术学院物联网应用技术专业群依托无锡作为国务院唯一批复的国家传感网创新示范区的地方物联网产业优势,不断深化产教融合、校企合作,探索高素质"双师型"教师队伍建设长效机制。聘任无锡市知名企业专家为省级产业教授,指导专业在物联网产业领域的改革和建设,推进专业设置与产业需求对接、课程内容与职业标准对接、教学过程与生产过程对接;柔性引进高端领军人才,组建"物联网技术研发及产业化团队",并在RGBD传感器运动目标检测等关键技术方面取得了突破性进展,促进关键技术创新,提升教师实践教学能力和技术技能创新能力;名师领衔,深化职业院校教师、教材、教法"三教"改革,与企业在师资培训、技术创新、资源开发等方面开展全面深度合作,不断深化"双主体协同,双融合育人"的人才培养模式,切实提高物联网融合创新人才培养质量。该专业群建成江苏省职业教育教师教学创新团队1支,江苏省"青蓝工程"优秀教学团队2支,江苏省优秀科技创新团队1支。

第六章

现代产业人才培养体系建设

第一节　服务现代产业发展的专业集群建设

一、新经济时代的现代产业发展

党的十九大报告指出,我国经济已由高速增长阶段转向高质量发展阶段,正处在转变发展方式、优化经济结构、转换增长动力的攻关期,建设现代化经济体系是跨越关口的迫切要求和我国发展的战略目标。现代产业体系是对传统产业体系内涵和形态的新突破,是现代化经济体系的主要内涵和战略支点。

（一）现代产业体系特征

构建现代产业体系是新发展阶段适应全球产业技术和分工格局变化的历史选择,是实现产业结构转型升级的必然产物,是一个连接现实和未来动态发展的开放系统,具有创新化、高技术化、服务化、融合化和国际化的特征。

1. 创新化

创新是产业发展的主引擎,是现代产业体系的动力特征。产业创新一般包括商业模式创新、产品创新和技术创新等,其中技术创新最为重要,技术创新通过推动传统产业的改造、新兴产业的崛起和落后产业的淘汰等,实现产业结构优化升级,推动产业旧体系向产业新体系的演化。新经济时代的现代产业体系与传统产业体系的本质区别不在行业和产品本身,而在创新能力。

2. 高技术化

现代产业是建立在高技术基础上的产业体系,受环境资源限制、能耗排放制约以及消费需求升级等因素的综合影响,以研发投入大、知识技术密集度高、高附加增值服务输出为代表的高技术产业日益成为产业转型升级的主流趋势。这种趋势突出表现为两种类型:一是传统产业的高技术改造,如"工业＋物联网"升级的智能制造产业;二是以战略新兴产业、新一代信息技术产业、新材料产业为代表的高技术产业,如超大规模集成电路产业、航空航天产业、区块链、人工智能产业等。

3. 服务化

工业革命是生产的规模化,它的特点是将服务固化到产品里,消费者通过购买产品获得对应服务,如我们交通出行要快捷安全,可以购买企业生产的高性能交通工具,而企业通过大规模生产降低固定成本,从而为消费者提供交通出行服务。数字经济时代则是服务的规模化,人工智能可以将人类的经验固化下来,通过机器学习、人工智能等技术实现持续的迭代更新,将人类最优秀的经验固化下来,形成可复制的规模化的服务,如人工智能驾驶汽车,消费者购买的产品不再是汽车,而是安全高效便捷的交通出行服务。

4. 融合化

数字经济时代,信息技术正在快速地变革着信息分享和资源配置的方式,从而极大地改变了组织的架构和生产协作方式,产业边界不断模糊,业态之间的融合程度不断提高,一大批"互联网＋""大数据＋""人工智能＋"的新专业涌现,如传统导购与互联网结合形成了网络营销专业,传统汽车制造和人工智能结合催生了智能网联汽车专业,传统会计和大数据结合形成了更注重"业财一体化"事前财务决策管理的大数据会计专业。

5. 国际化

经济全球化使资源配置的范围超越了国界,产业发展需要在世界范围内寻求要素的最佳组合和资源的最优利用,产业结构的调整和升级将循着国际化的方向演进。国际化,是产业结构调整和产业转型升级的关键所在,是提高经济质量和效益,实现区域经济可持续发展的必然选择。

(二)现代产业转型升级趋势

新一代信息技术与制造业深度融合,不断形成新的生产方式、产业形态和商业模式。产业跨界融合成为新的趋势。我国产业的转型升级在中长期呈现智能化、绿色化、高端化、网络化、个性化、服务化、全球化趋势,个性化、服务化和全球化主要从产业竞争环境来描述,从产业转型升级内生动力看,其升级趋势主要有以下四个趋势。

1. 智能化趋势

传统制造向智能制造加速转型。智能制造是在现代传感技术、网络技术、自动化技术、人工智能技术等新一代信息技术的基础上,通过智能化感知、人机交互、决策和执行技术,实现设计过程、制造过程和制造装备智能化,是信息技术和智能技术与装备制造过程技术的深度融合与集成。综合当前全球制造业发展重点和未来发展趋势方向来看,智能制造将包括产品的智能化、装备的智能化、生产的智能化、管理的智能化和服务的智能化。

2. 绿色化趋势

产业发展将加速由资源能源消耗向绿色低碳转型。资源环境约束已成为倒逼制造业转型升级的重要因素，可持续发展成为建设制造强国的重要着力点。当前我国已明确了碳达峰和碳中和的时间表，未来产业发展尤其是制造业的发展，必须以低能耗、低污染、低排放为基础，减少对非再生资源的依赖和使用，加大数字经济产业发展，撬动产业资源利用率提升，推进制造业绿色、低碳、循环发展，构建绿色制造体系。

3. 高端化趋势

推动由OEM向ODM转型或OEM向OBM快速转型。近几年来我国制造业持续快速发展，建成了门类齐全、独立完整的产业体系，220多种工业产品产量位居世界第一，航空航天、信息通信、高端装备等产业取得一批重大创新成果。然而，我国制造业仍然大而不强，在自主创新能力、供应链核心部件配套等方面与制造业先进国家相比存在明显差距，不仅许多制造业处在产业价值链的低端，同时基础制造能力也滞后于发达国家。对此，国家提出"十四五"期间，要通过加大产业链龙头企业建设、强化"专精特新"隐形冠军企业培育，着力掌握关键核心技术，完善产业链条，形成自主发展能力，积极抢占全球产业发展的制高点。

4. 网络化趋势

当前，新一代信息技术特别是互联网技术的发展和应用，成为支撑和引领新一轮科技和产业革命的基础动力，互联网技术优化了供应链异地同步生产效率，使满足客户个性化需求的柔性化敏捷生产可以在供应链上进行有效协同开展。互联网技术还进一步在需求端优化了企业对市场用户的认知，通过大数据技术等方法，企业可以精准识别客户需求，进一步推动精益生产的组织开展。随着5G通信、人工智能、云服务、3D打印等技术的普及，传统的单一制造必然向用户、供应商等多主体协同参与的开放、共享制造模式转型。

（三）现代产业发展状况——以江苏为例

"高质量发展看江苏"，江苏作为全国首个创新型省份建设试点省，坚持以创新驱动打造发展引擎，2020年江苏地区生产总值（GDP）为10.27万亿元，历史性突破10万亿元大关，其中苏州GDP突破2万亿元，南通GDP首次突破万亿，成为江苏省内第四个突破万亿的城市。江苏人均GDP连续12年位居全国之首。

1. 江苏制造业和信息技术产业发展概况

江苏经济高质量发展离不开产业强省政策的坚持,江苏不断巩固实体经济优势,优先发展高技术、高端装备等先进制造业,拥有全国最大规模的制造业集群,产值约占全国的七分之一;江苏大力推进网络强省、数据强省、智造强省、智慧江苏建设,战略布局发展以集成电路、物联网、区块链、大数据为代表的信息技术产业,2019年江苏数字经济规模超过4万亿元,保持全国第二,占江苏GDP比重超过40%。

根据《江苏统计年鉴》整理的2005—2019年制造业和信息技术产业产值数据,可以看到,"十二五"以前制造业五年复合增长率基本保持在10%以上,"十三五"期间制造业五年复合增长率基本保持在6%左右,2019年制造业产值达到35 491.67亿元,占同期GDP的35.62%。相对于制造业发展,信息技术产业五年复合增长率显著大于制造业,"十二五"期间信息技术产业五年复合增长率有两年超过20%,"十三五"期间增幅虽有回落,但仍保持在10%左右的复合增长率。2019年江苏省信息传输、软件和信息技术服务业产值达到2 593.53亿元,占同期GDP的2.6%(见表6-1、图6-1)。从总体增长趋势看,2005年以来江苏地区制造业和信息技术产业基本实现了融合协同发展。

表6-1 2005—2019年江苏省制造业、信息技术产业产值及五年复合增长率统计表

年度	制造业产值（亿元）	信息传输、软件和信息技术服务业产值(亿元)	制造业五年复合增长率	信息技术产业五年复合增长率
2005	8 846.22	294.20		
2006	10 338.62	391.94		
2007	12 246.85	427.72		
2008	14 318.30	503.63		
2009	15 430.81	526.52	0.12	0.12
2010	18 101.33	605.28	0.12	0.09
2011	20 978.51	910.86	0.11	0.16
2012	22 393.82	1 103.84	0.09	0.17
2013	24 124.67	1 361.42	0.09	0.21
2014	25 484.27	1 579.55	0.07	0.21
2015	27 025.63	1 685.12	0.05	0.13
2016	28 422.51	1 961.21	0.05	0.12

续表

年度	制造业产值（亿元）	信息传输、软件和信息技术服务业产值（亿元）	制造业五年复合增长率	信息技术产业五年复合增长率
2017	31 698.35	2 172.79	0.06	0.10
2018	33 885.20	2 409.97	0.06	0.09
2019	35 491.67	2 593.53	0.06	0.09

注：数据来源于历年《江苏统计年鉴》，复合增长率为计算数据

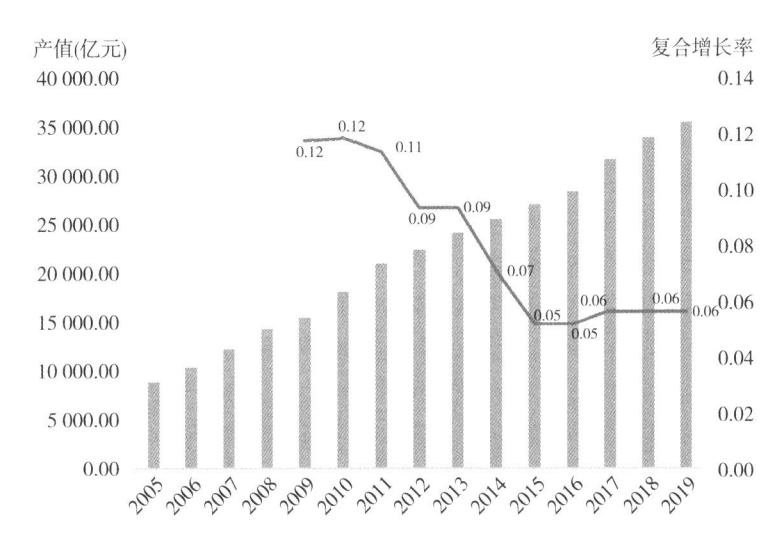

图 6-1 2005—2019 年江苏省制造业产值及五年复合增长率示意图

金融资本市场是前瞻性观察行业发展的有效窗口，相关机构按照证监会估值方法统计了江苏地区所有上市公司截至 2021 年 1 月 20 日的最新市值情况，江苏省总市值 63 316.9 亿元。由表 6-2 可以看出，13 个城市在信息技术产业大类的上市公司在苏南、苏北分布很不均衡，城市信息产业市值占总市值比值较高的城市主要集中在南京、无锡、苏州、南通等城市，徐州、宿迁、连云港等苏北城市信息类上市公司还是空白。就信息产业发达城市看，其产业结构也各有特点，苏州信息产业软硬件协同发展，总市值达到 3 386.09 亿元（见图 6-2）；南京侧重发展软件和信息技术服务业，市值是苏州的 2 倍以上；无锡、南通更侧重计算机、电子设备制造企业。

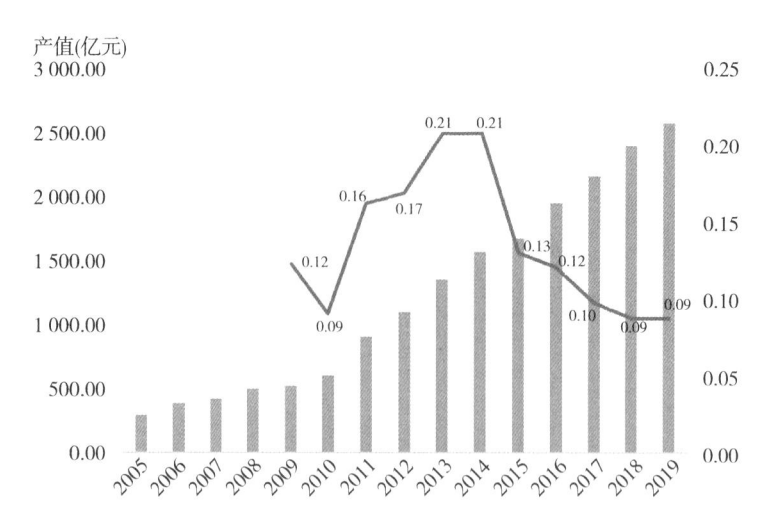

图 6-2　2005—2019 年江苏省信息传输、软件和信息技术服务业
产值及五年复合增长率示意图

表 6-2　江苏地区上市公司信息技术产业大类上市公司市值表

城市	总市值（亿元）	软件和信息技术服务业市值（亿元）	计算机、通信和其他电子设备制造业市值（亿元）	互联网和相关服务市值（亿元）	城市信息产业市值合计（亿元）	信息产业市值占总市值比
南京市	12 534.7	1 621.84	433.94	84.1	2 139.88	0.219 3
无锡市	13 066.52	274.82	2 404.72	65.55	2 745.09	0.281 3
徐州市	871.29					
常州市	6 040.69		278.81		278.81	0.028 6
苏州市	12 888.02	708.48	2 677.61		3 386.09	0.347
南通市	3 874.07		767.43		767.43	0.078 6
连云港市	6 024.43					
淮安市	919.41					
盐城市	211.47			66.15	66.15	0.006 8
扬州市	1 292.5		285.62		285.62	0.029 3
镇江市	1 425.75		43.63		43.63	0.004 5
泰州市	452.75	45.5			45.5	0.004 7
宿迁市	3 715.31					
合计	63 316.9	2 650.64	6 891.76	215.8	9 758.2	0.154 1

注：数据来源于东方财富数据库 2021 年 1 月 20 日最新市值（证监会估值方法）

2. 新一代信息技术驱动江苏新经济快速发展

当前,西方主要国家民粹主义盛行、贸易保护主义抬头,经济全球化遭遇逆流。新冠肺炎疫情影响广泛深远,逆全球化趋势更加明显,我国"三期叠加"影响持续深化,经济下行压力加大。宏观经济形势落到行业企业则表现为工业企业发展逐渐失速。一方面,成本(如人力资源成本)端持续攀升,企业亟需提升生产效率;另一方面,工业领域聚集在低附加值领域,交付能力与服务能力距离高质量发展尚存在较大的差距。对此,企业必须由关注技术产品走向关注用户价值,从质量全产业链管控能力、个性化定制生产能力、精准营销能力、协同研发能力、精细化成本管控能力等方面进行核心能力提升。

新一代信息技术与工业深度融合,构建了全新的经济生态、关键基础设施和新型应用模式,通过人、机、物的全面互联,实现全要素、全产业链、全价值链的全面连接,推动形成智能制造和现代服务体系。2015年以来,国家高度重视信息化与制造业融合的工业互联网建设进程,密集出台各项促进政策。在此背景下,江苏紧紧抓住"两化融合"主线,出台《江苏省"产业强链"三年行动计划(2021—2023年)》等地方发展规划,聚焦"江苏智造",2019年江苏省在全国率先印发《关于加快推进第五代移动通信网络建设发展若干政策措施的通知》,大力发展"5G+工业互联网",实施智能制造工程和制造业数字化转型行动,推动工业化与信息化深度融合,促进"江苏制造"向"江苏智造"转变。加强人工智能、大数据、区块链等技术创新与产业应用,培育壮大新一代信息技术等战略性新兴产业,加快5G通信网络和车联网先导区建设,大力发展数字经济,以新产业、新业态、新模式为高质量发展增添新动能。

3. 以集成电路产业为代表的高技术产业成为江苏产业强省的主引擎

2020年10月,中共中央发布的《中共中央关于制定国民经济和社会发展第十四个五年规划和二〇三五年远景目标的建议》,明确提出要瞄准人工智能、量子信息、集成电路、生命健康、脑科学、生物育种、空天科技、深地深海等前沿领域,实施一批具有前瞻性、战略性的国家重大科技项目。据国务院发布的相关数据显示,中国芯片自给率要在2025年达到70%。在下游企业需求增长和国家政策的双重推动下,中国集成电路产业在逆境中也迎来了重大机遇(见表6-3)。

江苏是我国集成电路产业起步较早的地区之一,连续多年集成电路产量和产值规模均位居全国首位。据国家统计局和江苏省地方产业公报数据,2020年全年江苏省生产芯片836.5亿块,总全国总产量的32.0%;相比2019年产量净增长320.2亿块,增长率达到62%;同期全国集成电路增长596.5

亿块,增长率为29.6%;江苏贡献的增量超过全国总增量的一半。

表6-3 国家集成电路产业发展政策一览表

相关政策	颁布时间	颁布部门	主要内容
《国家集成电路产业发展推进纲要》	2014.6	国务院	明确提出到2020年,集成电路产业与国际先进水平的差距逐步缩小,封装测试技术达到国际领先水平,关键装备和材料进入国际采购体系,基本建成技术先进、安全可靠的集成电路产业体系,实现跨越发展
《中国制造2025》	2015.5	国务院	"中国制造2025"战略的实施带动集成电路产业的跨越发展,以集成电路产业核心能力的提升推动"中国制造2025"战略目标的实现
《中华人民共和国国民经济和社会发展第十三个五年规划纲要》	2016.3	国务院	大力推进先进半导体等新兴前沿领域创新和产业化,形成一批新增长点。推广半导体照明等成熟适用技术
《国家信息化发展战略纲要》	2016.7	中共中央办公厅、国务院办公厅	制定国家信息领域核心技术设备发展战略纲要,以体系化思维弥补单点弱势,打造国际先进、安全可控的核心技术体系,带动集成电路、基础软件、核心元器件等薄弱环节实现根本性突破
《战略性新兴产业重点产品和服务指导目录(2016版)》	2017.1	国家发改委	根据战略性新兴产业发展新变化,对《战略性新兴产业重点产品和服务指导目录》2013版作了修订完善,依据《"十三五"国家战略性新兴产业发展规划》明确了5大领域8个产业,包括半导体材料和集成电路等
《关于集成电路设计和软件产业企业所得税政策的公告》	2019.5	财政部、税务总局	依法成立且符合条件的集成电路设计企业和软件企业,在2018年12月31日前自获利年度起计算优惠期,第一年至第二年免征企业所得税,第三年至第五年按照25%的法定税率减半征收企业所得税,并享受至期满为止
《新时期促进集成电路产业和软件产业高质量发展的若干政策》	2020.7	国务院	凡在中国境内设立的符合条件的集成电路企业和软件企业,不分所有制性质,均可享受本政策。深化集成电路产业和软件产业全球合作,积极为国际企业在华投资发展营造良好环境

根据江苏省半导体行业协会数据,2020年江苏省集成电路及支撑服务业总销售收入为2 820.69亿元,同比增长28.65%;设计、制造、封测三业总销售收入为2 200.54亿元,同比增长35.39%。江苏集成电路版图中较为薄弱的设计业在2020年增长迅猛,收入同比增长79.59%。2020年江苏省GDP增速为3.7%,增量约为3 664亿元,集成电路产业增量约为628亿元,占全省GDP增长比重超过17%。

在集成电路行业的支持行业,江苏拥有EDA软件开发企业Cadence和华大九天;在芯片设计行业有展讯半导体、鹏芯微、兆芯、芯动科技等;制造领域有华虹半导体、SK海力士、华润微电子、台积电、紫光存储等企业开设的生产基地;封测领域有世界排名前三的长电科技,以及通富微电子等知名企业;设备领域,在光刻机相关产业,影速集成正在筹备科创板上市。江苏良好的集成电路产业基础,吸引了国际光刻机巨头ASML公司在无锡开设光刻设备技术服务基地,并于2020年加码投资,进一步扩大基地建设。

2015年,江苏省发布《省政府关于加快全省集成电路产业发展的意见》,制定了到2020年,全省集成电路产业销售收入超3 000亿元,产业链主要环节达到国际先进水平,一批企业进入国际第一方阵,成为国内外知名的集成电路产业高地的目标。此后,江苏省各城市如南京市、苏州市、无锡市、南通市等陆续出台相关文件,制定集成电路产业发展路线,给予优惠政策和扶持(见表6-4)。密集发布的政策也侧面反映出江苏省将集成电路产业作为其战略支柱产业。

表6-4 江苏部分城市集成电路产业发展政策一览表

地区	政策名称	主要内容
南京	《市政府关于加快推进集成电路产业发展的意见》	到2020年,全市集成电路产业销售收入突破500亿元,形成制造、设计和封装测试等环节协同发展的集成电路产业链,其中制造环节实现销售收入300亿元左右
苏州	《关于推进软件和集成电路产业发展的若干政策》	依托各级地方产业引导基金,吸收社会资本设立软件和集成电路产业投资基金和风险投资基金,对接国家和省相应基金落户苏州,用于重大项目投资,支持企业兼并重组,着眼软件开发和集成电路设计、制造、封测等全产业链,对于初创期、成长期的创新型企业进行重点投资
无锡	《无锡市加快集成电路产业发展的政策意见》《无锡市关于进一步支持集成电路产业发展的政策意见(2018—2020)》	重点支持和鼓励物联网、计算机、网络通信、汽车电子、智能设备、高端显示、卫星导航、信息安全等领域芯片设计开发,12英寸及以上先进生产线、8英寸特色专用工艺生产线建设,芯片级、圆片级、硅通孔、三维封装等先进封装测试技术产业化,以及关键设备、材料研发产业化

续表

地区	政策名称	主要内容
南通	《南通市新一代信息技术产业发展行动计划(2018—2025年)》	南通经济技术开发区、苏通科技产业园产业集聚区,以发展高敏度、高可靠性人工智能专业芯片和感知元器件为重点,推动新一代信息技术基础元器件规模化生产,打造较具影响力的"智能芯谷"和"国际数据中心产业园"

二、现代产业发展与高技术技能人才培养

产业之间的竞争归根结底是人才的竞争。产业发展、转型升级都必须依靠高素质人才队伍的支撑。长期以来,我们享用了人口因素的正面效应,产业依靠相对较低的劳动力资源优势实现了快速发展。数量上的人口红利被不断释放,劳动力占总人口的比重不断上升,促进了经济的高速增长。2018年以来,我国老龄化、少子化等问题日益严重,劳动用工短缺、用工贵等现象日益突出,未来将加速由数量型"人口红利"向质量型"人才红利"演进,"人才红利"将成为经济发展产业升级的主动力源。2021年全国职业教育大会上,习近平总书记对职业教育工作作出重要指示,在全面建设社会主义现代化国家新征程中,职业教育前途广阔、大有可为,要增强职业教育适应性,加快构建现代职业教育体系,培养更多高素质技术技能人才、能工巧匠、大国工匠。

(一)现代产业发展高技术技能人才需求

1. 高技术技能人才需求规格

人才规格指的是对培养对象所应当具备的知识、能力和素质的基本要求和规定,反映的是高技术技能人才的知识结构、能力结构和素质结构所需要达到的水平和程度,高技术技能人才规格决定了高技术技能人才应具备的资格标准。《国家教育事业发展第十二个五年规划》提出:"高等职业教育重点培养产业转型升级和企业技术创新需要的发展型、复合型和创新型的技术技能人才。"产业转型升级的不断深化,对高技术技能人才的知识、能力和素质等方面也提出了新的要求。

(1)知识要求

高技术技能人才除了需要掌握本专业的技术理论知识和技术实践知识外,还需要掌握跨学科整合的能力。技术实践知识指的是与技术实践过程直

接相关的知识,技术理论知识则用来解释技术实践知识。随着智能化生产方式的不断发展,职业分工变得更为精细化,对技术人才的要求也更为严格,需要其在学习过程中加强计算机和数学等基础学科的学习,从而掌握深度算法编写规则并具备一定的运算能力。

(2) 能力要求

除了操作技能和职业能力,高技术技能人才还需要具备较强的创新能力和自主学习能力。随着产业升级的加快,高技术技能人才不仅要能够运用专业技能进行生产活动,还要能够通过自身的创新能力来持续推动产业的发展,这就要求高技术技能人才能够跟上技术发展的速度,能够不断自主性、创新性地深入学习新的知识。

(3) 素质要求

高技术技能人才不仅需要具备职业道德、责任心和团队协作精神,还应当具有较高的人文素质,以适应社会发展对技能人才全面发展的要求。职业素质用来规范高技术技能人才的操作行为;团队协作精神有助于培养高技术技能人才的协调、组织和人际交往能力,以增强其可持续发展能力;人文素养则帮助学生成为德智体美劳全面发展的现代化事业接班人。

2. 高技术技能人才需求数量

现代产业的发展与行业内的从业者紧密相关,技术人员的水平直接影响到产业的技术创新和科技成果转化,服务现代产业的高技术技能人才是提高产业核心竞争力的有力支撑。教育部、人社部及工业和信息化部共同编制的《制造业人才发展规划指南》显示,我国制造业十大重点领域2025年人才需求总量预计在6 191.7万人,人才缺口预计在2 985.7万人,缺口率高达48%(见表6-5),这些行业迫切需要一批满足产业转型升级和企业技术创新需要的发展型、复合型和创新型技术技能人才。

表6-5 制造业十大重点领域人才需求预测(单位:万人)

序号	十大重点领域	2025年人才总量预测	2025年人才缺口预测
1	新一代信息技术产业	2 000	950
2	高档数控机床和机器人	900	450
3	航空航天装备	96.6	47.5
4	海洋工程装备及高技术船舶	128.8	26.6
5	先进轨道交通装备	43	10.6

续表

序号	十大重点领域	2025年人才总量预测	2025年人才缺口预测
6	节能与新能源汽车	120	103
7	电力装备	1 731	909
8	农机装备	72.3	44
9	新材料	1 000	400
10	生物医药及高性能医疗器械	100	45
	合计	6 191.7	2 985.7

数据来源:《制造业人才发展规划指南》

人社部数据显示,截止到2021年底,我国技能劳动者人数超过2亿人,仅占就业人口的26%;高技能人才超过6 000万人,占技能人才总量的比重为30%,技能人才总量和结构与发达国家存在差距。此外,高职院校的人才培养与产业需求存在脱节,大量毕业生在毕业后无法适应产业和企业的需求,导致技术人员的求人倍率长期保持在2以上,我国正面临着人才紧缺的严峻现实。

(二)高技术技能人才培养需要解决的问题

1. 产业资源投入与人才培养过程衔接问题

现代产业升级的基本路径是由劳动密集型向资本密集型和技术密集型发展,企业岗位生产技术更新持续加快、设备资产专用性程度持续提高、校企合作机制尚不完善,这些问题都给人才培养带来较大的难度,具体主要有:一是现代产业生产线及其生产设备系统化程度高,对工作环境有较高要求。高职院校无法在校内构建对应的实践训练环境,甚至企业捐赠了生产线,却由于没有真实的产品以及配套运行环境,生产线无法正常运行,校内无法组织实习实训。二是由于校企合作机制不完善,面向产业链人才培养的行业协会、企业、学校多个主体无法有效协同,校内外产教要素资源无法形成有效的连接。

2. 人才培养规格与产业需求不匹配问题

近年来,高职院校普遍加大了人才培养模式改革,通过校企合作开展订单班、现代学徒制班等方式,加强对行业企业岗位需求的响应,围绕企业工作任务开展目标成果导向的专业建设,在很大程度上提升了人才培养质量。但是,由于当代产业的快速变革、学校现代治理体系不完善、匹配产教融合的新型基层组织建设不足等问题,高职院校人才培养供给与产业需求还存在较多不匹配。

一是学校专业设置与产业结构不匹配。现代产业发展对新一代信息技术、先进制造技术等专业人才需求巨大,但由于社会就业观念、学校办学成本、专业既有资源等因素影响,高职院校专业设置缺乏动态调节机制,职业院校的很多专业设置的同质化已成为突出现象。"热门"专业受到院校追捧,专业建设被"泛化"。无论是专业大类还是专业二级类,甚至具体的专业布点,都没有差别。

二是专业核心能力与产业需求不匹配。现代产业发展对岗位技术专业度、复合度和创新度都提出了较高要求,具备特定技术专长,又具备行业管理、数字技术和创新能力的"T"字形人才成为行业企业的首选。但是高职院校在人才培养过程中,普遍存在学生专业区分度低、缺乏核心技术,学生数字化工具应用能力差,学生书面认知多、实际解决问题能力差等问题。很多用人单位接受高职院校专业调研,甚至会反馈:"学校做好思想教育工作就行,学校上的专业课都没用,只能企业自己培训。"对此,高职院校一方面必须基于胜任目标岗位预期,加强学生核心能力训练;另一方面必须坚持以学生职业生涯发展为目标,规划训练学生的学习、思考和数字技术等核心能力,基于未来产业发展需求开展人才培养。

3. 教学方式与生产过程脱节问题

职业教育与普通教育的根本不同就是职业教育旨在培养实践性的专业人才。因此,无论是课程设置、教学内容选择还是教学组织方式都必须紧密对接产业、对接岗位任务、对接生产过程,在问题主导的真实教学环境中开展专业学习活动。受设备配套不足、教师实践不强、企业参与不实等因素的影响,高职院校专业教学与实际企业生产存在较大脱节。

一是课程设置与产业发展脱节。现代产业技术更新迭代速度不断加快,且行业间交叉融合程度不断提升,学校课程更新和开发速度跟不上产业发展。与此同时,从资源配置机制看,课程资源配置以行政分配为主,课程建设主体激励体系缺乏市场需求绩效的融入,导致课程建设缺乏动力机制。

二是教学内容与岗位任务脱节。"学生中心"的课堂教学理念转变,在组织形式上相对较为容易,教师可以通过开展"翻转课堂"、增加互动讨论等方式活跃课堂气氛,也可以通过设置项目化教学激发学生的学习积极性,推动行动导向的教学改革。但是由于教师缺少企业实践经历以及动态行业认知更新的渠道,教师教学内容组织开放度不够、行业真实环境还原度低,教学内容缺乏解决问题的实际意义,导致人才培养达不到企业需求。

三是教学组织与生产过程脱节。现代产业人才培养必须突出学生的实践能力和创新能力培养。实践能力和创新能力本质上是培养学生掌握学习方法、解决问题的能力。目前许多高职院校专业理论教学偏多，实践教学以验证和模拟为主，教学组织只能满足重复性技能训练，不能满足现代产业发展高技术技能人才培养的需要。

（三）高职院校专业集群建设意义

专业集群指的是某一个专业领域中的职业教育群体集中的发展形势，在这个特定的领域中，政府部门进行宏观调控和规划，高职院校结合区域重点产业，围绕重点产业的产业链总体需求进行专业结构调整，形成具有区域产业特色的专业集合，成为在某一空间上聚集的专业集群。高职院校建设专业集群，是服务现代产业链式发展特征的需要，是聚合资源发展特色专业群的需要，也是满足学生职业适应性提升的需要。

1. 服务现代产业链式发展特征的需要

专业集群是由一些相近或相同或方向趋近的专业组成的集群，这也与产业集群中大量的专业化产业、企业、辅助机构通过集聚来形成合作与竞争网络的属性相一致，因此，专业集群里的专业是根据区域内的产业链的整合进行模块化发展的。专业集群可以实现专业和技术的融合，能够帮助实现产业资源和教育资源共享、产业与专业集约化发展及产业与专业的内外协调发展，从而促进产业技术水平的提升，延长产业链，增加产品的附加值，促进资源优势向竞争优势转化。高职院校建立专业集群，能够适应社会经济转型升级发展的需要，深度对接产业链，为产业链输送优质的复合型人才。

2. 聚合资源发展特色专业群的需要

很多高职院校的专业设置与区域产业不匹配，缺乏整体的规划和设计，各个专业之间差异性不明显，造成区域内专业重复性较高，各个专业之间没能体现抱团聚集发展效应，这在一定程度上阻碍了高职院校人才培养质量和社会服务能力的提升。由于高职院校内相关专业的课程体系、岗位需求和学科性质等均存在相通之处，因此高职院校以特色优势专业为核心，打造专业集群，能够提升专业的技术协同创新能力，实现群内专业的资源共享、特色互补，有利于高职院校聚合资源，促进相关专业共同发展。此外，专业集群会带来丰富的人力资源，提升知识存量和更新速度，使得越来越多的资源向专业集群集中，这也是人才集聚的基础，而人才的集聚又会提高当地的创新能力，为产业集群和专业集群的长期发展打下基础。

3. 满足学生职业适应性提升的需要

高职院校的人才培养应当紧跟社会发展动态，与社会需求保持一致，随着信息通信技术的迅猛发展，云计算、物联网、大数据和人工智能等新兴技术得到了广泛应用，产业结构的升级也慢慢呈现出集聚化和复合化的特点，对技术人才的需求发生了显著改变，全面发展的复合型人才成为企业所青睐的对象。高职院校结合产业结构的调整，优化专业配置，打造专业集群，能够实现专业之间的互融互通，改变传统专业只对应单一行业的弊端，满足学生多元化培养的需求，使学生获得能够直接服务于产业发展的知识和技能，实现学生和区域经济社会发展同频共振、协调发展，培养出能够适应社会发展的高技术技能人才。

第二节　基于产业链贯通推进专业集群建设

一、高水平特色专业集群构建

新经济时代，现代产业往往以"链式"集群协同共生的方式发展，产业中的龙头企业以"链主"身份对产业链起着"建链强链"作用；围绕龙头企业上下游配套的核心部件制造企业对产业链起着"补链"作用，其中有的"补链"型企业虽然规模不大，但在相关细分领域却是不可或缺的"隐形冠军"；为进一步提高整个产业链的竞争力，为客户提供个性化的综合解决方案，围绕制造企业采购、物流运输、客户服务等的生产性服务企业对产业链起到了"延链"作用，最终形成了客户导向的网络型组织，产业链也逐步演进成为类似竹林生态的生态型组织。对应"链式"集群发展的现代产业，迫切需要高职院校优化内部资源，按照市场需求，优化专业布局，构建匹配区域专业集群发展需求的高水平特色专业集群，为区域现代产业发展培养创新型、复合型高技术技能人才。

（一）专业集群的组群逻辑

1. 基于生态理论的专业集群构建

当前高职教育发展的核心问题就是结构优化的问题，要在调整结构的基础上提高质量。高职院校对地区产业发展支撑作用有多大，在未来高等职业教育体系中能处在什么样的位置，不是由单一的学校规模决定的，而是要看高职院校有没有高度匹配区域支柱产业或优势产业的专业集群。专业集群建设思路高度契合现代产业集群式发展特征，高职院校专业集群打造的是一个开放式的平台和生态化的系统，在这个多主体协同参与建设的创新生态系统中，产业链、创新链、教育链、人才链实现了"聚链共赢"。基于生态理论的专业集群构建，其主要特征表现为以下三个方面：

第一个特征是深度融入创新链和产业链。产教融合是当代高职教育改革的主要方向。高职院校要实现产教融合发展，首先要开展深入的SWOT分析，根据产业发展需求和自身特色优势，确定明确的发展定位，找到人才培养的细分市场。其次需要开展深入的宏、微观产业分析，通过对特定产业上下游产业链图谱梳理，明确产业创新发展趋势和产业链岗位群情况，进一步按照"三相三共"的组群原则，构建专业集群。最后需要建立产教融合发展机制，通过校企合作人才培养、技术创新发挥创新驱动作用，使专业集群全面融入创新链和产业链中。从宏观上讲，这是提升职业教育适应性的核心机制；从微观上讲，这是高职教育人才培养"知行合一、工学结合"的关键过程。

第二个特征是人才培养、科技服务、创新创业教育等功能的集成。专业集群实现了多专业人才培养的交叉复合，实现了技术研究和社会服务的集成复合。通过这样的集成复合，促进前沿、交叉、复合专业的建设，复合型、创新型人才的培养以及知识创新、科技创新、管理创新的实现。通过专业集群建设而构建的人才培养和科技服务集成平台，可以在师资人力资源和学生项目化教学改革等方面产生显著的乘数效应，使高职院校人才培养实现产学研创相互促进的生态化发展态势。

第三个特征是"政行企校"多主体有效协同发展。首先，专业集群建设必须要高度契合区域经济社会的发展，立地生根。当前"有为的政府"和"有效的市场"在区域产业链集群发展中都具有重要的促进作用，高职院校专业集群建设必须坚持政府导向，深入贯彻执行政府产业促进政策，从方向上把握专业集群建设的方向。其次，要通过校企合作在人才培养、价值协同以及知识和技术技能积累中分工合作实现创新，打造基于产学研的校企合作共同体，最大化提升产教要素资源配置效率。最后，要创新"互联网+"的多主体有效协同模式，建立"政行企校"多元合作的倍增器，使专业集群基于现实的价值网络和虚拟的信息交互网，实现人才、课程、信息等资源的共享和创新协同，并通过网络"连接"作用，将校友、学生及学生家长、行业、企业、地方政府、社区、兄弟院校等利益相关者通过网络产生连接与交流,获得专业集群的平台效应、集聚效应,加速专业建设成效,提高人才培养质量。

2. 专业集群组群成效评价

新时代的技术革命、产业革命和社会变革,在给高职院校带来了史上最好的发展机遇的同时,也带来了巨大挑战。建设对接产业发展需求、具有竞争力的特色专业集群,可以使高职院校抓住发展先机,以战略思维创造性地破解现代职教体系改革发展中的难题。专业集群建设是高职院校审时度势,综合国家战略、地方产业政策、学生发展预期、学校特色资源优势等因素后,做出的重大战略性规划和教育教学资源的战略性配置。专业集群组群成效评价对高职院校实现高质量发展具有重要作用,浙江工贸职业技术学院提出可以从四个方面进行组群评价:

第一,专业相通性。专业集群组群的目的之一是集合学校、企业等多个主体在人才培养、技术创新、社会服务等方面的优质资源,在现代产业某一细分领域形成专业学科集群优势。专业相通性需要关注多主体构建的产学研创平台对专业集群课程资源模块建设的支撑作用,以及产学研平台自身在行业中的服务能力和发展潜力。

第二,产业衔接性。产业衔接性反映的是专业集群人才培养对产业发展需求的匹配度和贡献度,其落脚点是评价专业集群课程知识谱系梳理的科学性以及专业群课程体系构建的科学性。专业集群课程体系反映了产业链人才的知识体系建构,形成了集群内专业群的共生关系。专业群课程体系具体规划了"底层共享、中层分立、高层互选"的课程群,形成了匹配企业岗位技能要求的学习方案。对应职业教育的跨界类型特征,产业衔接性评价的核心维度是产教融合育人的程度,从宏观上看是校企合作企业主体参与程度,从微观上看是行业知识技能要素在高职人才培养方案中的充分融合,实现"德技并修、做学一体"的人才培养目标。

第三,岗位相关性。岗位相关性反映的是专业集群人才培养目标的达成度,即学生知识技能结构是否匹配职业岗位要求,其评价关注点是"政行校企"多主体协作优势的发挥程度。"以群建院"的模式改变了学校教学资源行政化配置方式,"跨组织、跨院系、跨专业"的专业集群组织方式,使团队内部边界日益模糊,二级学院、新型基层教学组织间由竞争走向合作竞争;同时使校企合作边界交叉融合,企业与学校成为校企协同育人共同体,强化实践导向的人才培养模式改革。

第四,优势引领性。优势引领性评价了专业集群、核心专业群(核心专业)对高职院校特定领域专业学科建设的引领带动作用和对高质量发展的促进作用。其评价关注点是核心专业特色优势是否进一步强化、专业群内专业协同发展生态是否形成,对高职院校专业结构优化和高质量提升具有显著意义。

(二)专业集群核心专业群建设

在产业链中,链主企业指的是那些自身实力雄厚、在产业链中占主导地位的企业,为了加强产业链的韧性,提升产业链的稳定性和竞争力,需要围绕链主企业进行延链、补链和强链,以补齐产业链的短板和弱项,并让长板变得越来越长,增强发展的主动权。高职院校嵌入地区产业链、打造专业群,是强化产业竞争力、补齐产业短板的重要力量。其中,高职院校打造的核心专业群对接的是产业链的链主企业,特色专业群则对接的是产业链中的补链和延链企业。

1. 集成电路专业集群核心专业群建设案例

《国家信息化发展战略纲要》明确了电子信息产业是信息化发展的重中之重,是建设制造强国和网络强国的基础,工信部、国家发改委印发的《信息产业发展指南》确定集成电路、智能硬件和应用电子为发展重点,作为区域内的支柱产业,电子信息产业规模占全国的1/6。基于以上背景,学校打造了电子信息工程技术核心专业群,电子信息工程技术专业群基于电子信息产业链的发展以及跨界融合、智能化趋势,由电子信息工程技术、汽车电子技术、移动互联应用技术等3个专业组成。

(1)组群逻辑

电子信息专业群对应区域内电子信息智能硬件产业链的三个核心环节。智能硬件产业链包括研发设计、硬件生产、内容与服务供应等核心环节,电子信息工程技术专业、汽车电子技术专业主要对应研发设计与硬件生产两个环节,移动互联应用技术专业对应内容与服务供应环节。群内专业在内涵上有一定共性,也各有侧重,电子信息工程技术专业主要面向通用和消费智能硬件,汽车电子技术专业主要面向汽车专用智能硬件,移动互联应用技术专业则主要面向智能硬件的互联与软件开发。随着产业的演进和迭代,硬件越来越趋于标准化,内容与服务供应环节更加重要,电子信息工程技术与汽车电子技术专业也部分对应于该环节,以适应产业结构软化的趋势。

在专业群的人才培养定位上,随着电子信息产业的转型升级,智能硬件逐渐向高端领域发展,专业群培养服务于新一代人工智能产业化应用的复合式、创新型技术技能人才。电子信息工程技术专业面向嵌入式领域,培养集成电路及智能硬件设计、测试、制造、应用、系统集成等技术技能人才。汽车电子技术专业面向汽车电子领域,培养汽车智能终端设计、制造、检测及自动驾驶验证、测试等技术技能人才。移动互联应用技术专业面向移动互联领域,培养数据采集、智能硬件互联、移动应用软件、软件测试等高技术技能人才。

专业群以智能硬件为核心,基于从集成电路到嵌入式系统、从通用到专用、从单机到互联的逻辑构建,实现人才链与产业链有机衔接。从产业看,一方面,智能硬件作为一种消费类通用产品向具体的应用场景演变,衍生出新一代汽车电子产品,并集聚形成了巨大的汽车电子市场;另一方面,智能硬件实现彼此连接,通过软件赋予自身更多更强的功能,从而催生出智能硬件的从属产业——移动互联产业。从专业看,电子信息工程技术专业是龙头专业,将汽车电子技术专业纳入专业群是基于智能硬件从通用到专用的逻辑;将移动互联应用技术专业纳入专业群是基于智能硬件本身需要拓展互联功能,实现从单机到互联的逻辑。专业群紧跟智能硬件产业发展,有利于群内专业优势互补、协同发展,构建了与电子信息产业链条相对应的人才培养生态圈。伴随着技术的进步与产业发展,专业群将向新一代人工智能技术领域转型升级,电子信息工程技术专业向嵌入式人工智能方向发展,汽车电子技术专业向自动驾驶方向发展,移动互联应用技术专业向万物智联方向发展。转型升级后,龙头专业中的嵌入式人工智能随之成为自动驾驶和智能互联的支撑技术,专业群仍是一个相互依存、高度融合的整体。

(2)建设目标

聚焦区域内电子信息产业,坚持立德树人、就业导向、融合发展,实施人工智能背景下的电子信息专业转型,使人才培养由工业化时代的技能型向智能化时代的复合式高素质技术技能型转变,令教育教学由传统方式向模块化课程、项目式教学转变,把专业群建设成世界一流的电子信息人才培养高地和技术技能创新服务平台。建设期内,形成可复制、可推广的以校企"双元"、分层培养为特色的人才培养模式;全面建成内容新、质量高、应用广、受众多的国家级电子信息工程技术专业(群)教学资源库;开发一批新形态教材,实现资源、教材和师生互动空间的相互配套,广泛实施线上线下混合式教学;建成一支师德高尚、技艺精湛、校企互通的双师队伍,组建结构化教师教学创新团队;校企共建技术先进、设施一流的产教融合型实训基地;打造"积累、创新、服务"型技术技能平台,服务中小微企业的能力显著增强;社会贡献度、美誉度和国际影响力大幅提升,综合实力和影响力稳居全国同类专业前列。

(3) 建设内容

创新人才培养模式。落实立德树人根本任务,推进全员、全过程、全方位育人综合改革,与行业领军企业深度合作开展"双元"育人,根据学生不同性格禀赋、不同兴趣特长、不同素质潜力,实施分层培养,畅通学生成长成才通道,提升学生就业能力、拓展职业生涯能力、创造幸福生活能力。

丰富课程教学资源。以国家级职业教育专业教学资源库建设为抓手,校企共同制定课程体系,共同研制课程标准,及时更新课程内容,充分运用优质教学资源,提升教学信息化水平,引领智能化时代教与学方式的变革。

深化教材教法改革。适应"互联网＋职业教育"新要求,以学生为中心,注重教改积累,聚焦教学内容,改变展现形式,提升阅读体验,将有效的教学固化为教材;依托资源库,与教材配套开发师生互动的教与学网络空间,开展混合式教学。

打造教师教学创新团队。紧紧抓住结构优化与能力提升这两个关键,以专业带头人为龙头,以骨干教师为主体,以提高教学质量为主线,以课程群为平台,组建高水平、结构化的教师教学创新团队,教师分工协作进行模块化教学。

建设实践教学基地。与行业领军企业共建一批资源共享的,实践教学、社会培训、企业生产、技术服务和创新创业"五位一体"的高水平实训基地。建立健全实训室管理制度,优化运行机制,制定专业群实训条件建设标准,开发一批结合企业生产实际的实训项目。

打造技术技能平台。与行业领军企业深度合作,建立应用创新服务中心,做强电子产品测试公共服务平台,成为电子信息技术技能集聚地,为区域内电子信息中小企业的转型发展提供服务和支撑。

提升社会服务质量。落实学历教育与培训并举的法定职责,利用信息化手段,充分发挥专业群课程资源优势,面向兄弟院校和全体社会成员开展高质量师资培训和职业培训。

构建可持续发展保障机制。建立校企合作长效机制,建立专业群与产业发展同步调整机制,健全教学工作诊断、改进与激励机制。

2. 智能制造专业集群核心专业群建设案例

先进制造业是区域内的支柱与重点产业,高职院校所在地和邻近城市的先进制造业产值占区域工业产值的40%,同时高职院校所在地的产业发展体系提出重点发展智能装备、高端数控机床、工业机器人、新能源汽车等先进制造业,打造区域先进制造业基地,人才需求旺盛。基于此,学校成立了机械制造与自动化核心专业群,专业群由机械制造与自动化、模具设计与制造、电气自动化技术、工业机器人技术、新能源汽车技术等5个专业组成。

(1) 组群逻辑

先进制造业作为区域内的支柱产业,是区域产业发展的战略重点,正朝着信息化、智能化方向发展。专业群聚焦先进制造业智能设计与制造、智能设备控制、智能设备维护等职业岗位群,为产业急需领域和产业高端领域提供高质量的技术技能人才支撑。

专业群培养的是技术技能型、复合创新型和具备国际视野型的人才。技术技能型人才培养要求学生具有科学的理想信念、职业道德和工匠精神,德智体美劳全面发展;掌握智能制造过程性知识及必需的数学基础和理论知识;具有安全、环保、质量意识;经历必要的职场化训练。复合创新型人才培养要求学生懂设计、精操作、能维护、会管理;有熟练运用智能控制等新技术解决工程实际问题和独立思考、沟通合作、信息采集、自我反思等能力。国际视野型人才培养要求学生了解"一带一路"文化;具有境外实习经历;获得国际通用资格证书。

基于工业机器人、新能源汽车等智能装备产业覆盖领域相容,智能设计与制造、智能设备控制、智能设备维护等工作岗位相关,智能控制技术共用,现代装备制造技术产教融合实训平台共享,以典型智能装备为对象,按照智能制造全生命周期要求,服务智能设计、制造、控制、维护等典型过程,构建以机械制造与自动化专业为核心,以模具设计与制造、电气自动化技术、工业机器人技术、新能源汽车技术专业为支撑的专业群。智能设计与制造工作岗位群涵盖数字化制造工艺编制、数字化加工设备编程与操作、模具设计与制造等岗位,涉及机械制造与自动化、模具设计与制造等专业;智能设备控制工作岗位群涵盖PLC控制系统设计、电气工程师、电机系统设计与控制等岗位,涉及机械制造与自动化、电气自动化技术等专业;智能设备维护工作岗位群涵盖制造执行系统维护、数字化制造设备故障诊断与维护、新能源汽车故障诊断与维护等岗位,涉及工业机器人技术、新能源汽车技术等专业。

(2) 建设目标

面向智能设计与制造、智能设备控制、智能设备维护工作岗位群,按照国家专业教学标准开发专业群人才培养方案,基于学分制和弹性学制,构建能力本位、实践导向、"1+X"融合、岗位群课程统整的模块化专业群课程体系;服务地区先进制造产业,建成融英才培养、X证书培训、双创教育、研发推广、技术服务等于一体的现代装备制造技术产教融合大平台;深入推进现代学徒制,着力打造双本位交替学习、线上线下混合式教学改革的人才培养模式;专业核心课程对接国际通用职业资格证书,面向"一带一路"合作国家输出中国职教模式和专业标准;建成国家级职业教育专业教学资源库,打造智慧课堂;混合所有制产业学院全面建成;将专业群建设成培养新时代中国制造工匠传人的全国标杆和服务区域先进制造业高质量发展与走向世界的示范高地。

(3) 建设内容

创新人才培养模式。完善双主体人才培养机制,建设"1+X"课证融通机制,完善"三全"育人体系,开发岗位群统整课程,推进双创教育与专业教育融合;推进双本位交替学习,全面推行现代学徒制;加快线上线下混合教学改革,建设线上线下混合式数字化教学平台,将企业案例、企业产品引入课堂,将课堂引入实训基地,以教学能力大赛、微课设计大赛等为引领,全面提升教师信息化教学水平工作能力。

建设课程教学资源。构建能力本位、实践导向、"1+X"融合、岗位群课程统整的模块化课程体系,引入企业真实案例,建设"一课多师"案例化课程资源,建设双语课程及全英文课程教学资源。

进行教材与教法改革。开发新型活页式、工作手册式等形式的教材,建设国家规划教材;加强一体化实验实训室、"虚拟工厂"等网络学习空间建设,推进教学车间等实训基地建设;在学校本位课程中普及推广项目教学、案例教学,在工作本位课程中普及推广情景教学、工作过程导向教学。

打造教师教学创新团队。加大高技能人才和企业能工巧匠的引进力度,建设"一课多师"混编教学团队,打造国家级教学创新团队;实施骨干教师"双师工程"、领军人才"双高工程"、中青年教师"双语工程"、兼职教师"双聘工程";依托学校教学科研型平台,提升教师的业务能力。

完善实践教学基地。整合校内实训资源,建设校内实训集成平台,按照工作岗位能力要求,强化校内实训子平台功能,对接工作岗位,建设"一专多能"校外实训基地;形成多模块、多功能式的产教融合平台结构,充分发挥产教融合平台各模块功能。

搭建技术技能平台。围绕区域内的产业集群,针对数控技术、工业机器人技术、智能型电动汽车应用技术,联合龙头企业,着力打造数控加工、工业机器人、新能源汽车虚实结合的应用技术协同创新中心,搭建技术技能服务平台,构建技术技能融合的生态化产教环境,服务地方经济转型升级。

加强社会服务。开展产业研究与咨询服务、技术服务与成果转化、教育扶贫与职业培训。

建立可持续发展保障机制。完善专业群建设组织机构,建立协同推进机制;完善人才培养质量评价机制,建立健全专业教学诊断与改进机制和专业群动态预警机制;健全多元投入机制。

(三) 特色专业群建设

高职院校面向产业链中的补链和延链企业,打造特色专业群,帮助产业链充分发挥优势,补齐弱项,增强自身竞争力。

1. 集成电路专业集群特色专业群建设案例

未来,5G、人工智能、物联网及汽车电子等多项创新应用将成为集成电路行业长期发展的驱动力。以人工智能为例,国内人工智能芯片布局较早,以华为为代表的通信巨头,以百度、阿里巴巴为代表的互联网巨头,以寒武纪、地平线、深鉴科技为代表的初创公司,以比特大陆为代表的比特币矿机公司都已进军人工智能芯片行业。此外,作为"新基建"的重要领域,工业互联网的加速发展也给集成电路产业带来新的机会,比如设计制造过程中的精度保障、流程优化,需求端的数量攀升、缩短市场导入过程等,工业互联网产业将成为集成电路的重要需求端和试炼场。基于此,学校成立了大数据技术与应用专业群,作为集成电路专业集群的特色专业群。

(1) 组群逻辑

专业群由大数据技术与应用、软件技术、计算机应用技术、计算机信息管理、移动应用开发五大专业构成。专业群高度契合《"十三五"国家战略性新兴产业发展规划》,与区域内的高精尖产业中的集成电路、新一代信息技术、软件和信息服务、人工智能等产业紧密相关。

专业群主要面向新一代信息技术、软件和信息服务、人工智能等产业,培养具有大数据采集与处理分析、数据可视化与趋势预测、数据挖掘、人工智能、信息获取与处理、系统需求获取与分析、Web系统前端与后台开发、用户界面设计、数据库设计开发与管理、移动应用开发、系统运行与维护、地理信息处理分析与显示、地理信息系统开发等技术技能的专门人才;培养从事大数据开发、大数据采集、大数据分析、数据可视化、数据挖掘、Web前端开发、Java EE开发、数据库开发、移动APP开发、Web全栈开发、UI设计、系统运维、GIS/RS数据处理、GIS项目实施、GIS开发等岗位的高素质技术技能型专门人才。

新一代信息技术、软件和信息服务、人工智能等产业的企业往往同时涉及 Web 系统、移动 APP 客户端、后台大数据与云计算平台、地理信息系统等多种计算机技术和多种平台,需要多种工作岗位的分工合作、统筹协调配合。各种工作岗位之间既有计算机与信息技术的一些共性,也有各自的技术特点。专业群以"互联网+"为核心,以大数据技术与应用专业为龙头,以软件技术、计算机应用技术、移动应用开发、计算机信息管理专业为支撑,共同构成一个比较完整的信息软件专业体系。专业群内各专业之间的逻辑关系明晰。在培养目标上,各专业对应于新一代信息技术、软件和信息服务、人工智能等产业高度相关的多种工作岗位。在课程设置上,既有计算机与信息技术基础能力培养的共性,也有各专业核心职业能力的独特性,从而保证了专业群人才培养目标精准定位于信息技术产业链相关领域。

（2）建设目标

以区域内的高精尖产业和社会发展需求为导向,促进产教融合,与行业领先企业在人才培养、技术创新、就业创业、社会服务、文化传承等方面开展合作,探索校企"双元"育人机制;建立德技双修、工学结合的育人机制;积极开展"1+X"证书制度试点改革,探索"学分银行",尝试学历证书和职业技能等级证书的成果认证、积累与转换;构建基于核心职业能力培养的课程体系;加强教学资源建设,打造职业教育在线精品课程;加强"三教"改革,重构模块化课程体系,实施项目教学法,打造新形态教材;强化双师教学团队建设,形成高水平的教学创新团队;创新校企合作共建实习实训基地模式,建设具有辐射引领作用的高水平专业化产教融合实训基地;打造技术技能创新服务平台,为相关行业、中小微企业提供技术服务,开展培训、认证,建设具有"中国特色、世界水平"的特色专业群。

（3）建设内容

创新人才培养模式。主动对接区域内高精尖产业发展,深化供给侧结构性改革,通过多种模式在人才培养、资源建设、实训基地建设、师资队伍建设、创新创业、社会服务等方面开展合作。促进产教深度融合,探索校企"双元"育人机制,不断完善校企合作的协同建设机制、过程监督机制和绩效评价机制。

建设优质教学资源。探索人才培养供给侧和产业需求侧结构要素全方位融合。优化专业群课程体系,以国家职业教育专业教学资源库为引领,建设优质教学资源,提供"资源+课程+评价"相融合的智能型学习管理一体化资源共享功能。

全面推动"三教"改革。建立以"项目教学、教学做一体"为核心的课程模式,探索混合教学模式,打造优质课堂,全面提升学生的综合能力;采用多元化评价,建立科学的评价标准;整合课程资源,开发数字(云)教材,实现资源共享。

建设教学创新团队。加强师德建设,创新师资队伍建设机制,通过"培、引、聘"等形式,引进具有较大行业影响力的领军人才作为特聘教授;培养高水平专业带头人和具有专业建设能力和企业工程实践经验的骨干教师;依托工程师学院,建立一支稳定的企业兼职教师队伍。

建设实践教学基地。校企合作共建产教融合实习实训基地,形成融"实践教学、社会培训、企业真实生产、社会技术服务"于一体的技术技能创新服务平台。打造具有辐射引领作用的高水平专业化产教融合实训基地,开发校外实训基地,确保学生有半年以上的企业顶岗实习经历。

打造技术技能平台。加强产教融合平台建设、技术创新平台建设,形成校企命运共同体,增强技术技能积累,满足高端产业和产业高端紧缺人才培养需要。

提升社会服务能力。依托技术技能创新服务平台,促进教育教学资源、技术技能积累的区域性共享,实现服务行业、服务企业、服务社区,提高社会服务能力。以横向科研课题研究等形式为企业提供技术服务,同时面向社会和社区开展培训。

建设可持续发展保障机制。创新产教融合体制机制,建立校企"双元"育人机制。建立目标管理与绩效考评机制、过程监控动态管理机制、奖励机制、资金投入机制,以及制定与人才培养模式改革、课程建设、师资队伍培养、实训基地建设、社会服务等相适应的配套制度。

2. 智能制造专业集群特色专业群建设案例

现阶段,我国智能制造仅仅局限在一些特定的行业、特定的环节中,还不能形成一个有机的整体,导致出现了产品无法适应市场的变化和需求的情况,因此,要以智能化为引领,以信息化为基础,进行商业模式的创新,把价值链延长。在智能制造产业链终端,电子商务带动了产业信息化水平的快速提升,为产业的创新带来了重要驱动。基于此,学校成立了电子商务专业群,作为智能制造专业集群的特色专业群。

(1) 组群逻辑

电子商务专业群由移动商务、连锁经营管理、国际贸易实务、物流管理等4个专业组成。现代商贸流通业是区域内重点发展的产业,基于"互联网+"的电子商务、移动商务、跨境电子商务等新兴高端服务业高速发展,同时,基于"智能+"的实体零售、对外贸易、物流服务等传统服务业向智慧零售、智慧物流等产业高端改造升级,促进新技术对旧动能进行数字化、智能化的嵌入和复合,使传统商贸流通向智慧商贸流通提档升级。电子商务专业群面向现代商贸流通业培养生产运营及管理一线关键岗位的高素质技术技能人才,提供更优质的人才支撑和更高水平的技术服务。

专业群培养发展型、复合型和创新型的现代商贸流通业高素质技术技能人才,能够胜任电商运营岗、商务数据分析岗、智能门店管理岗、跨境电商运营岗、智能仓储岗、网络营销岗、新媒体营销岗、产品运营岗、物流规划岗、社会化客户管理岗等职业岗位群相关工作。

专业群以电子商务专业为核心,移动商务专业面向互联网及移动互联网的电商运营、商务数据分析、新媒体营销等岗位,支撑高端新兴服务业发展;连锁经营管理、国际贸易实务专业面向智能门店管理、跨境电商运营等岗位,支撑传统产业转型升级;物流管理专业面向智能仓储等岗位,支撑智慧物流、高效物流的发展。专业有机整合、群内结构优化、教学资源共享,形成合力,构建线上到线下关联、境内到境外关联、固定到移动关联及高效物流支撑的新商科专业群。

(2) 建设目标

对接区域内重点发展的现代商贸流通业,健全专业群自我调整与完善机制,培养德智体美劳全面发展、具有国际视野、服务现代商贸流通业的复合型、创新型高素质技术技能人才。

深化人才培养模式改革,面向区域产业技术创新、业态创新、模式创新的快速发展,打造学生个性发展与适应产业转型升级的协同育人新模式;主持和升级国家教学资源库,联合开发技能等级标准和课程教学标准,打造国家精品在线课程和"互联网+"新形态国家规划教材,优化"共享+分立+互选"的课程体系,深化混合式、模块化教学教法改革,形成商贸类教学教法新样板,打造中国商贸类高职"金课";打造跨界融合的国家级教学创新团队,建成智慧商业研究院,建立聚焦中小微商贸类企业技术创新研究的技术技能服务平台。

(3) 建设内容

创新专业群人才培养模式。深化产教融合改革主线,以现代商贸流通产业高规格、高质量和复合型的人才培养为导向,产教融合,优化人才培养模式,校企联合实施现代学徒制人才培养,落实"1+X"证书制度试点,有机融入"以学习者为中心"的专业群人才培养方案,建立动态对接机制,构建专业群自我完善机制,形成致力于为区域内现代商贸流通发展需求服务的人才培养模式。

建设课程教学资源。对接现代商贸流通业发展对新型人才的需求,校企合作开发与职业标准对接的"共享、分立、互选"立体化专业群课程体系,挖掘思政元素于专业课程开发全过程,打造优质课程资源。

进行教材与教法改革。通过教学创新实验室的建设,研究"以学习者为中心"的商贸类教学教法,校企联合打造"互联网+"新形态国家规划教材。

打造教师教学创新团队。以"四有"教师标准为路径,培育聚焦"1+X"证书制度的专兼结合高水平师资队伍。通过建立"技能大师工作室"等手段,培育国内外有影响力的高水平专业群带头人和高水平结构化骨干教师队伍;打造一支"互联网+商贸"国家级教师教学创新团队并建立国家级双师培训基地。

构建实践教学基地。构建先进的、对接职业岗位群的专业群,共享校内生产性实训基地,联合申报产教融合型企业,打造国家产教融合实训基地。

打造技术技能平台。对接现代商贸流通业新技术,聚焦现代商贸流通类中小微企业运营与技术,进行应用型研究,探索具有专业群特色的科研运行与成果转化模式;打造资源共享、机制灵活、产出高效的技术技能创新服务平台,反哺人才培养。

加强社会服务。依托技术技能服务平台、产学研合作进行成果转化,为中小微企业发展提供技术服务;依托师培基地,开展技术技能培训;面向中西部地区兄弟院校开展对口支援,达成服务核心区域、辐射边远地区智慧商业产业发展的目标。

健全可持续发展保障机制。健全专业群建设委员会的组织职能,建立专业群跟踪产业发展的自我调整与完善机制,动态调整人才培养方案和教学资源配置,保证专业群和产业同步发展;完善专业群内部质量保障体系,强化过程管理,构建项目建设绩效考核评价激励机制,通过分级管理、培训、监控指导等综合方法增强团队成员的合作精神和凝聚力,激发专业群内生发展动力。

二、专业群课程体系重构

专业集群是在特定区域,高职院校以所在区域内支柱产业集群、优势主导产业为服务对象,紧扣所在区域产业集群经济发展,实现专业之间的竞争互补、资源共享、集约发展的"专业建设组织形态"。专业集群通过紧扣区域产业链、技术链与人才链对学校专业进行整体布局和动态优化,围绕产业转型升级中的新技术、新需求、新岗位的人才素养和核心能力加快课程改造升级,将新知识、新技术、新技能融入专业课程,重构面向高端产业和产业高技术技能人才培养的高端课程体系。

（一）专业群课程体系构建策略

1. 专业集群课程谱系规划

专业集群是借鉴"产业集群是发展区域经济的新的思维方法和发展模式"的思想而形成的一种专业建设的思维方法和发展模式。基于专业集群的课程谱系建设重在梳理产业知识谱系，从而在产业链某一个细分专业领域形成较为完整的结构化体系，为学习者就产业某一专题快速形成跨学科的系统化解决方案，显著提高学习效率。开展专业集群课程谱系规划，主要从产业和教学两个方面展开：

一是梳理形成产业链认知谱系。依托产教联盟、现代产业学院等产教融合平台，组建由技术人员、专家学者、高校教师等跨组织成员组成的教学科研团队，对区域目标产业链上下游价值网构成、产业链关键技术、典型产品和衍生产品进行深度调查研究，开展典型岗位的工作任务分析，在此基础上凝炼典型岗位的职业能力，最终就专业集群对接产业链人才培养的通用能力、核心能力，完成岗位群职业能力结构谱系。

二是研制产教对接谱系。完善产教融合体制机制，创新"政行企校"多主体有效协同方式方法，精准溯源产业链与专业群关键要素，围绕岗位群职业能力结构谱系，从教师、教材、教法等"三教"核心要素出发，研制产教对接谱系，突出"德技并修、知行合一"能力素养体系建设，就专业集群对应产业链的上下游产业，构建模块化、项目化、情境化的课程体系，形成专业群人才培养模式（见图6-3）。

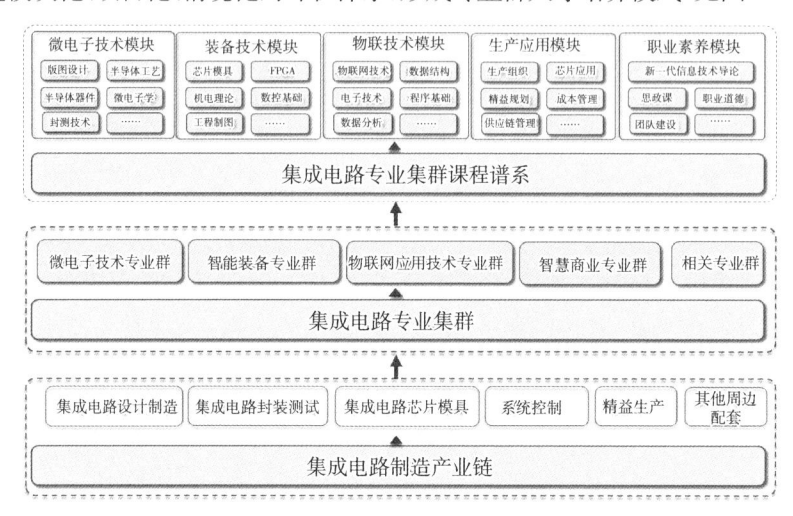

图6-3 高职院校集成电路产业链产教对接谱系图

2. 专业群课程体系构建策略

专业集群以专业群集合的方式对接了现代产业链的上下游生产环节，围绕现代产业典型岗位群职业能力谱系构建专业群课程体系，综合外部产业需求匹配、内部高质量发展需要以及学生职业适应性提升，专业群课程体系构建必须围绕产业匹配度、教学有效性、人才培养满意度等方面进行统筹优化，按照人才培养过程，可以从三个方面提出构建策略。

一是成果导向策略。专业群课程体系构建必须着力对接关键岗位，研制由岗位任务结构、内容和情境等组成的岗位任务谱系。再进一步根据岗位任务明确岗位群职业能力谱系，以学生培养目标、毕业能力要求为阶段目标，综合学生学习认知规律、专业间知识模块共享需要、实践教学组织科学性，以学生预期目标达成逆向设计课程体系，形成"学生中心、成果导向、持续改进"的课程体系构建原则。

二是项目化策略。专业群课程体系必须从教学有效性出发，坚持"以学定教"的原则，推进项目化课程体系的整体构建，从而将围绕问题展开的行动导向教学，围绕职业场景构建展开的情境化深度学习，建构在具体项目任务上，实现"知识学习和能力养成"和"实践训练和创新培育"的有机融合。例如常州机电职业技术学院提出构建全流程项目贯通课程体系，学习过程与工作过程对接，实现"学生与员工身份合一"；贯通劳动教育融入的能力素养集，重构不同层级"流程化项目"，形成"课程项目小流程＋课程模块中流程＋专业项目大流程＋专业群项目全流程"的四层递进流程化项目课程体系，实现"学习与劳动项目合一"。

三是模块化策略。专业群课程紧密对接产业发展需求，坚持完善课证融通的"通识＋基础＋核心＋拓展"的基本框架，架构切实满足行业企业需求的课程模块，并根据不同能力模块要求，创新基层教学组织建设，构建不同专业领域教学团队来支撑模块化教学模式改革。

(二) 专业群课程体系构建

1. 专业群课程体系建设

高职院校应当依据专业群的人才培养模式，以企业岗位要求和职业技能等级标准为依据，在岗位职业能力分析的基础上构建基于核心职业能力培养的课程体系。以智慧商业专业群为例，智慧商业专业群以新一代信息技术融合制造业高端服务及高端制造业生产性服务应用为主线，面向先进制造业生产管理与营销环节培养物流管理、成本管理、电子商务、市场营销等专业人才。智慧商业专业群在实现书证融通,构建多层次、互通式的专业群课程体系时,以新商业发展需求、企业岗位要求和职业技能等级标准为依据,在岗位职业能力分析的基础上,按照"底层基础+中层模块+高层方向"及"1+X"等级证书嵌入模式,系统设计智慧商业专业群课程体系,形成"三融合、两对接"的课程开发建设模式。"三融合"指的是依托产业学院及人才孵化基地平台,实现"课程教材、实训基地、人才孵化中心"三项同步融合设计,"两对接"指的是导入网络营销等"1+X"职业技能等级证书,实现"校企全程"深度对接、"课证全程"深度对接。围绕"学生中心、问题中心、任务中心"课程建设原则,加快优质课程建设向职业教育在线精品课程转化。电商运营职业领域建设完成"电子商务基础与运用""网络营销实务""跨境电子商务实务""新媒体写作与推广"等在线精品课程建设;物流运筹优化领域建设完成"现代物流服务方案规划""仓储与配送管理""物流运输作业""精益生产管理实训"等在线精品课程建设;金融数据及智慧理财职业领域建设完成"金融理财原理与实务""证券市场基本法律法规""数据分析基础""经济学基础"等在线精品课程建设;品牌策划连锁经营职业领域建设完成"市场营销实务""连锁运营与管理""市场调研与定位""外贸单证实务"等在线精品课程;财务数据分析及智能会计核算职业领域建设完成"财务管理实务""管理会计实务""财务会计实务""基础会计""审计理论与实务"等在线精品课程。

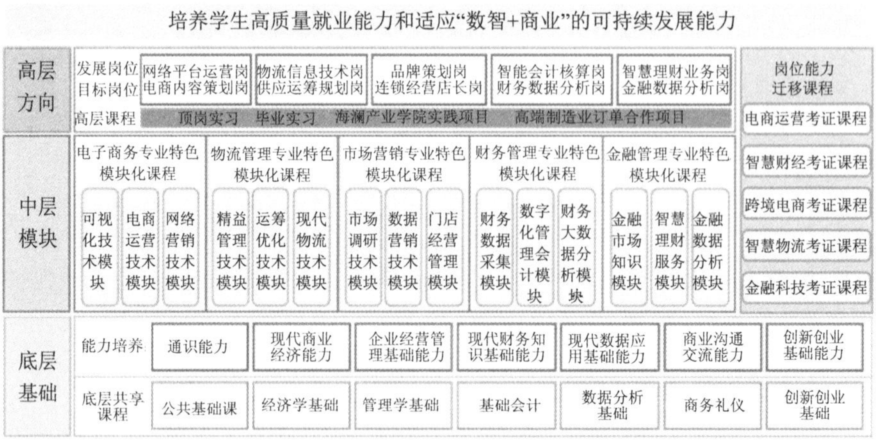

图 6-4　智慧商业专业群课程体系

基于培养学生高质量就业和适应"数智+商业"可持续发展需求,瞄准电子商务、物流管理、市场营销、财务管理、金融理财的目标与发展岗位,以群内专业特色模块化课程建设为基础,探索"微课-学习单元-课程-微专业"的多元化资源组合方式,使"微课"满足学生对知识、技能点的碎片化学习需求;"学习单元"基于典型职业活动设计,便于学生对某一职业活动快速、灵活、强化地学习;"课程"按照学科体系构建,实现线上线下混合教学,促进学生的自主、泛在、个性化学习;"微专业"以学生持续成长需求为出发点,通过专业与行业结合、职业与事业融合方式设计课程,学生通过3～5门课程的学习,能快速掌握某一领域的工作技能,拓展学生知识技能,培养创新能力。

2. 专业群课程团队构建

高职院校应当以习近平总书记提出的"四有"老师为标准,构建"分类分层、多元发展、认证考核"的机制,打造数量充足、专兼结合、结构合理的高水平双师队伍。

(1) 建设师德师风长效机制

高职院校应当将师德师风作为评价教师队伍素质的第一标准,健全师德师风建设长效机制,对教师师德失范行为实行"一票否决"制;挖掘身边典型,宣传学校"最美教师"及其优秀事迹;组织开展学校师德标兵评选活动,使教师真正成为学生锤炼品格、学习知识、创新思维、奉献祖国的引路人。

(2) 校企共建"双师型"教师培养培训基地

高职院校协同专业群相关领域业内领军企业,合作申报示范性教师企业实践流动站,开展专业教师职业培训、在职研修等各类培训服务,积极拓展行业专项培训服务。依托培训基地,实施专业群双师素质提升计划,要求校内专业教师每年至少有一段时间在企业或实训基地进行实训,全面落实教师轮训制度,提升教师解决专业领域内实际问题的能力和双师素质,同时建设专业群兼职教师库,提升校企人才双向流动水平。

(3) 健全高层次人才队伍

实施"人才强校"战略,成立学校人才工作委员会,制订学校人才中长期发展规划,完善人才服务体系;实施高层次人才引育计划,引进高水平专业群建设急需的科技领军人才、青年拔尖人才和技术技能大师,培育教学名师和技术能手;实施大师名匠引智计划,建立一支具备高稳定性、高融合性、高水平的企业兼职教师队伍;实施教师境外培训计划,打造具有国际化视野的师资队伍。

(4) 建设引领教学模式改革的结构化教师教学创新团队

以企业项目和技术技能创新应用项目为载体,教师分工协作,开展基于职业工作过程的模块化教学,打破原有的"一课一师、多课一师"格局,构建

"一课多师、多师多课"结构化教学团队。以优势专业和特色专业为基础,进一步整合校内外科研力量,加快推进一流教科研团队建设,通过专业交叉、优势互补,培养和建成具有较强科研能力和一定影响力的科技创新团队。

(三)"岗课赛证"课程开发

1. 校企双元课程开发

校企合作基于现代产业岗位群工作任务分析,根据岗位工作核心能力、通用能力和职业素养等方面进行深入的职业能力分析,对标职业能力要求设置课程体系。在此基础上,将企业工作过程与学习过程有机融合,校企合作依托产教融合平台开展的生产和社会服务项目,进行逆向开发设计教学内容,形成教学过程与生产过程融合的课程内容。与此同时,为有效对接现代产业的转型升级,积极融入行业"1＋X"证书制度,将现代产业正在进行的新技术、新工艺、新方法有效融入课程标准,并进一步依托"岗课融合"和"证课融合"促进学生核心能力和专业复合能力培养。

2. 实践导向课程资源开发

高职院校课程体系规划需要高度对接现代产业发展,紧紧对接现代产业岗位群需求,在课程资源建设上必须贯彻服务实践主导课程教学的需要。实践导向的课程资源建设,必须从模块化、数字化、职场化三个方面加强。

一是模块化。为适应现代产业技术新、知识杂、技能复合的人才培养难点,兼顾学校实际教学资源情况,学校要根据教师专长设立"能力互补、结构合理"的模块化教学团队,团队围绕核心专业能力培养开发模块化课程,课程模块可以根据学生专业方向和实际应用场景进行组合,在优化整合学校教学资源的同时,快速形成应用性强、资源丰富、同步产业发展的优质"金"课,提高人才培养质量。

二是数字化。开发适合模块化课程实施的"数字化＋"教学资源,应用AR、VR等现代数字技术,将行业新技术、新工艺、新产品在学校教学过程中充分展示,应用大数据技术分析手段,为师生提供"教学练考评"一体化的教学支撑,进一步通过智慧教学方式,设计立体化的学习资源,提升专业群服务区域的能力来满足学生个性化需求,促进终身学习体系建设。

三是职场化。课程资源开发有效融入国家、行业技能竞赛和职场工作场景。一方面,通过同步导入国家技能竞赛标准,按照技能竞赛规则、训练要求,开发建设"以赛促学、以赛促教"的教学场景;另一方面,通过产教融合平台,以虚拟仿真或生产性实践等方式导入企业工作场景,围绕真实职业场景教学,开发职场化课程教学资源,实现教学过程与生产过程的对接。

第三节　基于跨专业融合实施课堂教学革命

一、课堂教学革命路径探索

职业教育作为一种类型教育,培养的高素质技术技能人才为我国经济社会发展提供了人力资源支撑。随着我国产业结构的转型升级,如何实现职业教育的高质量发展,是我国高等职业教育在当前必须要考虑的问题。课堂是教学的主阵地、是育人的主渠道,高职教育改革只有进入课堂层面,人才培养质量提升才能落到实处。由于多种因素的影响,课堂教学在一段时间内或被忽视,或被形式化,高职院校课堂教学内容与生产实际脱节、课堂教学方法忽视学生学习体验、课堂教学评价缺乏科学性、课堂教学中心地位不被学校重视,为此,教育部原部长陈宝生发出"课堂革命"的口号,直击高职课堂教学改革的痛点难点。高职教育正处于重要的战略机遇期,积极践行课堂革命,持续深化教学改革,努力提升学生自主学习能力是当前高职院校的使命担当。

(一)课堂教学革命动因

1. 职业教育类型化是课堂革命的时代要求

国务院出台的《国家职业教育改革实施方案》开篇第一句话就指出:职业教育与普通教育是两种不同教育类型,具有同等重要地位。作为一种教育类型的职业教育要求将产教融合作为高职院校办学理念,将校企合作作为基本办学模式,将理实一体化作为基本教学组织模式,将德技并修作为基本培养目标。职业教育类型化对高职课堂革命提出了时代要求,高职院校要坚持深化产教融合,完善校企双元育人机制,加大新知识、新技术、新方法融入的教学内容更新,使课程内容与职业标准对接;加大虚实结合的实践训练基地建设,深化实践导向教学改革,使教学过程与生产过程对接。进一步坚持"学生中心、成果导向、持续质量改进"的教学理念,以校企双元培育工匠精神,以工学结合促进技能形成,以产教融合推动职业发展,全面促进高等职业教育服务产业发展能力提升。

2. 构建师生学习共同体是课堂革命的客观要求

学习的本质不是改变将来的命运,真正高质量的学习,一定能够让人融入真实的世界。学习最重要的是"真实",因此,学习必须建立在明确的问题、明确的目标和明确的成果之上,它必须让人可以与时代同步,理解事务的规律,掌握快速解决问题的方法,促进学习者对知识的应用和创新。新时代技术革命加速了产业变革,岗位知识技能复杂度日益提升,信息技术在提高学习效率的同时也加速了知识技术更新迭代的速度,工业时代教条的、以输入为主的、可以标准化应用的传统学习已不能适应现代社会的要求。如何有效地学习和如何有效地教学,从学生和教师两个角度出发提出了一个共性问题,构建师生学习共同体是推动课堂革命的客观要求。一是确立"学生中心"理念,改变传统"以教定学"的模式,教师要站在现代产业发展需求和学生个性化发展的角度,为学生提供最好的教学方案。二是寻找"共同愿景",高职院校学生学习动机相对匮乏,教师要通过优化学习项目、培养职业素养等方式,充分调动学生主体认知和社会实践能力,激发学生学习积极性。三是创设"学习情境",高职院校应针对未来岗位要求,虚实结合地创设职业工作场景,通过技能大赛、创新创业项目、师生共研企业委托课题等方式,基于真实的问题开展目标明确成果导向的学习,让学生能够在教学过程中明确职业职责、提升实践能力。

3. 现代信息技术发展是课堂革命的现实动力

以"云物大智"为代表的新一代信息技术对课堂教学组织、课堂教学评价等教学的各个环节产生了巨大的变革,成为课堂革命的现实动力。新一代信息技术,一是无限拓展了课堂边界。7×24 小时的在线课堂为学习者提供了泛在的学习环境,运用 AR、VR 甚至是元宇宙技术的虚拟仿真课堂,突破了传统不能呈现或者具有危险性等因素的教学难点,实现现代信息技术与高职课堂的深度交融,形成突破时空限制的学校课堂、企业课堂、自然课堂、社区课堂、虚拟课堂多维度多形态的立体学习空间。二是教学智慧化程度显著提升。教师用大数据技术可以实现学生学情分析、对学习过程中的学习状态以及课程学习目标达成度等进行深入精准的分析,打破传统教学的黑箱,形成对课堂教学有效性的科学评价。未来课堂的教学理念、教学模式、教学方法呈现出新形态,教学资源、交流互动、评价决策展现出多样化、立体化和数据化特征,高职知识体系、教师能力、教学场所和教学评价等都会发生根本性改变。

（二）课堂教学革命目标

传统的由教师"满堂灌"、填鸭式的"以教师为中心"的课堂教学模式已经无法达成人才培养的目标，以理论为主的课程教学也无法满足产业和企业对人才的需求。"以学习者为中心"的课堂教学模式要求教师由单向灌输者转为引导者，学生自主学习、教师线上线下结合的教学、课前课中课后结合的混合式教学成为常态，逐渐形成师生共同学习和发展的共同体，课堂教学将不再是教师一个人的舞台，而是师生学习创造新知、分享个人智慧、合作探究实践的过程。课堂教学革命要求做到课程教学与实训相结合、专业实践与生产相结合、创新培养与实战相结合。

1. 课程教学与实训相结合

高职院校应当以学生的全面发展为中心，围绕激发学生学习兴趣和潜能，利用丰富的信息化教学资源，推进以混合式教学、模块化教学和项目化教学为主的教学模式改革，改变课堂形态，优化教学过程，实现以学习者为中心的"教、学、做"一体化学习模式。利用新一代信息技术，构建新型智慧教室，利用虚拟仿真技术，建设集"教、学、练、测、评"于一体的虚拟仿真实践平台，突破教学和实践资源配置的有限性和时空局限性，实现"人人皆学、处处能学、时时可学"的学习模式。此外，高职院校通过创设真实工作场景，以真实项目为载体，设置项目训练环节，将企业案例、企业产品引入课堂，将课堂引入实训基地，开发"线上、线下、职场化"的项目化课程，将课程所需实践开发环境、项目教学资源等共享，通过校企、师生、生生之间的交流互动，校企混编教师分工协作教学、远程协助学生、深化项目教学，共同实施模块化教学。

2. 专业实践与生产相结合

高职院校应吸引企业深度参与学校专业规划、教材开发、课程设置、实习实训的各个环节，促进企业需求融入人才培养环节。按照真实产业链对技能人才的需求，将真实的产业项目转化为优质的教育资源，共同开发基于企业真实生产环境的项目化课程，共建新型活页式、工作手册式教材，全面推行面向企业真实生产环境的任务式培养模式。同时建成一批高质量的课程教学资源和实践教学基地，组建高水平结构化教学创新团队，推动课堂革命，形成多方协同的专业群建设发展和保障机制。在教学过程中，校企双方将专业实践与生产相结合，开展项目教学、案例教学、情境教学，以实践为主线，实现"教、学、做"合一，在训练的过程中完成知识内化，将"基于工作的学习"全面融入课堂，形成线上虚拟仿真学习和线下生产性实践相结合的学习方式。

3. 创新培养与实战相结合

高职院校应将企业一线技能大师请入课堂,将行业前沿知识带入课堂,将企业真实项目引入课堂,将职业化训练嵌入课堂,与企业建立"优势互补、资源共享"的长效机制,实现高职院校与企业物质、智力资源的集中与共享。高职院校和企业共同发挥校企双方的环境与资源优势,将课堂教学与学生实习工作相结合,将工作中遇到的挑战和问题带回课堂,让学生在真实工程环境中做决策,解决技能训练的虚拟化、孤立化问题,以实现在真实环境中培养人才的目的,有利于培养学生发现问题、分析问题和解决问题的能力。校企双方在教学过程中,利用大数据和人工智能等技术,收集"教"与"学"轨迹,深度挖掘,对学生进行精准分析,以帮助教师更准确地把握教学节奏和教学评估,动态调整教学内容,为学生个性化定制学习任务、推送学习资源,因材施教,实现精准教学和精准学习,全面提升课堂教学质量,推动课堂革命。

(三) 课堂教学革命路径

课堂是人才培养的主阵地、主战场,围绕现代产业培养高素质技术技能人才,高职院校课堂革命的着力点是从平台、组织、机制等三个方面进行"革命"性创新,实现"学生中心""以学定教""教学相长",形成行业、企业、学校、学生、教师等多主体协同共生、可持续发展的学习成长成才环境。

1. 跨组织构建产教融合平台

"政行企校"多元主体的跨界融合是职业教育作为类型教育的本质特征,只有政府、行业、企业、学校等多元主体深度参与高职课堂教学,才能解决专业人才培养方案与产业发展需求的一致性,才能解决教学内容与岗位内容的一致性;也只有行业、企业的深度参与,才能构建对接生产过程的专业实训基地,才能导入问题有意义、目标可衡量、成果可评价的产教融合项目。因此,弄清如何跨组织构建产教融合平台具有重要意义。一方面,通过产教融合平台可以有效发挥集聚作用,形成产教要素资源池,为课堂教学革命提供优质的项目支持;另一方面,通过产教融合平台导入的项目,可以有效搭载行业、企业、学校的技术人员、专家学者等优秀人力资源,并基于项目推进的良性互动获得人力资源的乘数效应。

产教融合平台构建可以通过职教集团(产教联盟)、产业学院、现代学徒制等多种路径方式。例如,高职院校可以从管理主体和资源融入方式入手,打破原有高校单一教学主体模式,通过"价值认同"、"项目纽带"或"资产确权"等方式协同行业协会、一流企业、中高职学校以及本科院校,围绕专业集群确定的特定现代产业领域,"政行企校"多主体共建人才培养的专业实践训练平台,推动产业链上中小企业发展"专精特新"的具有特色的产学研平台。在此基础上,以平台产学研项目为载体,柔性引进行业领军企业职业经理人、高校知名学者和企业一线能工巧匠,校企混编组建管理、教学科研团队,按照"互为主体、融合共生"理念,探索产教融合平台型组织理事会管理制度等多主体协同机制,优化人才培养等多主体目标嵌套衔接策略,运行学生学业成长、产学研公共服务平台等多主体协同价值数字化展示平台,打造高质量产教融合的闭合回路,形成"基于认同、共生相依"的产教融合生态。

2. 跨院系整合教学要素资源

高职院校的课堂教学革命是回归学习本质,全面形成"以学生为中心"的"以学定教"课堂教学模式,课堂教学组织方式由传统的教师单一课堂"知识打包"输入,向现代课堂"知识交互"输出转变,教学过程突出学生掌握学习方法能力、透过现象看本质的解决问题能力以及知识创新应用能力的培养。与此同时,现代产业岗位知识和技能复杂度日益提高,且岗位所需专业知识技能边界日益模糊,如何在有限的时间内,有效开展专业教学,使学习者获得良好的学习体验,形成德技并修、职业素养持续精进的育人效果是高职课堂革命必须要解决的教学模式问题。

高职课堂革命就组织而言,简单来说是要变革单一化、程式化的教学模式,向个性化、协作化的教学模式转变,根据学生学习经历和既有知识技能基础,综合现代产业发展需求和学生职业生涯发展预期,为学生提供综合学习方案,并持续为学生成长成才赋能。高职院校课堂教学组织要达到上述变革,必须以专业群为基点,深化组织治理变革,创新基层教学组织载体和运行方式,依托课程(群)、学科专业、教学团队、科研团队、实验团队等,以课程(群)教学、专业建设、教学改革研究为主题开展协同探索研究,使高职院校教学要素资源配置由行政部门主导逐步向基层组织主导转变,充分激发基层教学组织服务学生成长、助力学生成才的核心意识和主导作用。

3. 跨专业驱动"岗课赛证"育人

高职院校课堂教学革命的核心是要形成综合育人机制,全面提升复合型、创新型人才培养质量。中共中央办公厅、国务院办公厅印发的《关于推动现代职业教育高质量发展的意见》提出:深化教育教学改革,完善"岗课赛证"综合育人机制。"岗"和"课"分别是课堂革命的需求和供给两方面:"岗"是课程学习的标准,课程开发教学内容选择要瞄准岗位需求,对接职业标准和工作过程,将行业的新技术、新方法、新工艺融入课程和教材中,按照岗位操作标准设计实践教学;"课"是教学改革的核心,要科学规划系统化、模块化的实践导向课程体系,建立以学生为中心的课程教学评价体系。"赛"是课程教学的试金石,一方面,通过"以赛促学",可以将相对完善的竞赛项目转化为教学项目,将竞赛评价标准量化为学习效果,促进学生学习成果的检验;另一方面,通过"以赛促教",让教师通过企业开发的竞赛项目,深入了解行业企业技术发展趋势和企业对学生技能的要求,进一步促进"学做一体"的教学改革。"证"是行业标准,"1+X"证书制度以岗位职业技能为需求导向、以岗位核心职业技能的掌握为问题导向和以高技术技能人才培养为目标导向,将职业教育与职业培训有机结合。因此,加强证课融通,可以倒逼职业院校课程以真实(企业)工作任务为载体,融合企业认证内容,以实际案例为对象,培养学生分析和解决问题能力。

二、课堂教学方法创新

(一)课堂教学的有效性

1. 课堂教学有效性的内涵

什么是课堂教学的有效性？基于"学生中心"的理念,大致有以下几方面。首先,教学的有效性必须落到学生的学习上,可以从三个方面的指标考查学习的有效性:第一是学习效率。第二是学习结果。第三是学习体验。学习效率是考查学习有效性的第一个指标,学习时间控制对学习者来说可能是最为重要的。每个学习者的学习时间不是无限的,提高学习的有效性不能单靠延长学习时间来进行,我们必须解决每一堂课学习时间投入与实际产出之间的效率问题。学习结果是考查学习有效性的第二个指标,学习结果不仅要考查学生的课程学习成绩,更需要考查学生学习能力、智慧洞察能力的提升。学习体验是考查学习有效性的第三个指标,学生通过学习形成明确的职业发展观,建立了专业自信,激发了专业兴趣,这些内隐性指标对学生主体学习习惯培养具有重要意义。

其次,教学的有效性,从教的角度来说,教是促进学的。这种促进可以分为两种:一是通过教师讲解促进学生学得快、理解得深,这是直接促进。二是教师不是教现成的知识,而是通过老师的言传身教,学生慢慢悟出了学习的方法、思考的逻辑以及人生的意义,这是间接促进。直接促进见效快,但持续时间短;间接促进见效慢,但是有后劲。

再次,教学的有效性,从发展的角度看,一是教师的教学要促进学生发展,在传授知识、训练技能的同时,要让学生掌握方法、进入职业化发展过程,并且形成正确的情感态度和价值观。二是教师教学要立足于学生现有知识经验的发展区,带领学生向临近更高发展区水平跃迁,拓展思维深度和视野。三是有效教学要处理好预设发展和生成发展的关系,预设发展是掌握既定的知识技能,新时代的教学必须重视生成发展,注重学生"无中生有"的能力,养成创新思维。

最后,教学的有效性还体现在发展主体上,既促进学生发展又促进教师自我成长的教学,才是有效的教学。

2. 课堂有效教学存在的问题

有效的课堂教学可以使学生成为学习的主体,使教师从"教书匠"转变为"课程研究者",使课堂教学在关注知识技能教学的同时,更关注过程方法和学生的情感体验、人格养成和职业素养培育。受多种因素影响,当前高职院校课堂教学改革还存在不同程度的形式化和低效化问题,主要表现在以下方面:

第一,培养目标的割裂。课堂教学目标是知识技能、过程方法和情感态度价值观的融合统一,实际教学过程中教师对知识技能关注多,对三者整合的目标虽掌握相关理念,但缺乏有效的经验和实施的能力。

第二,教学内容的泛化。课堂教学突出从"教教材"到"用教材教"的革命,要求教师在课堂教学中注重向企业实践、向社会拓展、延伸,但实践中,也部分出现了教学内容的泛化,不集中、重点不突出的问题。有的课程以贴标签的方式进行思政教育,课程思政没有有效融入,育人作用反而下降;有的课堂教学项目设计不足,如电子商务专业的很多课程,都要求学生实战开店,导致教学内容重叠部分较多,知识技能训练较多停留在同一区域。如过度的联系实际项目,不合理的情境创设等,实质性内容少,造成教学低效甚至无效。

第三,教学活动的外化。课堂革命激活了课堂,激发了学生的学习兴趣,但学生内在的思维和情感并没有被真正激活起来,导致学生的自主带有形式化的盲目性,许多课堂翻转的合作式探究有形无实。

3. 课堂有效教学推进策略

课堂教学必须坚持"以学定教、以教导学"的基本原则,稳步推进课堂教学革命,具体可以从三个方面进行推进。

第一,实施三维目标融合的教学改革。知识技能、过程方法和情感态度价值观培养不是三个目标,而是三维目标的整合,课堂教学教师要将学生的知识技能学习和学生主体学习过程有效结合起来,要关注课堂教学中的显性指标和学生非专业能力的隐性指标评测,深入开展基于项目的教学改革,依托项目载体,在学生小组学习、自主解决项目问题的过程中,既培养学生的学习和解决问题的能力,同时激发学生关心社会进步、关注产业发展、关注他人协同的意识,将爱国主义、工匠精神、职业素养等课程思政教育同步融入教学过程中。

第二,创设有价值的教学情境。情境之于知识,犹如汤之于盐,盐需要溶入汤中才能被吸收,知识也需要融入情境之中,才容易被学生理解、消化和吸收。与此同时,教学必须通过虚实结合的情境创设,构建约束条件真实、场景真实、决策思考要求高的劣构问题,推动学生行动导向的教学改革落到实处,有效激发学生的高阶学习。

第三,构建师生共同发展的教学关系。坚持"学生主体"教学理念,按照"以人为本"的理念,充分尊重和培养学生的独立性,将师生关系建立在师生学习共同体基础上,课堂教学要通过创建新型教学基层组织,加大模块化教学改革,满足学生个体的差异化需求;通过导入企业项目、邀请企业教师到校讲座等方式,加大课堂教学的开放性,培育鼓励学生充分展示个人独立的学习能力,师生共同以开放的心态对接新技术、新知识,使学生收获独立完成实际项目的成就感,从而积累自信、强化学习兴趣。与此同时,使教师在教学过程中实现真正的"教学相长"。

(二)课堂教学模式创新

课堂教学革命的本质是推进新的学习方式的形成,新的学习方式是以学生的主体性为宗旨,以促进人的可持续发展为目的,从教学设计、教学方法、教学组织、教学评价等多维度进行的系统化变革,这个系统化变革,我们可以简称为教学模式的创新。新时代高职院校课堂教学模式创新,要变"要我学"为"我要学",使学生充分认知学习内容的意义,通过合作学习增进协作交流,通过问题导向学习提高学生实际解决问题的能力和创新能力。项目化教学和情境化教学将工作业务线和学生主体动线有效结合。

1. 项目化教学

项目化教学模式是高职院校课堂教学革命的有效模式,该模式从课的有效性、学的有效性、教的有效性三个方面对提升课堂教学质量产生了显著促进作用。

第一,课的有效性。项目化教学按照人才培养预期目标要求,校企协同逆向设计开发搭载岗位技能、知识的学习项目,将新知识、新技术、新方法充分融入课程教学内容中,实现课堂教学内容与岗位技术要求一致。例如,高职院校机电一体化专业人才培养,课程体系基于产品项目开发,一年级以手动冲压机制作贯穿机械制图、机械装调等课程学习;二年级以电气自动化设备制作贯穿 CNC 加工、CAD/CAM、UG、气动控制、PLC 控制、机电产品装调等课程学习;三年级以工位机器人项目贯穿综合实训、创新实践等课程学习。

第二,学的有效性。课堂教学以学生为中心,构建情境、协作、会话三位一体的学习方法体系,指导学生构建明确学习任务、自主制订计划、方案决策统筹、操作执行、自主评价、反思改进的学习循环体系,通过制作关键词卡片、绘制思维导图、小组交流分享等多种形式丰富的学习方式,构建乐学课堂,培养学生协同工作意识,形成"学做一体"的课堂环境。

第三,教的有效性。课堂教学坚持行动导向理实一体原则,把"实践先于理论"的理念、"实践多于理论"的内容选择、"实践到理论"的教学贯穿于课程实施全过程。教学组织按照"资讯、计划、决策、实施、反馈、评价"行动导向开展,教师身份由"讲师"转化为"导师",通过精心设计教学项目,将三维人才培养目标有效融合。例如,教师教授直流稳压电源的设计与制作模块时,以笔记本电源适配器作为教学项目,在资讯和计划阶段,通过学生自主拆卸手机电源适配器、列清单、画框图的方式明确课堂学习任务和目标,通过小组交流资讯和教师点评,锻炼学生的计划能力和沟通协作能力;在决策和实施阶段,通过导入"交流电如何转换成直流电"这一问题,培养学生思考探索和解决问题能力;在反馈和评价阶段,通过完成对学生产品(作业)测试的评价,激发学生学习自信,持续强化学生主体作用。

2. 情境化教学

问题导向的课堂教学模式,一是解决了时间资源有限和学习内容无限的问题;二是解决了学习的目标意义问题;三是解决了知识技能学习、过程方法学习和情感态度、价值观培育三维目标融合问题。在实际教学过程中,问题按照结构的连贯性不同,可以分为良构问题和劣构问题两类。普通理论教学中的大多数问题都是良构问题,良构问题一般呈现了解决问题所需的全部信息,解决问题需要的规则原理都已预先规定好、组织好,并有明确的收敛答案和规划好的解决过程。而实践导向的高职教学中许多问题都是劣构问题,劣构问题通常需要整合多个领域的知识、技能,问题信息存在某种程度的不确定性,可能拥有多种解决方案,这些问题的解决需要根据实际情况分析判断,需要基于有限的信息获取最佳的解决方案。对照问题的描述可以看出,实际工作中面临的问题更多的是劣构问题,基于劣构问题导向的学习,才能真正促进学生的高阶学习。

问题结构在很大程度上和问题情境有关。良构问题更加抽象化和去情境化,并不依存任何特定情境,更多依赖于事先定好的规则。职业教育培养的工程师、技术人员、设计人员在工作中面临的问题都是深度依赖于情境的,离开问题,情境就没有任何意义。因此高职院校课堂革命必须推动情境化教学改革,通过创设真实的问题情境,将工作中技术人员面临的复杂性、动态性、不确定性真实地还原到过去的课堂教学过程中,真正培养学生分析问题、解决问题的能力。情境化教学改革可以通过以下途径实施:

一是构建实施情境化教学团队。情境化教学需要高度还原工作场景,构建富有实战意义的劣构问题,将工作岗位中存在的信息有限、资源有限、时间有限等压力充分展示出来,使学生在接近实战的课堂环境中学习,提升课堂教学的有效性。

二是虚实结合构建情境化教学空间。加大新一代信息技术和课堂教学的融合,使用AR、VR乃至元宇宙技术,虚拟仿真企业生产场景,还原工业生产中不可复现、不宜展示、存在教学安全风险的知识技术场景,提高课堂教学有效性。

(三)课堂教学评价

1. 课堂教学评价意义

课堂革命的核心是确立"以学定教"的主体地位,学生究竟学得如何,对后期发展有多少促进作用,是评价课堂教学改革成功与否的关键因素。开展教学评价的意义主要体现在如下几个方面。

第一,对教师的教与学生的学发挥导向作用。通过基于目标导向的教学评价,引导教师深入开展课堂教学改革,激发学生主体学习意识,通过教学评价导向推进课堂教学革命。

第二,分析学生的学习需要,提高教学针对性。通过课前教学评价,教师充分了解学生的既有知识经验、学习水平和学习兴趣,在深入掌握学情的基础上,综合课程标准和教材,修改完善教学计划和实施方案,使课程教学更有针对性。

第三,把控学习进程,为教学提供反馈。教学开展过程中,由于学生学习进展各不相同,多少学生达成目标、多少学生没有达标、教学节奏是否合理等都需要教师根据学生的学习进展而进行动态调整。开展过程性评价,为教学提供了一种从反馈到改进的调整机制,有助于优化教学,以适应每一个个体和群体的需要。

第四,评价学生学习成效与教师教学绩效。教学是否有效,关键看学生学习的最终成效,通过终结性评价,不仅可以考查学生学习既定目标的达成度,也可以衡量课堂教师教学的成效,这不仅能考核教师,也可以促进课堂教学模式的改进与提高,从而真正形成"学生中心、目标导向、持续质量改进"的教学质量提升循环模式。

2. 课堂教学评价方法

(1) 课堂教学评价改革目标

契合人工智能时代学习要求,按照布鲁姆教育目标分类法,适应翻转课堂和深度学习的需求,构建基于互联网技术和信息手段,满足"学生中心"的智慧教学评价体系,实现如下目标。

一是改变传统重甄别选拔的做法,将评价功能定位于促进学生的学以及教师的教,充分发挥评价的发展性功能。二是评价内容多元化,既重视知识技能的掌握,还要加强探究与创新能力、合作能力、实践能力等方面的评价。三是重视学生在评价过程中的主体地位,改变单一教师评价学生方式,实现评价主体的多元化。四是改变传统测试评价手段,积极探索表现性评价、成长画像等新兴评价方式,提高评价的有效性和可靠性。五是注重结果,更关注发展和变化过程,将终结性评价与形成性评价有机结合起来。

(2) 课堂教学评价体系构建

课堂教学评价可以从诊断性评价、形成性评价和终结性评价三个方面进行。

第一,诊断性评价。由教师通过测试、问卷、行为数据记录、资料分析等智慧技术开展深度学情分析。在知识维度,分析学生是否掌握了学习新知识所需要的前提性知识?学生是否已经通过自学或其他途径掌握了新知识?掌握程度如何?关于要学习的内容,学生有什么疑问?哪些疑问可以成为教学的重点?哪些可以让学生通过自学或同伴合作解决?在经验和兴趣方面,学生有什么既有经验?是否缺乏某些重要的经验?如何补充这种经验的不足?学生是否会对学习的新知识感兴趣?感兴趣和不感兴趣的都有什么?教师如何做才能激发学生兴趣?进一步分析判断学生认知潜力怎样,什么样的教学节奏更合理?

第二,形成性评价。教师在教学实施过程中对学生学习情况进行评级,改善学生学习现状,促进学生发展。引导学生学习,告知学生个人学习方面相对薄弱的环节,使其将精力集中在重要的目标方面;反馈学生学习成效,分析学生达成目标的程度,识别学生表现中的优势与不足,判定学生是否为后续学习奠定了基础;强化鼓励学生学习,给学生提供机会,练习某些技能和巩固学习成果,展示学生所取得的成绩和进步,激发学生成就动机,培养自信心和自我效能感。进一步从学生长远发展角度,为学生提供持续的形成性评价意见,指导学生形成个人发展预期和规划,为后续课程选择和职业生涯规划提供参考。

第三,终结性评价。教师开展课程学习阶段性评价,检验教学目标达成度以及教学方法和学习活动效率评价,持续精进学习活动,进一步提高课堂教学有效性。

三、课堂教学资源建设

(一)课程资源建设

1. 教学资源建设现状

教学资源是指构成教学活动各要素以及实施教学的必要而直接的条件,包括微课、课件、企业生产实际教学案例库、试题库、职业标准、专业人才培养方案等。虽然近年来高职院校正在不断推动教学资源的建设,逐步改变传统的教学模式,但在建设教学资源的过程中仍然存在教学资源缺乏职业特征、教学资源整体质量偏低且缺乏完善的教学资源管理制度等问题。

(1)教学资源缺乏职业特征

教学资源的建设应当紧扣产业的发展,然而很多高职院校现有的课程资源内容与企业生产活动存在脱节,导致教学资源与企业实际需求不匹配,教学与实践分离,课堂教学的效果和应用性大打折扣。其主要是由于课程资源的开发对传统学科知识体系较为依赖,缺少工作过程分析和行动导向职业教育理念,没有将岗位新技术、新工艺、新标准、新设备、新模式等融入课程教学内容,造成教学资源的职业特征不明显,缺乏可操作性,同时导致学生对企业的真实生产活动和案例的学习不足,不利于高技术技能人才的培养。

(2)教学资源整体质量偏低

当前很多高职院校的教学资源还是以传统教材、题库和课件为主,或是直接将传统教学形式下的课件、教案、案例、备课笔记、习题等内容进行简单的数字化处理,没有结合学校现状和专业特色开发教学资源,教学资源形式比较单一,缺乏诸如动画、微课、仿真类教学资源等交互性较强的信息化教学资源,难以有效地调动学生的注意力,激发学生的学习兴趣,无法满足线上线下混合式教学的需要和学生多样化、个性化的学习需求。此外,很多高职院校的教学资源滞后于时代发展,还停留在对知识的复述层面,导致现有的教学资源缺乏共享价值,利用率和适用性较低。

(3) 缺乏完善的教学资源管理制度

当前,高职院校普遍缺乏对教学资源的顶层设计,缺少专门的管理人员对教学资源建设方案和任务进行统筹协调,缺少对教学资源的监督、管理和维护,没有制定统一的教学标准、教学资源建设标准、资源开发与建设管理规范以及教学资源建设评价机制。导致高职院校无法对教学资源建设进行总体把控,无法根据行业与企业的发展动态和不同类型学生的实际需求对教学资源进行更新和补充。此外,学校教学资源开发团队较为薄弱,缺乏企业技术人员和电教技术人员,专任教师的技术开发水平和企业实践能力有限,难以打造出既符合生产实际又满足学生个性化需求的教学资源。

2. 教学资源建设理念

教育部发布的《职业教育专业教学资源库建设工作手册(2019)》中指出,教学资源的建设应当遵循"一体化设计、结构化课程、颗粒化资源"的建构逻辑。教学资源的建设应当以"一体化设计"为前提,以用户需求为导向,结合专业特点统筹资源的建设,完成整体系统的顶层设计;以"结构化课程"为重点,展现教学内容与课程体系改革成果,满足网络学习和线上线下混合教学的需要;以"颗粒化资源"为基础,方便用户检索、学习和组课。因此,高职院校在进行教学资源建设时,应当坚持校企合作进行整体顶层设计,引入真实的案例和信息化手段,打造颗粒化资源。

(1) 校企合作进行整体顶层设计

高职院校应当联合产业内的合作企业,成立教学资源建设团队,明确职责分工,统筹安排和实施教学资源建设方案和任务,制定团队协同管理办法,定期进行交流和沟通,落实问题反馈与整改机制,创新校企"共建、共管、共荣"的协同管理模式和运行机制,实现师资、资源和成果的协同配置与管理。校企双方应按照"技术先进适用、内容持续更新、载体动态稳定、知识呈现形式多样、多方共建共享"的建设原则建设教学资源,实现课程与生产对接。将岗位新技术、新工艺、新标准、新设备、新模式等融入课程教学内容,将企业生产场景、生产过程直接转换为教学资源,将教学名师、技能大师等名师的教学过程完善为教学资源,满足教师的教学需求和学生的学习需求。

(2) 引入真实案例和信息化手段

高职院校在进行教学资源建设时,应当引入企业新设备、新成果和新职业资格标准,在此基础上开发高质量、高适用性的典型案例,通过真实的案例实践进行教学,同时推动优秀科研成果进课堂,将优秀科研成果转化为教学案例和实践项目等教学资源,与教学内容进行有机整合,促进教学内容的改革。此外,高职院校应当依托云平台、移动端等信息化平台打造教学资源,打破教学时空壁垒,重构课堂教学规则,建设混合式教改课程,以典型案例为核心,依托信息化教学资源,实现线上线下混合式教学。

(3) 打造颗粒化资源

高职院校应当依托学校教学资源平台,采用先进信息化技术与手段,开发职业技术标准、课程标准、教学课件与微课、仿真动画、试题库、电子教材和案例库等优质资源,形成学习灵活度高、教学针对性强、知识吸收率高,方便用户检索、学习和组课的教学资源。同时对接企业岗位需求,联合企业共同制定教学标准,明确教学目标和内容,将先进技术、企业用人标准等纳入教学内容,解析核心岗位任务,建设融课程思政、专业能力、方法能力、社会能力为一体的颗粒化教学资源。

3. 教学资源开发范式

高职院校在开发教学资源时,应当坚持课程思政引领,打造标准化、信息化、可评价、对接"1+X"证书并能够动态更新的教学资源。

(1) 思政引领

高职院校在进行教学资源开发时,应当结合专业和课程特点,将价值引领、知识传授与能力培养相结合。坚持"三全育人",把理想信念等思想政治教育核心元素融入教学资源,将思想价值引领贯穿教育教学全过程,培养学生敬业爱国、踏实严谨、勇于拼搏、追求卓越等优秀品质,帮助学生成长为心系社会并有时代担当的现代产业人才。

(2) 标准化

高职院校应当组建教学资源开发团队,制定教学标准、教学资源建设标准、资源开发与建设管理规范等,建立教学资源协同建设协作推广机制、资源库建设与应用绩效评价机制。以促进移动学习、泛在学习、混合学习等学习模式变革为目标,服务学习者的学习体验和教师的教学应用体验需求,制定文本、图片、动画、视频等资源类型的格式和标准。

(3) 信息化

高职院校应当通过移动互联网技术不断完善网络学习平台和信息化教

学资源,借助仿真教学平台把教学活动与职场活动有机联系起来,构建"人人皆学、处处能学、时时可学"的学习模式,突破时空的界限,实现师生线上线下多空间、多维度交互的学习与交流,拓展学生移动学习、远程学习等在线学习方式,满足其多样化、个性化的学习需求。

(4)可评价

高职院校应当完善教学资源建设评价机制,制定教学资源建设质量评价标准、资源应用与评估标准,通过在线评论、问卷调查、平台反馈等形式定期对教学资源建设内容进行评价,评价主体包括学生、教师、企业人员、校内外专家等,评价内容包含教学资源的使用效率、教学资源的使用满意度、教学资源对人才培养的支撑情况等,促进教学资源按需更新、有序完善、高效应用。

(5)对接"1+X"证书

高职院校在建设教学资源时应当融入"1+X"证书制度试点要求,将各岗位群的核心岗位工作能力要求和行业、企业生产技术规范融入课程,展开课程设计与开发,形成"平台共设、专岗专项、课证融合"的专业课程体系。教学资源建设应紧扣专业人才需求,营造真实生产环境,融入职业能力和素养标准,实现课证互嵌共生,以提升学生获得知识和技能的可迁移性,为培养产业紧缺的复合型、创新型人才提供支撑。

(6)动态更新

高职院校应当形成教学资源动态更新机制,定期开展企业和人才市场走访、招聘需求分析、网络资源收集、毕业生动态追踪、企业问卷调查等活动,了解区域产业发展和企业岗位技能要求,对接产业需求,抓住技术发展趋势,更新和优化课程资源,及时吸纳行业内的新技术、新工艺、新规范等先进元素,并据此对各类教学资源和教学内容进行同步调整,实现教学资源建设的不断投入和持续更新。

(二)现代化教材建设

1. 传统教材建设存在的问题

教材作为育人育才的重要依托和展现教学内容的主要载体,需要紧跟产业的发展,而传统的教材无论是在教材内容更新、教材的形式方面,还是在教材数字化配套等方面,都已经落后于时代的要求。

(1)教材内容更新不及时

产业的变革日新月异,传统教材的编写存在一定的周期,难以紧跟产业发展和技术应用进步来动态更新教材的内容,导致传统教材没能体现科学性和前瞻性,无法及时反映新知识、新内容、新技术和新工艺,教材的针对性和实效性大打折扣。此外,传统教材的编写主要由学校内的专任教师来完成,缺乏企业工程技术人员的参与,专任教师无法像企业技术人员一样随时接触到最新的技术、理念和规范,实践能力也跟不上技术的发展,导致教材与实际工作相脱节,教材内缺乏企业的真实案例,未能打破知识本位的束缚,应用性和实践性被大大减弱。

(2) 教材形式单一

传统教材的编写主要还是以方便教师授课为标准、以理论知识为主要内容、以纸质材料为主要形式,没有从职业岗位需求出发,未能从根本上体现以学习者为中心、以学生能力培养为本位的理念。在传统教材中,以文字、图片、流程图为主的单一的教材体例适应的是教师灌输式的教学模式,对于学生而言不够直观、立体感不强,满足不了学生的个性化需求,导致了学生对传统教材的使用率不高。不仅如此,传统教材重视的是本课程理论知识的传授,没有形成特有的内容结构体系,缺乏对前导课程和后置课程的衔接,不利于学生对相关课程的学习。

(3) 教材数字化配套资源不完善

随着信息技术在课程平台建设中的普遍应用,教材的使用平台也呈现出立体化、网络化、移动终端化的特点,教材的表现形式除了纸质教材以外,还包括能够适应线上教学的电子教材、电子课件和微课等,以保证教材能够随信息技术发展和产业升级情况及时动态更新相关内容。然而,传统的纸质教材普遍缺乏数字化配套资源,没有形成完整的微课库、案例库、项目库及在线测试库等数字化资源,其配套产品通常只有单一的课件,难以调动学生主动学习的积极性,无法在课前课后起到辅助学习的作用,不利于学生对知识的掌握,也容易导致教师授课方式固定,限制了教师的创新能力。

2. 现代化教材建设路径

(1) 思政要素融入

现代化教材应当始终坚持以社会主义核心价值观为引领,坚持德育为先、能力为重、知行合一、全面发展的育人目标,全面推进专业课程思政要素融入课程教材中,实现知识传授、价值引领和能力提升的有机统一。融入工匠精神及中国传统文化、行业企业文化等优秀文化,形成育德与育心相结合的课程思政体系,全面推动习近平新时代中国特色社会主义思想进教材、进课堂、进头脑,形成全员、全过程、全方位的育人格局。

（2）新技术融入

现代化教材应当立足于校企共建的课程团队，邀请专业造诣高、教学经验丰富的专家学者和具有丰富实践经验的企业技能大师一起参与到教材编写中来，提高教材质量。高职院校应当依据课程标准，开发以能力培养为本，引入新工艺、新技术、新规范的，适用于理实一体化教学的新型活页式、工作手册式教材。根据专业关键岗位的工作过程，分析典型工作任务和核心职业能力，开发完整的工作手册式教材，把最新的技术和标准融合到教材编写中；对于技术较新或变化较快的教学内容，编写配套的活页式讲义，紧跟行业企业新技术步伐，随时补充最新的技术内容、生动的项目案例和实践内容，保证教学内容与企业前沿技术同步；将专业内的新技术、新模式及新标准融入教材建设过程中，通过VR、AR、互联网、多媒体等技术手段开发立体化教材，为学生创设良好的自主学习氛围，充分利用学生的碎片化时间，突破学习时间和学习地点的局限。

（3）数字化融入

高职院校应推进信息技术与教育教学深度融合的新型教材建设，以专业教学资源库丰富的课程资源为基础，依托移动互联网，开发基于移动终端、具备共享型课程资源的学生自主学习平台。依据"互联网＋"背景下学生的学习习惯，利用现代信息技术开发完整的微课库、案例库、项目库及在线测试库等数字化资源，集合视频、动画、虚拟仿真、音频、图像、文本等多种表现形式，设计交互游戏学习、学习笔记分享、自我评测、练习测试等交互元素，激发学生自主学习的积极性和自觉性，实现教材的人机交互、师生交互、生生交互。高职院校通过数字化教材的建设，将传统教材、课堂、课程学习平台、教学资源库等资源深度融合，以满足线上线下教学资源结合的课堂新模式。

3. 教材建设范式

高职院校应当成立专业教材编写工作小组，根据专业课程特点，制定新形态一体化、活页式和工作手册式教材的编写规范和标准，制定教材审核和动态更新机制，确定各教材编写负责人，组建由校企共同组成的教材开发团队。在教材编写过程中，坚持多方参与理念，并且以学习者为中心，打造目标明确、能够动态更新、具有职业特色、对接"1＋X"证书、资源丰富的高职教材。

（1）多方参与

高职院校应选择具有较高专业水平、丰富实践经验、对职业教育有着深刻理解的专家学者领衔教材的编写工作，并引进合作企业中具有高技术技能的高级工程师或技术人员参与编写工作。

(2) 目标明确

教材应当有明确的具有高等教育水平的技术能力要求和反映这些技术能力内涵的理论知识的目标系统,确立明确的知识目标、能力目标和素质目标,在教材中突出培养技术应用型人才的特点,充分体现对专业技术应用能力的培养。

(3) 动态更新

教材中的内容应随着技术的发展而及时进行动态更新,充分体现本专业的新知识、新技术、新工艺,真正做到与生产实际紧密联系,加强教材的针对性和实效性。

(4) 具有职业特色

教材应当具有职业特色,坚持"学中做、做中学",教材编写者在分析工作任务和职业岗位能力的基础上,根据岗位需求选择教材内容、设计教学项目,做到流程化、任务化、模块化,强化学生的职业技能训练,实现由"学会"到"会学"的升华,探索使用新型活页式、工作手册式教材并配套信息化资源。

(5) 对接"1+X"证书

高职院校要求毕业生不仅要取得学历证书,还应当取得相应的专业技术技能等级证书。因此,教材要结合"1+X"证书制度改革,打造与"1+X"证书衔接的教材,编号能力本位、实践导向、"1+X"融合的教材,培养出产业急需、技艺高超的高素质复合型技术技能人才。

(6) 资源丰富

教材的编写者应当充分利用现代化手段,形成完整的微课库、案例库、项目库及在线测试库等丰富的数字化配套资源,使教材与教学资源库、虚拟仿真平台、网络云教材同步呈现,实现网络云端数据访问,教学素材实时更新,满足学生的学习需求。

(7) 以学习者为中心

为了顺应学生学习时间碎片化的需要,教材的编写者应将教材内容以知识点为单元进行粉碎,实现教材内容的"颗粒化",对专业课程教材内容进行"颗粒化"改造,为学生创设良好的自主学习氛围,打破时间和空间的限制。此外,教材编写者应在教材中加入视频、动画、虚拟仿真等多种表现形式,嵌入互动游戏等交互元素,以激发学生自主学习的积极性和自觉性,真正实现以学习者为中心。

第七章

集成电路产业学院实施方案研究

第一节　集成电路产业人才培养现状

一、集成电路产业人才培养面临的挑战

（一）集成电路产业发展状况

集成电路是世界各主要国家高科技的战略高地，我国目前正处于由"制造大国"向"智造强国"迈进的阶段，发展完善的高端制造产业链是我国完成产业升级的必由之路，集成电路产业的技术突破是实现我国产业升级的关键之举，发展集成电路产业的重要性不言而喻。2021 年，我国集成电路产业销售额为 10 458.3 亿元，首次突破万亿元，同比增长 18.2%。集成电路产品的进出口也保持较高增速，据统计，2021 年中国进口集成电路 6 354.8 亿块，同比增长 16.9%，进口金额 4 325.5 亿美元，同比增长 23.6%，强劲的市场需求为集成电路产业提供了历史性的产业发展机遇和空间。

在整个集成电路产业飞速发展的同时，高质量的产业人才短缺依旧是集成电路产业需要突破的瓶颈。由中国电子信息产业发展研究院联合中国半导体行业协会、示范性微电子学院产学融合发展联盟等单位编制的《中国集成电路产业人才发展报告（2020—2021 年版）》（原《中国集成电路产业人才白皮书》）中的数据显示，我国集成电路产业正处于布局和发展期，行业薪酬不断提升，进入本行业的从业人员增多。2020 年我国直接从事集成电路产业的人员约 54.1 万人，同比增长 5.7%。从产业链各环节来看，设计业、制造业和封装测试业的从业人员规模分别为 19.96 万人、18.12 万人和 16.02 万人。预计到 2023 年前后全行业人才需求将达到 76.65 万人左右。2020 年，我国集成电路相关毕业生规模在 21 万左右，其中有 13.77% 的集成电路相关专业毕业生选择进入本行业从业。据报告分析，当前，我国集成电路产业发展仍处于攻坚期，要突破核心技术瓶颈，增强核心竞争力，迫切需要大批领军人才、专业技术人才、经营管理人才的支撑。目前，职业院校在集成电路产业的人才链和创新链上长期处于缺位状态，无法支撑国内制造业向产业链高端转型的需求。"政行企校"多主体合作，建设集成电路产业学院，有重点、有方向地培养集成电路产

业人才,加快集成电路产业人才的培养脚步,解决集成电路产业发展人才紧缺难题,以尽快满足国家集成电路产业发展对高素质人才的迫切需求。

(二)集成电路产业人才培养的政策依据

集成电路产业是国民经济和社会发展的战略性、基础性和先导性产业,是培育发展战略性新兴产业、推动信息化和工业化深度融合的核心与基础,是调整经济发展方式、调整产业结构、保障国家信息安全的重要支撑。在当前国际形势下,集成电路产业发展已上升为国家战略,为此国家颁发了《国务院关于印发鼓励软件产业和集成电路产业发展若干政策的通知》(国发〔2000〕18号)等系列文件,决心补齐短板、自立自强,集成电路产业迎来重大发展机遇。教育部办公厅、工业和信息化部办公厅联合发布的《现代产业学院建设指南(试行)》(教高厅函〔2020〕16号)要求,引导高校瞄准与地方经济社会发展的结合点,不断优化专业结构、增强办学活力,探索产业链、创新链、教育链有效衔接机制,建立新型信息、人才、技术与物质资源共享机制,完善产教融合协同育人机制,创新企业兼职教师评聘机制,构建高等教育与产业集群联动发展机制,打造一批融人才培养、科学研究、技术创新、企业服务、学生创业等功能于一体的示范性人才培养实体,为应用型高校建设提供可复制、可推广的新模式。《教育部 江苏省人民政府关于整体推进苏锡常都市圈职业教育改革创新 打造高质量发展样板的实施意见》(苏政发〔2020〕75号)强调,要依托高新技术企业和人才集聚优势,围绕装备制造、集成电路、高端纺织服装等"高端产业""产业高端",联合区域内应用型本科高校、职业学校和高端产业龙头企业,共建共享联合产业学院和优质实训基地。《省教育厅关于推动江苏高水平大学建设高校服务集成电路产业高质量发展的意见》(苏教研〔2020〕6号)要求,引导和推动高校聚焦集成电路发展中的瓶颈问题和关键难题,提高人才培养质量,加强科技创新与成果转化,为江苏打造自主可控的集成电路产业体系,建设国际先进、国内领先的集成电路产业高地提供有力支撑。《中共无锡市委 无锡市人民政府关于印发〈无锡市推进苏锡常都市圈职业教育改革创新打造高质量发展样板实施方案〉的通知》(锡委发〔2021〕51号)明确指出,鼓励职业学校和企业在二级学院、专业建设等方面依法合规试点开展股份制、混合所有制改革。

(三)集成电路产业人才培养面临的挑战

集成电路作为新成立的专业,在人才培养工作中面临一系列新的情况和挑战。2020年12月30日,"集成电路科学与工程"正式成为一级学科,设于我国新设的第14个学科门类——"交叉学科"之下。该一级学科的设立就是要构建支撑集成电路产业高速发展的创新人才培养体系,从数量和质量上培养满足产业发展急需的创新型人才和领军人才,为从根本上解决制约我国集成电路产业发展的关键技术问题提供强有力的人才支撑。然而,在人才培养方面,集成电路专业还存在师生对集成电路的认知度不够、专业跨度大、毕业生就业困难、人才培养师资和实训条件不足等问题。

1. 师生对集成电路的认知度不够

尽管集成电路成为当前的热点,但是学生甚至部分教师对于集成电路的认知都还不够全面和准确,普遍对集成电路专业涉及的课程体系所知甚少。如何让师生全面和准确认知集成电路专业并产生兴趣,是集成电路专业育人工作的核心与重点之一。

2. 专业跨度大

集成电路作为一门交叉学科,具有跨度大、交叉融合性强等特点。不同专业方向差异大,专业课程多,并与其他专业存在大量交叉。这种交叉学科的特性导致人才培养方案制定困难。对学生而言,学习强度大、难度高,极易出现难以适应的情况。因此,在人才培养中需要格外重视这一难点,全方面、全过程地关注学生的学习状态,注重班风学风建设,营造良好的学习氛围。让学生能够克服集成电路专业课程学习的难点,深入学习课程知识,掌握相关技能,构建集成电路专业知识体系。

3. 毕业生就业困难

集成电路专业就业要求高、就业待遇相对较低,尤其是集成电路专业的制造方向不如其他专业方向那样受到欢迎。造成这一现象的原因主要是相比于集成电路设计行业,集成电路制造行业的利润率偏低、资金投入大、回报周期长;集成电路制造行业要求从业人员具有一定程度的数学、物理、化学等基础知识和较强的动手实操能力,成长周期长。

4. 人才培养师资和实训条件不足

人才培养师资和实训条件不足,产教融合有待增强。师资队伍、评价体系和实训基地条件等在一定程度上决定了人才培养的质量。从师资队伍来看,目前,我国高校掌握国际前沿理论和技术、具备实战能力的师资较为缺乏,而校企推动"双导师制"过程中,企业导师也可能因工作强度较大、需要时刻跟进机台及工艺进程等原因,在学生培养中发挥的作用有限。不少学校"唯论文"等考核导向也使得人才培养存在产教脱节问题。同时,由于集成电路行业人才流动性大，培训效果难以立竿见影，所以企业对培训的重视及投入不够，知识沉淀和传承受限。从实训基地来看，我国院校培养人才的实训环境缺乏并且培训讲师资源稀缺，由于集成电路产业所涉及的工具和实践设备昂贵，院校相关软硬件设备较为落后且数量不足，而企业能够提供用于教学的资源较少，学生实操机会有限，特别是很多学生在校期间根本就没有经历过集成电路流片等实际操作，很难满足企业对集成电路人才发展的实际要求。

二、集成电路产业人才需求结构分析

集成电路产业涉及设计、制造和测试封装等方向，不同方向的企业对产业人才的需求也各不相同。

（一）集成电路设计方向

集成电路设计方向可以按照处理信号的不同分为数字集成电路设计和模拟集成电路设计两大方向，按照设计流程的不同分为前端逻辑设计和后端物理设计。前端设计中包含架构的设计验证、Verilog HDL 语言编码、仿真验证、逻辑综合、静态时序分析和形式验证等流程。后端设计包括可测试性设计、布局规划、自动放置标准单元、时钟树综合、STA（静态时序分析）和后仿真、布线、寄生参数提取、版图物理验证等。主要使用到的软件有 Mentor 公司的 Modelsim，Synopsys 公司的 VCS、Prime Time、Formality、Design Compiler、Astro，Cadence 公司的 NC-Verilog、Verilog-XL 等。

（二）集成电路制造方向

集成电路制造方向按工艺过程的不同可分为前端工艺线和后端工艺线，前端工艺线主要是在晶圆内及其表面制造出有源器件和无源器件，后端工艺线则需要在芯片上用金属系统来连接各个器件和不同的层。涉及 Silvaco TCAD、光学邻近校正、量率管理、掩膜数据处理等软件工具。

（三）集成电路测试封装方向

封装是集成电路产业链必不可少的环节，位于整个产业链的下游。在整个集成电路产业链中，封装是指通过测试的晶圆进行划片、装片、键合、塑封、电镀、切筋成型等一系列加工工序而得到的具有一定功能的集成电路产品的过程。封装就是给芯片穿上"防护服",以保护芯片免受物理、化学等环境因素造成的损伤,增强芯片的散热性能,标准规格化以及便于将芯片的I/O端口连接到部件级(系统级)的印刷电路板(PCB)、玻璃基板等,以实现电气连接,确保电路正常工作。封装技术的好坏直接影响到芯片自身性能的发挥和与之连接的PCB的设计与制造。测试是利用机械手和测试机组成的测试系统对已经完成封装的集成电路芯片进行测试,以验证封装过程的正确性并保证每颗芯片能够达到设计要求的指标。集成电路测试封装方向涉及的软件包括Cadence、Mentor、EPD、Zuken、PADS等。

三、集成电路产业学院建设的意义

现代产业学院指的是面向行业特色鲜明、与产业联系紧密的高校,以区域产业发展急需为牵引,探索产业链、创新链、教育链有效衔接机制,建立新型信息、人才、技术与物质资源共享机制,完善产教融合协同育人机制,创新企业兼职教师评聘机制,构建高等教育与产业集群联动发展机制,形成融人才培养、科学研究、技术创新、企业服务、学生创业等功能于一体的人才培养实体。集成电路产业学院的建设,对服务集成电路产业转型升级有着重要的意义。

(一)集成电路产业学院能够服务产业转型升级

随着科技的不断发展,集成电路产业技术升级和产品迭代的速度明显加快,高职院校作为人力资源的输送者,需要培养出能够承接新技术、新产业和新业态发展需求的高技术技能人才,同时开发符合产业转型升级需求的优质教育资源。集成电路产业学院的建立能够使产教融合、校企合作的边界逐渐模糊,有助于学校和企业整合校企跨界资源、协同培养人才、打造校企命运共同体,帮助政府部门、行业协会、企业等主体全方位、深层次地参与到集成电路产业人才培养的各个环节,推进"教育链-产业链-创新链"分工协同,服务集成电路产业转型升级。

(二)集成电路产业学院能够推动人才培养模式改革

高职院校的目标是不断完善并实践集成电路产业人才培养新模式,实现教育和产业的协同发展,培养满足产业需求的复合型、创新型高技术技能人才。集成电路产业学院的建立打破了学校人才培养和企业用人需求脱节的现象,能够帮助学校融通各方资源,对接企业需求和技术升级,优化专业设置和课程体系,借助企业力量完善教学团队,打造产学研合作平台和校内外实训基地,以学生为中心探索个性化教学模式,将集成电路产业人才培养与集成电路产业发展紧密衔接,形成长效、可持续、可推广的新型集成电路产业人才培养模式。

（三）集成电路产业学院能够创新学校发展模式

当前,以信息技术和人工智能为代表的新一轮科技革命对学校的发展起着重要的影响,传统的发展模式已经难以适应新时代经济发展和社会变化的要求,学校的建设应当围绕行业企业的用人标准,抓住经济社会发展对人才的根本性需求。集成电路产业学院作为一种新型办学模式,为高职院校的发展开辟了新的道路,打破了传统以学校为单一主体的模式,融合政府、行业和企业等多个主体协同培育高技术技能集成电路人才,在此基础上创新组织决策机制、资源整合机制、产业技术引导机制和利益共担共享机制,明晰多主体"责、权、利"边界,打通跨组织、跨院校、跨学科专业的边界约束,推进多主体知识资源、技术资源、人力资源、设施资源等深度融合和体系重构。

第二节　集成电路产业学院运营模式及组织架构

集成电路是我国大力发展的核心战略产业,人才缺口巨大,针对这一需求,国内高校纷纷开设了集成电路产业学院。集成电路产业学院通过构建政府、企业、行业、学校、科研院所等多方协同参与的组织管理创新模式,面向集成电路产业创新发展需求,以岗位适应能力和技术创新能力为目标培育高技术技能人才,推动政产学研进一步融合,打造高层次集成电路人才培养基地。

一、集成电路产业学院运营模式

集成电路产业学院由政府指导,行业协会与产教联盟平台协同,集成电路产业领军企业和学校共同主导,聚焦集成电路先进封装测试技术、高端设备制造及产业化领域,实施产学研用一体化的运行模式。

（一）平台建设一体化

产业学院建设采用"总部＋基地"模式，产业学院"总部"建在学校，由学校、合作高校和牵头企业共建共管。其职责是创新集聚集成电路产业技术、高层次人才等优质资源，制定平台赋能体系和激励管控体系，打造服务产业发展的产教融合平台，为集成电路产业人才培养、技术创新增值赋能。产业学院"基地"企业以合伙方式接入，其职责是承担"总部"协同的实践教学、技能训练、顶岗实习等教学任务，也包括延伸"总部"科研、技术服务与培训功能。

（二）人才培养一体化

产业学院紧扣集成电路产业"高精尖缺"创新型人才培养需求，深入实施现代学徒制和学分制改革，校企双方共同确定专业标准、共同制定人才培养方案、共同进行课程开发、共同开展实践教学，做到生产与学习有机结合，将企业生产岗位转化为适合的"学习性岗位"，将企业项目转化为适用的"学习性项目"，将企业生产任务转化为适切的"学习性任务"，实现"招生招工、上课上岗、毕业就业"的集成电路产业人才一体化培养。

（三）管理一体化

产业学院实行理事会领导下的院长负责制，企业和学校不参与产业学院的日常管理。产业学院作为一个独立运行的实体，按照现代企业制度的要求统一制定学院的绩效考核方案、管理规范和实施细则，以 PDCA 质量管理改进模型作为基本管理骨架，形成能够有效运行的单一集约化的管理体系。

二、集成电路产业学院组织架构

（一）集成电路产业学院的组织框架

集成电路产业学院的组织结构建设的好坏将直接影响产业学院运行的效率和人才培养的质量，构建集成电路产业学院组织结构的目的在于为组织活动的开展界定关键区域的权与责，并建立适当的沟通渠道。良好的组织应当具备清晰的组织架构、流畅的意见沟通渠道和有效的协调合作体系。集成电路产业学院由理事会和工作专班构成，成立了由政府、高校、企业、科研院所、行业协会代表组成的理事会,实行理事会领导下的院长负责制,院长负责紧密对接产业链的技术技能人才培养体系构建和特色专业群建设、紧密对接岗位群的实习实训培训基地和产业链的产学研平台建设、紧密对接产业链的高水平教师队伍建设、紧密对接产业链的技术服务项目等四大重点项目,以完成集成电路产业学院的各项任务。工作专班由专家指导委员会和管理办公室构成,工作专班不设行政级别。

(二)集成电路产业学院的责任划分

理事会作为多方参与的决策管理机构,负责对有关人才培养、科学研究、技术创新、企业服务、平台建设、资源共享等重大问题进行审议、决策、检查、指导、咨询、监督和协调。专家指导委员会负责对集成电路行业、产业最新技术发展趋势提供咨询,同时对人才培养最新要求等相关政策提供咨询和指导。管理办公室具体负责协调学校层面的资源、相关二级学院之间协作等,并负责产业学院的日常管理和督查。

由专家指导委员会和管理办公室构成的工作专班分为人才培养体系建设工作组、产教融合基地建设工作组、高水平师资建设工作组、科研和技术服务工作组四个工作组,其具体职责如下。

1. 人才培养体系建设工作组

负责紧密对接岗位群的特色专业群建设、负责紧密对接产业链的技术技能人才培养体系建设。以集成电路产业需求为导向,依据岗位标准、核心技术、职业素养,创新重构面向集成电路相关专业的"素质引领、实践贯通、专创融合"课程体系,完善专业群内各专业人才培养的职业面向、培养目标、培养规格,制定实验实训条件、师资、教学资源等保障条件标准。

2. 产教融合基地建设工作组

负责紧密对接岗位群的实习实训培训平台建设、负责紧密对接产业链的产学研服务平台建设。在现有平台基础上,通过扩充新建、补充完善等,形成完整的集成电路产业学院产教融合基地;另外负责统筹合作企业和高校现有的封测培训平台、微纳平台等实践教学资源。为产业提供人才培养、培训及其他技术服务等,重点开展周边学校毕业生转变为企业员工过程中所需要的各种技能培训,提升服务产业的能力。

3. 高水平师资建设工作组

负责紧密对接产业链的高水平教师队伍建设。探索校企人才双向流动机制,设置灵活的人事制度,建立选聘行业协会、企业业务骨干、优秀技术和管理人才到高校任教的有效路径。积极遴选集成电路产业教授,完善产业兼职教师引进、认证与使用机制。加大校内教师培养力度,有计划地选送专任教师到产业学院所服务的行业企业接受培训、挂职工作和实践锻炼。打造校企混编师资团队。积极申报和建设省级高水平教学和科研团队,建立大师、名师工作室,培育国家级教学团队。

4. 科研和技术服务工作组

以产教融合基地科研和技术创新服务平台为依托,与共建单位一起开展科学研究和技术服务,为产业提供设计、测试、应用等方面的服务,提升产业学院整体科研水平和服务产业能力。

三、集成电路产业学院建设内容与考核评价

(一)集成电路产业学院的建设内容

1. 共建管理制度、运行机制及平台

集成电路产业学院建设的总体原则是紧密围绕区域产业发展战略,以学制衔接、课程衔接、教育链与产业链衔接为主线,完善现代职教体系,进行中职、专科、本科一体化培养,多元化联合办学,校企协同育人,构建院校与企业之间事业发展共同体,实现龙头企业与骨干院校协同发展、支柱产业与品牌专业共生共长;在此基础上确立集成电路产业学院建设宗旨,即依据"育人为本、产业为要、产教融合、创新发展"的原则,围绕区域集成电路产业技术创新需求,联合区域内龙头企业及与集成电路产业联系紧密的本科高校和职业院校,优化专业结构,强化办学活力,共同建设融人才培养、科学研究、技术创新、企业服务等功能于一体的集成电路产业学院,不断强化体制改革和国际化建设,尽力打造一所混合所有制、市场化运作的高水准集成电路产业学院,努力培养德技并修、知行合一的高素质、高质量的应用型技术技能人才。

2. 师资共培

通过加大校内教师转型力度,有计划地选送专任教师到集成电路产业学院所服务的行业企业接受培训、挂职工作和实践锻炼;在企业高层次人才和具有丰富工程实践能力的专家带动下,推动专任教师到企业培训、与企业共同开发项目等;完善产业兼职教师引进、认证与使用校企人才双向流动机制,形成校企导师联合授课、联合指导的高水平教学和科研团队。

3. 共同开发教学资源

按照集成电路产业学院建设要求,引导行业、企业深度参与课程体系完善和重构,推动课程内容与行业标准、生产流程等产业需求科学对接;引导学校把企业真实项目、产品设计作为课堂教学、学生毕业设计、课程设计的选题来源等;第三行业协会、学校和企业协同开发高质量教材和案例库,把产业发展的最前沿和最鲜活的实践成果纳入教材。

4. 实训基地共建

依据集成电路及相关专业特点,一方面,通过共建集成电路产业学院,使用合作企业的真实生产线等环境开展沉浸式实景、实操、实地教学,着力提升学生的实践动手能力,有效提高学生对产业的认知程度和解决复杂问题的能力;另一方面,校企共建校内实训基地,合作建设集成电路测试实训平台、集成电路设计实训室、集成电路制造 3D 虚拟车间等。

5. 共育人才

按照集成电路产业学院建设目标,通过建设紧密对接产业链的特色专业群,探索应用型人才特色培养的新路径,每年为集成电路产业培养一定数量的专科学生、本科生及研究生,为区域集成电路产业提供高质量的人才支撑,为区域经济高质量发展扩展新空间、增添新活力、培育新动能。

6. 产学研合作

通过集成电路产业学院建设,加快融入地方经济社会发展,打造服务地方产学研合作平台,深化拓展与区域龙头企业的战略合作,创新校地、校企合作模式和对接落实机制,建设服务地方特色产业的行业共性技术研发中心(联合实验室),开展技术攻关、产品研发、成果转化、项目孵化等工作,促进科技成果转化和产业化。

7. 文化共融

校企建立学校文化和企业文化融合、沟通机制,共同弘扬工匠精神,做到产业文化进教育、企业文化进校园、职业文化进课堂,企业在双区联合开展活动。

(二)集成电路产业学院的考核评价

集成电路产业学院的考核评价采用年度绩效评价,年度评价从共建组织管理机构、共同开发教学资源、共培共组师资团队、共育高水平人才、共建实验实训基地、产学研培合作、文化共融等方面全面展开。通过产业学院所在教学单位自评,行业、合作企业和学校等多方专家评价,形成产业学院年度评价分数。

考核评价的主要内容包括：产业学院理事会等管理机构健全情况、产业学院管理制度健全情况以及体制机制上的创新与突破；共同开发课程和共编教材数量、共担实践课程教学情况以及共同开展教学考核情况；师资共培共组情况、名师领衔的师资团队建设情况以及建设成效；人才培养方案或岗位标准与产业需求吻合度、共育学生数量和质量、就业率以及用人单位对毕业生综合评价满意率等情况；校内外实验实训基地管理制度健全情况，校企共投实验实训设施、设备情况，开展实训和培训情况以及实验实训资源利用率；产学研合作平台建设情况、合作培训等社会服务情况以及取得的成果；校企文化融合的沟通机制，在产业文化进教育、企业文化进校园、职业文化进课堂等方面联合开展活动的情况等。

第三节　集成电路产业学院人才培养体系建设及其支撑条件

一、集成电路产业学院人才培养体系建设方案

集成电路产业学院旨在面向集成电路设计、生产制造、封装测试、周边支撑等集成电路产业链关键领域，围绕集成电路版图设计工程师、集成电路应用工程师、集成电路工艺技术员、集成电路封装测试技术员、物联网应用开发工程师、集成电路设备安装与维护工程师等高技术技能人才培养，依托无锡集成电路产业学院，联合"政行企校"深度协同建设一批"集成电路产教融合实训基地"；校企共同开发一批融入"新技术、新工艺、新规范"的模块化课程；校企产教深度融合开展项目化、情境化教学模式改革，逐步形成符合我国现代产业体系建设需要、国内领先的集成电路产业人才培养新模式。

（一）集成电路产业人才培养目标与规格

1. 集成电路产业人才培养目标

集成电路产业作为目前国家大力发展的产业之一，产业人才需要具备坚定的理想信念，坚持德、智、体、美、劳全面发展。集成电路产业学院在人

才培养的过程中应当着重培育学生的职业技能和职业素养,使学生具备一定的科学文化水平,良好的人文素养、职业道德和创新意识,精益求精的工匠精神,较强的就业能力和可持续发展能力。掌握集成电路产业的专业知识和技术技能,并在此基础上培养学生的操作和实践能力,使其能够亲身参与有关集成电路的工程,适应集成电路的现代化建设,促进学生综合、全面发展。

2. 集成电路产业人才培养规格

集成电路产业人才应当在素质、知识和能力方面达到以下要求。

（1）素质目标

首先,集成电路产业人才应当具备良好的思想政治素质,热爱祖国,能够准确理解和把握社会主义核心价值观的深刻内涵和实践要求,具有正确的世界观、人生观、价值观,具有社会责任感和社会参与意识;其次,集成电路产业人才应当具备一定的人文素质,明确学习目的,端正学习态度,养成良好的学习习惯,具有感受美、表现美、鉴赏美、创造美的能力,具有一定的审美和人文素养,同时了解产业发展趋势,增强专业认同感;再次,产业人才应当具备良好的职业道德和职业素养,崇德向善、诚实守信、爱岗敬业,具有精益求精的工匠精神,尊重劳动、热爱劳动,具有较强的实践能力,具有质量意识、绿色环保意识、安全意识,了解职业生产规范,具备信息素养、创新精神,勇于开拓创新,具有较强的集体意识和团队合作精神,能够进行有效的人际沟通和协作,与社会、自然和谐共处;最后,集成电路产业人才要能够打破常规、突破传统,具有敏锐的洞察力、直觉力、丰富的想象力、预测力等,能够在电路的应用开发等方面实现创新性的设计。

（2）知识目标

集成电路产业人才应当掌握一定的基础知识,如数学、英语;掌握一定的政治理论知识、人文法律知识、计算机信息技术知识;掌握电路、电子技术基础知识;掌握晶体管、集成电路的基本概念和基本理论、相关的设计技术;掌握集成电路芯片版图设计的相关基本知识;掌握半导体芯片应用开发的流程,具备必需的生产管理知识;掌握微电子技术专业英语;熟悉本专业技术发展的新知识、新材料、新工艺与新装备。

（3）能力目标

集成电路产业人才应当具备较强的微电子前道、后道制造工艺的操作能力,具备较强的分析与解决生产中所碰到的实际工艺问题的能力;具备较强的工艺参数检测以及器件、集成电路芯片参数的测试能力;具备一定的生产管理能力;具备维护与检测并确保半导体专用设备正常运行的能力;具备较强的版图绘图能力;具备集成电路开发和应用方面的创新创业能力。此外,还需要具备良好的非专业能力,包括与人顺利沟通交流的能力,查找和阅读文献资料的能力,良好的团队协作能力,较好的语言和文字表达能力,阅读本专业技术资料和进行简单口头英文交流的能力,较强的计算机操作与应用能力以及使用办公自动化软件的能力。

(二)集成电路产业人才培养体系的建设思路

1. 聚焦产业

集成电路产业人才培养聚焦集成电路产业链岗位群,重点面向集成电路设计、生产制造、封装测试、装备维护等岗位群进行人才培养。

2. 阶段发展

集成电路产业学院分阶段推进高职本科建设,重点围绕集成电路产业方向,规划高职本科建设和申报,以促进学校高质量高职本科特色的尽快形成。

3. 融合升级

集成电路产业学院规划人才培养方案,根据专业面向的目标岗位群,综合考虑纳入原有资源优势,通过优化完善原有课程教学模块内容,增设集成电路方向课程等方式,实现专业课程体系的提档升级。

4. 实践主导

集成电路产业学院人才培养体系坚持以强化学生职业胜任力和持续发展能力为目标,以提高学生实践和创新能力为重点,突出"引企入教",强化任务式、项目式、企业实操教学培养模式综合改革。

(三)集成电路产业人才培养体系的建设内容

1. 培养定位及专业群构建

以微电子学院集成电路技术应用、微电子技术等集成电路相关专业为主体,纳入物联网应用技术、软件技术、模具设计与制造、电气自动化技术等专业,围绕集成电路产业链的设计、生产制造、周边支撑等环节进行人才培养目标定位,面向集成电路产业岗位群来构建专业群。

2. 人才培养规模

在专科层面上,集成电路产业学院首批专科计划人才培养规模为600人。计划三年内,进一步扩大产业学院专科培养规模,达成每年培养800~1000名专科学生的培养规模。在本科层面上,计划依托集成电路产业学院,分阶段开设集成电路工程技术、电子信息工程技术、物联网工程技术、智能制造工程技术、软件工程技术、电气工程及自动化高职本科专业。其中集成电路工程技术、物联网工程技术、智能制造工程技术作为首批招生专业,总招生人数为 100～120 人。计划 3 年内 6 个专业全部招生,每个专业 1～2 个班,达成每年培养 300～500 名本科学生的建设任务。

3. 课程体系构建

专科层面课程体系建设,依据集成电路产业目标岗位工作能力要求,在既有的专业课程体系基础上进行融合升级,重点增加校企共同建设的集成电路模具制作实训、集成电路工艺实训、集成电路制造装备调试与维护、集成电路综合实训等实践技能训练课程;增设面向非集成电路专业的集成电路基础、集成电路制造工艺等行业应知应会课程建设开发,创新重构形成"素质引领、实践贯通、专创融合"的课程体系。

本科层面课程体系建设,在既有现代职教体系贯通人才培养项目实践的基础上,围绕培养具有较强技术理论基础、较高技术应用能力、较宽知识面和较高综合素质的高层次技术技能人才目标,加强"大学物理""线性代数""概率论与数理统计"等公共基础课程建设,拓展建设"模拟电子技术""数字电子技术""离散数学""数据结构"等专业基础课程,加大"微电子技术""集成电路工艺""集成电路装备运行与维护"等模块化课程开发。

研究生层面课程体系建设,基于输出高水平研究成果、培养集成电路产业创新型人才的目标,加大了对"电子封装可靠性及优化""数字通信系统与应用""射频集成电路设计""系统芯片设计""嵌入式操作系统""微纳材料表征技术"等专业必修课程的设置。

4. 人才培养模式

依托集成电路产业学院平台,充分激发产业学院内一流企业的主体作用,以校企协同开展的产学研项目为基本搭载单元,组建创新班、英才班,开展卓越人才计划,构建校企混编师资队伍,面向集成电路产业创新实施专科"2.5+0.5"学制、高职本科学制的"职业情境、实践主导、融合创新"人才培养模式改革。

(四)集成电路产业人才培养体系的管理运行机制

1. 人才培养体系建设工作组组织架构

人才培养体系建设工作由集成电路产业学院建设工作专班下设的人才培养体系建设工作组负责推进,事业部采用矩阵结构,由产业学院执行院长统筹，各教学单位具体实施推进。其中专业（高职本科）招生、专业群建设、课程建设、学生培养管理，由相关职能部门协同支持教学单位开展人才培养模式改革。

2. 人才培养专报制度

按照集成电路产业学院专报工作要求，由教务部门牵头，组织产业学院教学实施单位围绕专业建设、课程开发、教学模式改革等方面的工作开展情况及完成绩效情况，定期出具产业学院人才培养工作专报，加强工作经验总结，扩大辐射引领作用，推动学校人才培养高质量发展。

3. 人才培养考核评价制度

集成电路产业人才培养的考核评价采用年度绩效评价，年度评价从共组组织管理机构、共同开发教学资源、共培共组师资团队、共育高水平人才、共建实验实训基地、产学研培合作、文化共融等方面全面进行。通过产业学院所在教学单位自评，行业、合作企业和学校等多方专家评价，形成产业学院年度评价分数。

二、集成电路产业学院人才培养支撑条件

（一）产教融合基地建设

集成电路产业学院根据集成电路产业学院定位和建设任务，校企共同建设用于人才培养和开展技术服务所需要的产教融合基地，并积极利用校外实训条件，基于产教融合基地，校内外联动，培养工程研究和管理的高层次人才。

1. 主要面向人才培养的实训基地建设

（1）虚实结合的集成电路晶圆制造实训基地。一方面，学院与企业合作，由其提供晶圆制造相关设备，补充到目前央财支持建设的微电子综合实训基地中，提升目前晶圆制造实训平台的技术水平；另一方面，结合江苏省职业教育虚拟仿真实训基地建设任务，建设集成电路晶圆制造虚拟仿真实训基地，对现有的3D虚拟车间进行升级，构建晶圆制造VR专用实训室等。基地主要用于人才的培养，还可以为行业提供技术培训服务。

（2）虚实结合的集成电路封装实训基地。考虑到集成电路封装产线面临安全、环保等因素，并且高职微电子及相关专业毕业生在封装产业链上能够胜任的岗位不多，因此不做封装产线，主要建设实训平台。以现有的COB封装实体实训条件为基础，增加封装生产流程中的相关设备，以企业

捐赠为主,适当采购一些设备;另外建设封装虚拟仿真实训中心,从而形成虚实结合的封装实训平台。平台主要用于人才的培养,还可以为行业提供技术培训服务。

2. 兼具人才培养和技术服务的基地建设

搭建若干基地和开发中心,为提升企业创新能力建设和提质增效提供服务;校企共同构建协同创新网络,开展技术创新和成果转化。

(1) 集成电路设计中心。打造和企业实际场景保持一致的集成电路设计中心,包括集成电路设计标准化硬件设施、集成电路设计软件和远程共享平台。基于设计平台开展学生培养,同时为企业提供芯片设计技术服务。

(2) 集成电路测试基地。晶圆测试基地在进行测试人才培养的同时还为产业提供测试服务。新建成品测试开发中心,拟校企共建,主要依托相关企业在校内新建该中心,测试机、分选机等设备主要由企业提供;同时学校也适当在数字测试机方面进行投入。开发中心主要为产业提供集成电路开发阶段的工程化方案开发,包括测试软件、承载板设计制作等;同时培养成品测试人才。

(3) 集成电路应用中心。校企共建 MCU 应用方案开发中心,与相关企业合作,主要面向应用电子、智能产品开发专业学生开展人才培养,同时为产业提供应用方案开发服务。校企共同投入,增加一条高端 SMT 生产线,并配套办公场所和物料仓库等。SMT 平台除了为电子信息工程技术等三个专业开展人才培养外,还为产业提供技术服务。建设射频芯片设计、应用及相关设备研制等在内的开发中心,与相关企业合作,校企共同建设;通过搭建高尖端项目服务平台,拥有关键核心技术,能承接百万以上项目;同时通过团队建设,开展行业企业技术标准制定。

3. 以晶圆制造、封装和装备为主的实训基地

晶圆制造部分、封装部分主要与相关企业合作;装备部分主要考虑与行业领军晶圆制造和封测企业合作,以其生产性基地作为高校人才培养的校企实训平台,同时也可以考虑与区域相关集成电路装备公司合作。

4. 校外研发部

在目前学校已有条件的基础上,与相关单位合作设立研发部,更加贴近产业,在完成产品开发、技术服务的基础上,为产业培训应用型人才。

(二) 高水平师资队伍建设

集成电路产业学院坚持改革创新、先行先试,紧密契合长三角、苏锡常一

体化发展合作的需求,把提高教师政治思想品质作为师资队伍建设工作的根本任务,以高层次人才引培为抓手,重点突出高层次领军人才、教学名师、技能大师、能工巧匠的引进和培养,注重对教师的"双师"素质的提升和国际化视野的拓展,努力建设一支充满活力,高素质、专业化、创新型的教师队伍。

1. 实施高层次人才引育计划

制订学院人才中长期发展规划,完善人才服务体系。结合学校信息特色,重点围绕微电子技术专业群、物联网应用技术专业群两个高水平专业群建设需要,突出"高精尖缺"导向,面向国内外(主要是长三角地区)企业与科研院所引进微电子、集成电路、物联网以及新一代信息技术产业专业领军人才、具有博士学历的青年拔尖人才和具有高级职称的行业企业技术技能大师,推进高层次高技能人才"一人一策"目标管理。积极开展校内高层次师资人才的选拔和推荐工作。

2. 实施大师名匠高端引智工程

坚持"不求所有,但求所用"的理念,拓展行业企业兼职教师来源,根据产业学院专业建设的需要,融聚行业、企事业优秀人才。建立柔性引进高层次人才信息库,立足已有产业学院,构建学校与行业、企业互动平台,打通校企人力资源共享的通道,从企业中柔性引进一批具有丰富实践经验和精湛专业技能的技术专家和管理人才,保证重点建设专业群高水平产业兼职教师与专业教师人数比例达到1∶1。

3. 实施"双师型"创新团队培育计划

紧紧围绕人才培养核心任务,聚焦以集成电路为基础的新一代信息技术研究热点和产业发展需求,加强教科研团队内涵发展和特色建设。推动高水平专业群与名企、产业园区共建教师培养培训基地,培育以高水平专业群建设为重点,以名师为引领、专业带头人负责,以双师骨干教师为主体,企业技术大师、能工巧匠协同参与,专兼结合的"双师型"创新团队。同时,突出成果产出,形成高质量、有特色、可持续的经验成果和成效,不断提升教学创新团队的示范、引领和辐射作用。

(三)科研和技术创新服务平台建设

集成电路产业学院通过体制机制创新,在产教融合基地建设中,以"一所三中心"构建集成电路产业学院技术创新服务平台。

1. 坚持技术引领,建设首席教授领衔指导的集成电路研究所

依托科技创新团队、重点实验室等,与企业联合开展技术攻关研发,聚焦

MCU研发方案、射频芯片开发等关键"卡脖子"技术,面向全产业链,建设集成电路研究所。

2. 服务产业转型,建设中小微企业智能感知工程中心

集聚各方资源,面向集成电路、智能制造、物联网等行业,致力于芯片设计开发、测试、贴装、应用和装备等环节,通过技术改造、产品研发、服务咨询等方式,建设围绕集成电路产业链的省级工程中心,服务中小微企业转型升级。

3. 服务企业增效,建设集成电路资源转化中心

校企合作,组建包含知识产权、设备设施、标准等的资源转化中心,搭建应用共享云平台,将国家、行业、企业等制定的标准成果转化为教学资源;将设备设施进行企业共享,将知识产权转化为企业生产力。结合培训和实践工作,实现平台成果的固化和转化。

第四节 集成电路产业学院人才培养综合改革方案研究

一、集成电路产业学院"三全五育"创新研究

集成电路产业学院围绕新一代信息产业关键技术及应用领域,以"产教融合、科教融合、科创融合"为主线,充分发挥产教融合平台资源集聚作用和制度优势,引进知名专家学者、行业领军人才、能工巧匠、企业高管,构建多元协同育人共同体模式。将"三全育人""五育并举"有机融合,形成集成电路产业学院人才培养综合改革的路径和方式。

(一)集成电路产业学院"三全五育"育人模式的思路

为深入贯彻落实习近平总书记关于教育的重要论述,落实中央的战略决策和部署,形成全员、全过程、全方位的"三全育人"格局,集成电路产业学院结合职业教育特色,对应集成电路产业人才德、智、体、美、劳"五育并举"全面发展的要求,实施了集成电路产业学院"三全育人"和"五育并举"育人模式的探索,致力于培养德、智、体、美、劳全面发展的社会主义建设者和接班人。

1. "三全育人"理念下的集成电路产业人才培养

集成电路产业学院在人才培养过程中引入了"三全育人"理念,通过校内外导师与学生之间的协同、校内教学研究与行政管理部门之间的协同、政行企校各主体之间的协同,激发育人潜能。凝聚辅导员、班主任、任课教师、学生干部和管理服务人员多方面的思政教育工作合力,建设专兼结合的全员思政教师队伍,建成由劳动模范、技术能手、大国工匠、道德模范等优秀人才组成的兼职思政教师库,形成全员育人合力,建设一支政治强、情怀深、思维新、视野广、自律严、人格正的思政课教师队伍;集成电路产业学院将人才培养贯穿学生从入校到离校的全过程,实现对课程学习、科研实践、择业就业等过程的全覆盖,保障集成电路产业人才的顺利成长,使其在充分掌握集成电路专业知识和技能的前提下,找到自己的兴趣、专长与集成电路专业的结合点,明确研究方向,实现自我认知,塑造正确的价值观和人生观;在集成电路产业人才培养的过程中,产业学院构建素质教育体系,全方位育人,将产学研结合,调整专业布局,突破单一学科的限制,培养既懂专业知识又具备实践能力的集成电路产业专业人才和领军人才。此外,集成电路产业学院充分发挥"舍区""学区"的协同育人作用,建设"舍区""学区"联动、校内校外连接、课上课下融合,进行"全员、全过程、全方位"的"三全育人"协同管理机制,通过深入开展理想信念教育、爱国主义教育、励志教育等,强化人人育人、事事育人、处处育人的工作机制,培养德智体美劳全面发展的高素质技术技能人才。

2. "五育并举"理念下的集成电路产业人才培养

集成电路产业学院基于学生德、智、体、美、劳全面发展的需求,建立了"五育并举"的多角度育人体系,形成德智体美劳相互渗透、相互融合的有机整体,以实现集成电路产业人才的培养目标。

(1)集成电路产业学院坚持立德树人,在集成电路这一具有重大战略意义的领域,引导学生具备突破关键技术的使命感,成为"又红又专"的集成电路领军人才。全面推动习近平新时代中国特色社会主义思想进教材、进课堂、进头脑,把社会主义核心价值观融入学生主题思想教育、文化知识学习和社会实践等各个环节,促使学生建立自我质量发展观,形成德智体美劳全面发展和终身发展的意识。

(2)集成电路产业学院通过系统地传授科学文化知识和技能,聚焦教学,为集成电路产业培养合格的产业人才。一方面,通过深化"三教"改革,按照"四有"老师的标准建设高素质的教师队伍,健全教师教学能力提升机制,完善"国家-省-校"三级教学能力大赛体系,加强教师整体教学能力的培养;健全教材建设制度,校企共同开发工作手册式、活页式、融媒体教材,配套开发信息化资源、案例和教学项目;坚持创新教学模式,适应"互联网+"职业教育发展需求,以学习者为中心,普及项目教学、案例教学、情境教学、模块化教学等教学方式,广泛运用启发式、探究式、讨论式、体验式等教学方法,推广翻转课堂、混合式教学、理实一体教学等新型教学模式。另一方面,应当强化学风育人,使学生具备正确的认知水平、道德判断和推理能力,引导其树立正确的学习观、成才观和就业观。

(3)为了增强集成电路产业人才的体质,集成电路产业学院在校园内营造了终身运动的风尚,加强体育育人,贯彻体育道德、体育品格、体育精神和体育风尚的教育,锻炼学生的意志,培养学生的锻炼习惯,使学生养成健康的生活习惯。同时通过竞赛等活动培养学生的规则意识、团结协作意识和集体主义精神。

(4)为了培养学生感受美、鉴赏美、创造美的能力,提升其艺术技能和兴趣,形成正确的审美观,集成电路产业学院加强了人文德育的力度,构建了灵活多样的评价体系,开展了丰富多样的活动,并在此过程中弘扬中华优秀传统文化、对接集成电路企业文化、传承特色文化,实现潜移默化育人的目标。

(5)为了贯彻教育与生产劳动相结合,促进学生脑力劳动与体力劳动相结合,理论与实践相结合,手脑并用、身心素质全面发展,集成电路产业学院强化劳动教育,大力推进基础劳动教育、专业劳动教育和社会劳动教育,将劳动教育列入人才培养方案,将劳动素养纳入学生综合素质评价体系,统筹劳动教育必修课、实习实训、勤工俭学、社会实践、志愿服务等环节,塑造学生服务他人、奉献社会、报效国家的劳动情怀。

(二)"三全五育"育人模式实践

以立德树人为核心,根据高职学生个性特点和成长规律,以江苏信息职业技术学院为例,依据三层递进的"千日修养,万人创星"学生综合素质提升工程(以下简称"千万工程")进行全过程育人。对学生的日常行为、学业教育、素质拓展活动进行系统设计、学分量化,把学生综合素质养成行为贯穿到"在校千日"的每一天。

秉持"千日修养,万人创星"理念,创设"千万工程",构建"强基工程、追梦行动、创星计划"三层递进载体,分别培养"成长大学生""优良大学生""明星大学生";创建"千日修养"信息平台和"学分银行制",借助打卡软件等对学生活动轨迹进行实时记录管理,通过大数据分析为学生提供个性画像和自诊报告,并为多元主体提供诊断、决策服务。

"千万工程"包含的"强基工程""追梦行动""创星计划",每一个部分都有相应的素质积分要求。学生每一天的表现都会以积分的形式实时记录在"千日修养平台"上,成为学生在校的成长档案。同时,学生应根据学校和所在专业的发展目标,结合个人实际情况,在三大素质提升模块的总体框架下,制定个人综合素质发展目标,明确职业发展目标,为终身发展奠定基础。"强基工程"主要规范学生的日常行为,强调基础文明,培养良好的思想品德,为学生成长奠定良好的思想行为基础,引导学生做到"四讲",即讲政治、讲纪律、讲文明、讲学习,是学生最基本的思想行为要求。"追梦行动"主要引导学生参加各类第二课堂活动,提高学生综合素质,同时为学生个性与特长发展创造条件,引导学生做到"五爱",即爱学习、爱实践、爱劳动、爱锻炼、爱活动,参加各类素质拓展活动,提升综合素质。"创星计划"主要鼓励学生在文化、体育、科技、技能等领域取得一定的成果,成为标杆、成为榜样,在人生舞台上活出精彩的自己,引导学生参与"六创",即争创学习明星、争创创新明星、争创实践明星、争创学干明星、争创才艺明星、争创体育明星。三个模块的成绩都以积分银行分数的形式攒存,每学期末评定一次最终成绩。

在集成电路产业学院人才培养过程中引入"千万工程",针对集成电路专业特点,在严格落实"千万工程"项目实施(见表7-1)的前提下,加强专业培养,通过多种渠道关注学生成长,让学生充分学习课程知识与专业技能,找到自身的兴趣专长与集成电路专业的结合点,明确专业研究方向,实现对自我的认知,塑造正确的人生观、价值观和世界观。依据"千万工程",依托"千日修养平台"的信息化手段,完善学生综合素质评价体系,学生综合素质测评成绩由学业素质测评成绩和素质拓展测评成绩按一定比例计算得出。学业素质测评是指对学生参加本学期人才培养方案规定的必修、限修课程(考试和考查)学习所作的评价;素质拓展测评是指人才培养方案中除需要完成必修、限修、选修课程学分之外的内容,主要测评学生在校的日常行为表现,以及在德智体美劳五个方面的评价。素质拓展测评成绩是"千万工程"实施的量化结果,素质拓展成绩为"强基工程""追梦行动""创星计划"三个模块累积加分,每个学期,每个学生形成一张素质拓展成绩报告单,并归入学生学籍档案。通过设置量化分数段进行细化分层,根据结果分类培养形成集成电路产业"成长大学生""优良大学生""明星大学生"。

表7-1 "千万工程"项目实施简表

育人模块	项目	主要认定范围
强基工程 （基础分 40分）	讲政治	思想政治方面
	讲纪律	集体活动、节假日去向表等
	讲文明	基础文明、宿舍文明等
	讲学习	课堂、早晚自习等
追梦行动 （最高累计 60分）	爱学习	自主学习、学生干部培养、人文知识竞赛等
	爱实践	学生干部考核、志愿活动、社团活动、垃圾分类等
	爱劳动	劳动实践课
	爱锻炼	课外锻炼
	爱活动	校园文化活动
创星计划 （附加分）	争创学习明星	学科和技能竞赛、学风建设、各类技能证书、科研成果等
	争创创新明星	创新创业类比赛、创新创业计划项目等
	争创实践明星	社会实践、志愿服务、道德实践等
	争创学干明星	学生工作荣誉、军训荣誉、各类集体荣誉等
	争创才艺明星	文艺活动获奖
	争创体育明星	体育活动获奖

（三）五育融合人才培养体系研究

从教育价值而言，"五育并举"是要实现培养德智体美劳全面发展的社会主义建设者和接班人的目标，这应该体现在教育的整个过程，体现在学生校园学习生活的各个环节。在三层递进"千万工程"项目实施育人过程中，每一层都应将五育融合，实现"纵向贯通、横向融通"人才培养体系。充分发挥课程、科研、实践、文化、网络、心理、管理、服务、资助、组织等方面工作的育人功能，挖掘育人要素，完善育人机制，优化评价激励措施，强化实施保障，切实构建"十大"育人体系。

1. 校企合作协同育人

"五育并举"、相通相融是当前专业建设和人才培养的大背景，也是实现立德树人根本目标的重要途径。集成电路产业人才培养打破固有校企合作团队单维"双师队伍"建设模式，面向新一代信息技术产业链研发设计、供应协同、生产组织、品牌营销、物流配送、财务管理等各个环节，开展校内跨专业、跨学院的师资整合，校外跨行业、跨领域的多元师资整合，打造满足实践教学的校企混编"互聘共培共用"教学团队，建设走在行业前沿的"校所企"高层次"互聘双职"的创新团队。教师团队不应只开展五育教育中的"智育"，还应不断创设五育融合的条件，通过言传身教来提高育人水平。在专业人才培养中要扩大优质师资的类型和来源，尤其是对于德育、美育以及劳动教育等急缺的师资类型，还要加大内培，提高已有师资的技能和育人水平，从人力资源层面保障校企协同育人模式的可持续发展。

2. 强化课程优化教学

集成电路专业课程的理论性和实践性都很强，培养集成电路设计专业人才除了要有理论研究能力外，还要有实验探究能力。结合集成电路产业技术发展状况及时更新理论授课内容、实验内容，在实验教学中创设各种问题情境，使学生在实验中发现问题，并带着问题从实验中寻找解决途径。同时建立校企联合项目，让学生能够利用企业丰富的硬件、软件资源，进行实地考察、设计实验、芯片测试、参数分析、改进研究。最后一学期可安排学生到企业进行相关岗位培训，运用课堂上的知识，利用企业的设备与实践资源进行产品设计实践能力培养。通过参与市场调研、芯片研发、设计、制造、测试、分析一整套的产品研发设计加工流程，来真正体验集成电路专业实践。学生进入企业实习期间，学校要加强校企互动，不定期走访企业，检查学生实习报告，关心学生实习情况、生活状况，听取企业和学生的反馈意见，不断完善培养方案，提升人才培养的成效。

3. 深化科研服务育人

随着社会对高层次人才的需求不断加大，学校应加强教师与企业产学研协同合作，优化完善集成电路专业方向技能型人才培养体系，坚持以能力、质量、实效、贡献为导向，把专利技术、市场价值、代表性成果等作为重要评价依据，为产业输送更多优秀职业技能人才。教师在开展项目式教学探索、加强综合实践培养能力的同时，要注重提高学生创新能力。教师通过加强与企业沟通，共同参与区域重大科技项目的申报，提高工程研发能力，快速准确地把握集成电路产业领域的发展动向，提升对学生综合实践能力的培养。

集成电路专业建设和人才培养理应以"五育并举"为支点，努力做好"五育并举"的顶层设计，以系统的观点整体考虑五育融合的推动方案，尤其是人才培养评价体系。在"三全育人"理念下努力做到全员、全方位、全过程的深度融合，全力推动"五育并举"各项工作做到科学合理，落实"五育并举"，推进"三全育人"，实现集成电路产业学院人才综合发展。

二、构建集成电路产业人才培养"立交桥"

集成电路产业学院不仅要在校企之间、产教之间架设桥梁，也应当在整个教育体系内部建立人才成长的通道，应当围绕集成电路产业的发展以及产业链各个节点对产业人才多样化的需求，依照高校的不同定位，培养不同层次、不同类型的产业人才，从而构建集成电路产业学院的纵向联盟。应当基于培养满足集成电路产业企业一线技术岗位需求的技术技能人才的目标，在高职院校中打造产业学院；基于推动应用成果转化、培养服务集成电路产业的应用型人才的目标，在应用型本科院校中打造产业学院；基于输出高水平研究成果、培养集成电路产业创新型人才的目标，在高水平综合性大学中打造产业学院，从而形成"专科-本科-研究生"的集成电路产业人才培养体系。

（一）集成电路专业专科人才培养研究

1. 职业面向

专科层次的集成电路专业学生毕业后面向的职业岗位有电子设备装配调试人员、电子专用设备装配调试人员、电子工程技术人员、电子元件制造人员和电子器件制造人员等。主要从事电子设备装配调试、电子产品生产工艺管理、电子产品检测与质量管理、电子产品生产设备操作与维护、电子产品售后服务、电子产品应用技术服务和版图辅助设计等工作。

2. 培养目标

专科层次集成电路专业的人才培养目标是培养理想信念坚定、德技并修、德智体美劳全面发展，具有一定的科学文化水平、良好的人文素养、职业道德和创新意识，精益求精的工匠精神；具备集成电路技术与应用专业技术技能，能够从事版图设计，集成电路芯片分析，集成电路系统应用和芯片验证以及集成电路现场应用等工作；具有较强的就业创业能力和可持续发展能力的高素质技术技能人才。

3. 课程设置

专科层次集成电路专业的课程由通识教育课程、专业基础课程、专业核心课程和职业拓展课程四部分组成。其中，通识教育课程围绕学生的可持续发展及全面发展而设置，包括入学教育与军训、军事理论、思想道德与法治、毛泽东思想和中国特色社会主义理论体系概论、思想政治理论课实践课、形势与政策、信息技术基础、新一代信息技术导论、劳动教育、高等数学、高职英语、体育、大学生心理健康教育、职业生涯规划、公共艺术、创新创业基础等课程。专业基础课程则是为了学生能够打好职业基础，为核心课程的学习做准备，包括职业素养课程、电路分析与测试、电子装接训练、模拟电子技术与应用、数字电子技术与应用、PCB设计、C语言程序设计等课程。专业核心课程对接职业岗位要求，包括半导体器件基础、芯片制造工艺、半导体集成电路、集成电路版图设计艺术、集成电路逻辑提取实战、单片机技术与应用、系统应用与验证、专业英语、专业综合实训、毕业设计和顶岗实习等课程。职业拓展课程包括文化素质教育、专业选修课等。

（二）集成电路专业本科人才培养研究

1. 职业面向

集成电路专业本科学生在毕业后可以选择前往集成电路制造企业成为制造工程师、失效分析工程师、产品测试工程师、可靠性测试工程师、设备维护工程师、产品工程师、客户品质工程师、制程工程师等，或是前往集成电路设计企业成为一名版图设计工程师、测试工程师、数字合成工程师、应用工程师、品质管理工程师。

2. 培养目标

本科层次集成电路专业的人才培养目标是培养适应现代科学技术及地方社会经济发展需要，掌握扎实集成电路基本理论、集成电路设计基本方法，掌握集成电路设计的电子设计自动化工具，熟悉电路、计算机、信号处理、通信等相关系统知识，具有解决复杂问题能力、创新意识及团队精神，能够在集成电路与集成系统及相关领域，从事应用开发和技术管理的工程技术人才。

3. 课程设置

本科层次集成电路专业的课程由通识教育课程、大类基础课程、专业教学课程和开放选修课程组成。通识教育课程包括形势与政策、大学英语、大学体育、线性代数、高等数学、计算机信息技术、军事技能、概率统计、普通物理、普通物理实验、C语言程序设计、思想道德修养与法律基础、中国近代史纲要、毛泽东思想和中国特色社会主义理论体系概论社会实践、马克思主义基本原理等。大类基础课程包括工程制图、电子信息技术导论、电路分析、电子技术基础实践、工程数学、模拟电路、数字系统与逻辑设计、信号与系统、信号与电路基础实验、电磁场与电磁波、工程伦理学概论等。专业教学课程包括通信电子线路、Verilog HDL硬件描述语言、微处理器与微计算机系统、CMOS模拟集成电路设计、VLSI设计基础、电子线路实验、模拟集成电路课程设计、集成电路版图设计、电子系统综合设计、基于 FPGA 的系统设计、毕业设计等。开放选修课程包括 MATLAB 的工程应用、Java 程序设计、数字信号处理、传感器原理与应用、高频电路设计技术、微传感技术、嵌入式系统设计、DSP 技术、无线通信等。

（三）集成电路专业研究生人才培养研究

1. 职业面向

集成电路专业的硕士研究生在毕业后可以在集成电路产业相关的研究所、企业等单位从事电子材料与元器件、微电子技术和集成电路应用、半导体器件和物理等方面的研究开发和生产等技术工作，或者前往高等院校任教。

2. 培养目标

研究生层次集成电路专业要求学生应当具备半导体物理、半导体器件物理、材料物理及微电子学的基础理论，系统、深入的专业知识和较强的独立开展科学研究和工程实践的能力；熟练掌握集成电路和其他电子元器件的计算机辅助设计技术；掌握有关电子材料、电子元器件和集成电路的主要测试分析技术；了解国内外本学科及相关专业的发展动态，具备独立思考问题、解决问题的能力，并取得具有一定学术水平和使用价值的研究成果；能用一种外文较为熟练地阅读专业资料并撰写论文，并具有初步进行国际学术交流的能力。

3. 课程设置

研究生层次集成电路专业的课程分为公共必修课、公共选修课、专业必修课和专业选修课四部分。其中，公共必修课包括工程伦理、学位英语和中国特色社会主义理论与实践研究等；公共选修课包括创新创业与管理基础、创新思维与创业实验、自然辩证法概论等；专业必修课包括电子封装可靠性及优化、数字通信系统与应用、射频集成电路设计、系统芯片设计、嵌入式操作系统、微纳材料表征技术、MEMS 器件及系统设计、半导体器件物理、模拟集成电路设计等；专业选修课包括模拟集成电路 EDA 技术、数字集成电路 EDA 技术、基于 FPGA 的嵌入式人工智能实现与应用、微纳芯片实验室、机器学习基础、超高速通信电路与系统技术概论、嵌入式系统高级 C 语言编程、光子集成芯片技术等。

三、集成电路产业学院课程体系研究

课程体系是组织常规性教学活动的主要依据,是培养学生知识素质能力的主要载体。集成电路产业学院应当根据人才培养规律和现代工程教育理念,优化构建具有"创新应用实践进而解决复杂工程问题能力"的工程教育课程体系。为了构建集成电路产业人才培养的"立交桥",本研究将从专科、本科和研究生三个层面进行分析。

(一)专科层次课程体系分析

当前地方企业与高职院校合作意愿不强,原因之一是高职院校没有深入了解企业的用人需求,课程设计缺乏针对性,没有按照区域内集成电路产业岗位群的技能需求培养人才。高职院校应当围绕区域内集成电路产业方向调整专业课程体系。以江苏信息职业技术学院集成电路专业为例,整个课程体系包含了通识教育课程模块、专业基础课程模块、专业课程模块和职业拓展课程模块。其中,通识教育课程的设置目的在于强化学生的基础素质,是围绕学生的可持续发展和全面发展而制订的,合计45学分;专业基础课程是帮助学生打好职业基础,为后续课程的学习做好准备,合计27学分;专业课程对接职业岗位需求,帮助学生掌握专业理论知识和实践技能,合计64学分;职业拓展课程帮助学生进一步拓展职业能力,扩大视野,提高整体素质,合计不少于18学分,教学进程如表7-2所示。

(二)本科层次课程体系分析

在本科层次集成电路产业人才培养的过程中,高校应当将培养企业一线所需的产业工程师作为主要目标,与专科层次和研究生层次的人才培养形成差异,明确人才培养定位,设计合理的课程体系,以满足培养方案的需求,真正做到人才培养和市场需求的结合。以苏州大学集成电路专业为例,整个课程体系包含了通识教育课程模块、大类基础课程模块、专业教学课程模块和开放选修课程模块。其中,通识教育课程分为通识选修课程、新生研讨课程和公共基础课程三部分,合计78学分;大类基础课程合计28.5学分;专业教学课程分为专业必修课程和专业选修课程,合计93.5学分;开放选修课程分为公共选修课程和跨专业选修课程,合计不少于2学分,教学进程见表7-3。

表 7-2 集成电路专业教学进程表(专科)

课程模块	课程名称	学分	总学时	开课学期
通识教育课程	入学教育与军训	3.0	90	第一学期
	军事理论	2.5	40	第一学期
	思想道德与法治	2.5	40	第一学期
	毛泽东思想和中国特色社会主义理论体系概论	3.5	56	第二学期
	思想政治理论课实践课	1.0	16	第三学期
	形势与政策	1.0	40	第一到五学期
	高等数学	3.0	48	第一学期
	信息技术基础	3.0	48	第二学期
	信息技术基础考证强化训练	1.0	30	第三学期
	新一代信息技术导论	1.5	24	第一学期
	高职英语	6.0	96	第一、二学期
	体育	7.0	112	第一到四学期
	大学生心理健康教育	2.0	32	第二学期
	影视鉴赏	2.0	32	第二学期
	大学生职业生涯规划与就业指导	1.0	16	第一学期
	创新创业基础	1.0	16	第二学期
	劳动教育	2.0	60	第一、三学期
	四史教育	2.0	32	第二学期
专业基础课程	职业素养课程	1.0	30	第二学期
	电路分析与测试	5.0	80	第一学期
	电子装接训练	1.0	30	第二学期
	模拟电子技术与应用	5.0	80	第二学期
	数字电子技术与应用	5.0	80	第三学期
	PCB 设计	4.0	64	第三学期
	C 语言程序设计	4.0	64	第三学期
	模拟电子技术项目实训	1.0	30	第二学期
	数字电子技术项目实训	1.0	30	第三学期

续表

课程模块	课程名称	学分	总学时	开课学期
专业课程	半导体器件基础	4.0	64	第二学期
	芯片制造工艺	2.0	32	第二学期
	半导体集成电路	5.0	80	第三学期
	集成电路版图设计技术	5.0	80	第四学期
	集成电路逻辑提取实战	4.0	64	第四学期
	单片机技术与应用	4.0	64	第四学期
	系统应用与验证	4.0	64	第四学期
	专业综合实训	8.0	240	第五学期
	毕业设计	10.0	300	第五学期
	顶岗实习	18.0	540	第六学期
职业拓展课程	选修课	≥5.0	≥80	第二到五学期
	社会实践	5.0	80	第一到五学期
	素质拓展	6.0	96	第一到四学期
	主题思想教育	2.0	32	第一到四学期

表7-3 集成电路专业教学进程表(本科)

课程模块	课程名称	学分	总学时	开课学期
通识教育课程	形势与政策	2.0	36	第一学期
	大学英语	10.0	180	第一到四学期
	英语高级视听	2.0	36	第一学期
	翻译与英语写作	2.0	36	第一学期
	公共体育	4.0	72	第一到四学期
	线性代数	3.0	54	第一学期
	高等数学	10.0	180	第一、二学期
	计算机信息技术	3.0	72	第一学期
	军事技能	1.0	36	第一学期
	职业生涯规划指导	1.0	36	第一、六学期

续表

课程模块	课程名称	学分	总学时	开课学期
通识教育课程	概率统计	3.0	54	第二学期
	普通物理	8.0	144	第二、三学期
	普通物理实验	1.0	54	第二学期
	C语言程序设计	4.0	108	第二学期
	思想道德修养与法律基础	3.0	54	第三学期
	英语高级口语	2.0	36	第三学期
	英语影视欣赏	2.0	36	第三学期
	军事理论	2.0	36	第三学期
	中国近代史纲要	2.0	36	第四学期
	毛泽东思想和中国特色社会主义理论体系概论社会实践	2.0	36	第四、六学期
	中国地方文化英语导读	2.0	36	第四学期
	跨文化交际	2.0	36	第四学期
	马克思主义基本原理	3.0	54	第五学期
	毛泽东思想和中国特色社会主义理论体系概论	4.0	72	第六学期
大类基础课程	工程制图	2.0	36	第一学期
	电子信息技术导论	1.0	18	第二学期
	电路分析	3.5	63	第二学期
	电子技术基础实践	2.0	54	第二学期
	工程数学	2.0	36	第三学期
	模拟电路	3.5	63	第三学期
	数字系统与逻辑设计	3.5	72	第三学期
	信号与系统	3.0	63	第四学期
	信号与电路基础实验	2.0	63	第四学期
	电磁场与电磁波	3.0	54	第五学期
	工程伦理学概论	1.0	36	第五学期
	工程管理与经济决策	1.0	36	第六学期
	工程与环境引论	1.0	36	第七学期

续表

课程模块	课程名称	学分	总学时	开课学期
	专业必修课程			
专业教学课程	通信电子线路	3.0	54	第四学期
	Verilog HDL 硬件描述语言	3.0	72	第四学期
	微电子学概论	3.0	54	第四学期
	微处理器与微计算机系统	3.0	63	第四学期
	CMOS 模拟集成电路设计	3.0	54	第五学期
	VLSI 设计基础	3.5	72	第五学期
	基于 FPGA 的系统设计	3.0	54	第五学期
	电子线路实验	2.0	63	第五学期
	模拟集成电路课程设计	2.0	54	第六学期
	金工实习	2.0	54	第六学期
	集成电路版图设计	2.0	54	第六学期
	电子系统综合设计	2.0	54	第六学期
	毕业实习	2.0	—	第八学期
	毕业设计（论文）	10.0	—	第八学期
	专业选修课程			
	MATLAB 的工程应用	1.5	36	第一学期
	Java 程序设计	2.0	45	第三学期
	微机电系统概论	3.0	54	第四学期
	VHDL 语言与应用	2.5	54	第四学期
	计算机通信与网络	3.0	54	第五学期
	数字信号处理	3.0	54	第五学期
	传感器原理与应用	2.0	36	第五学期
	高频电路设计技术	2.5	63	第五学期
	微传感技术	2.5	54	第六学期
	微波技术与天线	3.5	72	第六学期
	嵌入式系统设计	2.5	54	第六学期

续表

课程模块	课程名称	学分	总学时	开课学期
专业教学课程	程序设计与软件工程实践	3.0	54	第六学期
	DSP技术	2.5	48	第六学期
	射频与微波电路设计技术	3.0	72	第六学期
	工艺模拟与器件模拟	2.5	54	第七学期
	数字通信系统	2.0	36	第七学期
	电子测量技术	3.0	54	第七学期
	无线通信	2.0	36	第七学期
	现代通信技术	2.0	36	第七学期
	无线传感器网络技术	2.0	54	第七学期

（三）研究生层次课程体系分析

虽然当前成立的产业学院大多基于传统行业，并以高职和本科生培养为主，但是为了突破国外在高新技术领域对我国的技术封锁，大力增强企业自主创新能力，集成电路产业需要大量具备扎实专业基础、丰富实践经验和过硬综合素质的产业创新型人才。以东南大学为例，其微电子学院以产学研合作作为发展模式，与中国电子科技集团公司第五十五研究所、华润微电子、徐工、华为等行业骨干企、事业单位建立了27个研究生企业工作站，通过科研、产业、人才、学科四位一体融合的体制机制，形成共性技术研发和高端人才培养的高地。东南大学电子信息专业学位硕士的课程分为公共必修课、公共选修课、专业必修课和专业选修课四部分，课程设置如表7-4所示。

表7-4 电子信息专业教学进程表（研究生）

课程模块	课程名称	学分	总学时	开课时间
公共必修课	工程伦理	1.0	16	春季
	学位英语	4.0	64	春季/秋季
	中国特色社会主义理论与实践研究	2.0	32	春季/秋季

续表

课程模块	课程名称	学分	总学时	开课时间
专业必修课	电子封装可靠性及优化	2.0	32	秋季
	数字通信系统与应用	2.0	32	春季
	射频集成电路设计	2.0	32	春季
	系统芯片设计	2.0	32	春季
	嵌入式操作系统	2.0	32	春季
	微纳材料表征技术	2.0	32	春季
	MEMS 器件及系统设计	2.0	32	春季
	工程矩阵理论	3.0	48	秋季
	数值分析	3.0	48	秋季
	随机过程	3.0	48	秋季
	半导体器件物理	2.0	32	秋季
	模拟集成电路设计	2.0	32	秋季
	嵌入式系统设计	2.0	32	秋季
	微纳材料加工与制造技术	2.0	32	秋季
	数字集成电路设计	2.0	32	秋季
	职业素质教育	1.0	16	春季
公共选修课	创新创业与管理基础	2.0	32	秋季
	创新思维与创业实验	2.0	32	秋季
	自然辩证法概论	1.0	16	秋季
	尊重学术道德,遵守学术规范	1.0	16	秋季
专业选修课	模拟集成电路 EDA 技术	1.0	32	秋季
	数字集成电路 EDA 技术	1.0	32	春季
	集成电路设计实训	2.0	64	春季
	嵌入式系统实训	2.0	64	春季
	移动互联网应用编程	2.0	64	春季
	基于 FPGA 的嵌入式人工智能实现与应用	1.0	32	春季
	微纳芯片实验室	2.0	32	秋季

续表

课程模块	课程名称	学分	总学时	开课时间
专业选修课	机器学习基础	2.0	32	秋季
	超高速通信电路与系统技术概论	2.0	32	秋季
	嵌入式系统高级C语言编程	2.0	32	春季
	集成电路制造工艺	2.0	32	春季
	芯片设计与案例分析	1.0	16	春季
	电池芯片产品设计概论	1.0	16	春季
	光子集成芯片技术	2.0	32	春季

附:2022级集成电路技术专业人才培养方案

(专业代码:510401)

一、招生对象与学制

招生对象:高中毕业生
学制:全日制三年

二、职业面向

所属专业大类(代码)	所属专业类(代码)	对应行业(代码)	主要职业类别(代码)	主要岗位类别(或技术领域)	职业资格证书或技能等级证书
电子与信息大类(51)	集成电路类(5104)	计算机、通信和其他电子设备制造(39) 软件和信息技术服务(65)	计算机通信和其他电子设备制造人员(6~25)	1. 集成电路版图设计工程师 2. 集成电路芯片分析工程师 3. 集成电路系统应用和芯片验证技术员 4. 集成电路现场应用工程师	1. 集成电路开发与测试"1+X"证书 2. 集成电路设计与验证"1+X"证书 3. 集成电路芯片制造工或其他专业相关技能证书

三、培养目标

本专业培养理想信念坚定,德智体美劳全面发展,具有一定的科学文化水平,良好的人文素养、职业道德和创新意识,精益求精的工匠精神,较强的就业能力和可持续发展能力,掌握本专业知识和技术技能,主要面向集成电路版图设计,芯片应用及验证制造兼顾集成电路制造及电路封测等职业群,能够从事版图设计,集成电路芯片分析,集成电路系统应用和芯片验证以及集成电路现场应用等工作的高素质技术技能人才。

四、培养规格

本专业毕业生应在素质、知识和能力等方面达到以下要求。

（一）素质

1. 思想政治素质：热爱社会主义祖国，能够准确理解和把握社会主义核心价值观的深刻内涵和实践要求，具有正确的世界观、人生观、价值观，具有社会责任感和社会参与意识。

2. 人文素质：明确学习目的，端正学习态度，养成良好的学习习惯，具有感受美、表现美、鉴赏美、创造美的能力，具有一定的审美和人文素养，能够形成一两项艺术特长或爱好；了解专业产业发展趋势，增强专业认同感。

3. 职业素质：具有良好的职业道德和职业素养。崇德向善、诚实守信、爱岗敬业，具有精益求精的工匠精神；尊重劳动、热爱劳动，具有较强的实践能力；具有质量意识、绿色环保意识、安全意识，了解职业生产规范。具备信息素养、创新精神，勇于开拓创新；具有较强的集体意识和团队合作精神，能够进行有效的人际沟通和协作，与社会、自然和谐共处。具有职业生涯规划意识，结合专业面向进行合理的职业规划。结合"1+X"证书制度考证要求帮助学生多方位全面发展。

4. 身心素质：具有良好的身心素质和人文素养。具有健康的体魄和心理、健全的人格，达到国家规定的《国家学生体质健康标准》的要求，能够掌握基本运动知识和一两项动技能；掌握一定的学习方法，具有良好的生活习惯、行为习惯和自我管理能力。

5. 创新素质：能够打破常规、突破传统，具有敏锐的洞察力、直觉力、丰富的想象力和预测能力，能够在电路的应用开发等方面实现创新性的设计。

（二）知识

1. 掌握高职层次人才必备的基础知识，如数学、英语；掌握一定的政治理论知识、人文法律知识、计算机信息技术知识；具有必备的体育与健康知识。

2. 掌握电路、电子技术基础知识。

3. 掌握晶体管、集成电路的基本概念和基本理论、相关的设计技术。

4. 掌握集成电路芯片版图设计的相关基本知识。

5. 掌握半导体芯片应用开发的流程，具备必需的生产管理知识。

6. 初步掌握微电子技术专业英语，了解本专业技术发展的新知识、新材料、新工艺与新装备。

（三）能力

1. 具备良好的非专业能力，包括与人顺利沟通交流的能力，查找和阅读文献资料的能力；良好的团队协作能力；较好的语言和文字表达能力；阅读本专业技术资料和进行简单口头英文交流的能力；较强的计算机操作与应用能力；使用办公自动化软件的能力。

2. 具备较强的微电子前后道制造工艺的操作能力；具备较强的分析与解决生产中所碰到的实际工艺问题的能力。

3. 具备较强的工艺参数检测以及器件、集成电路芯片参数的测试能力。

4. 具备一定的生产管理能力；具备维护与检测并确保半导体专用设备正常运行的能力。

5. 具备较强的版图绘图能力。

6. 具备集成电路开发和应用方面的创新创业能力。

五、毕业资格与要求

1. 毕业学分要求

"通识教育课程＋专业基础课程＋专业课程"学分≥132；"职业拓展课程"学分≥18；总学分≥150。专业必修课程学分必须全部获得。未受过处分或者处分已撤销。

2. 计算机能力要求

获得全国计算机一级证书或其他同等级计算机证书。

3. 语言能力要求

"高职英语（一）""高职英语（二）"成绩合格。

4. 职业资格证书要求

获得"集成电路开发与测试'1+X'证书"、"集成电路设计'1+X'证书"、"集成电路芯片制造工"职业技能证书或其他专业相关技能证书。

符合以下条件之一，可免职业资格证书要求：

（1）获得全国职业院校技能大赛或世界技能大赛全国选拔赛三等以上奖项。

（2）获得江苏省职业院校技能大赛或世界技能大赛江苏省选拔赛一等奖。

（3）获得专利。

5. 体质健康测试要求

学生体质健康测试须达标。因病或残疾不能参加全部或部分项目测试，可向学校提交免予执行《国家学生体质健康标准》的申请，学校审批后方可免予执行。

六、课程设置及学时安排

1. 课程体系架构

（1）通识教育课程设置及安排

基于强化基础素质，围绕学生的可持续发展、全面发展的需要设置通识教育课程模块。包括入学教育与军训、军事理论、思想道德与法治、毛泽东思想和中国特色社会主义理论体系概论、思想政治理论课实践课、形势与政策、四史教育、高等数学、信息技术基础、信息技术基础考证强化训练、新一代信息技术导论、劳动教育、高职英语、体育、大学生心理健康教育、大学生职业生涯规划与就业指导、影视鉴赏、创新创业教育等方面的课程或专题讲座，合计45学分。

（2）专业基础课程设置及安排

专业基础课程的设置目的在于强化学生的专业基础素质，为后期专业课程的学习奠定基础。包括职业素养课程、电路分析与测试、电子装接训练、模拟电子技术与应用、数字电子技术与应用、PCB设计、C语言程序设计等课程，合计27学分。

（3）专业课程设置及安排

为了能够更好地对接集成电路职业岗位需求，使学生能够掌握专业理论知识和实践技能，本专业开设了包括半导体器件基础、芯片制造工艺、半导体集成电路、集成电路版图设计技术、集成电路逻辑提取实战、单片机技术与应用、系统应用与验证、专业综合实训、毕业设计、顶岗实习等课程，合计64学分。

（4）职业拓展课程设置及安排

坚持知识、能力、素质协调发展的原则，全面推进素质教育，扩大学生自我设计、自我选择和自我发展的空间，设置职业拓展课程，包括选修课、社会实践、素质拓展、主题思想教育等,合计不少于18学分。

2. 专业核心课程信息表

序号	课程名称	课程类型	基准学分	基准学时	职业能力培养	主要知识与技能点
1	芯片制造工艺	必修	2	32	具备集成电路制造工艺操作能力;具备主要工艺参数的分析能力;具备查阅新工艺新技术的能力	集成电路制造工艺流程;单晶硅的制备;半导体薄膜与外延;热氧化技术;扩散与离子注入;光刻技术与制版;刻蚀;表面平坦化(CMP);金属化;组装工艺;洁净技术
2	半导体集成电路	必修	5	80	具备分析通用半导体集成电路基本单元的能力;具备设计半导体集成电路中典型集成元器件的能力;能够绘制中等规模半导体集成电路的版图,能正确阅读集成电路的版图;初步具备分析中大规模集成电路的能力;具备正确应用集成电路的能力并借助测量仪器正确测量集成电路的各种基本参数;具备撰写集成电路相关的实验、试验报告等技术文档的能力;具备判断集成电路失效的能力	集成晶体管及其模型;半导体集成电路典型工艺流程;晶体管-晶体管逻辑(TTL)电路;CMOS逻辑电路;半导体存储器;模拟集成电路;集成电路版图设计
3	系统应用与验证	必修	4	64	具备正确使用、维护仪器的能力;具备正确连接各种实验线路、正确测试集成电路参数的能力;具备设计集成电路验证系统的能力;具备分析测试和验证结果的能力	集成电路参数测试仪器的基本工作原理;集成电路的工作原理;集成电路参数的测试和功能验证的原理

255

续表

序号	课程名称	课程类型	基准学分	基准学时	职业能力培养	主要知识与技能点
4	集成电路版图设计技术	必修	5	80	具备运用 Cadence Virtuoso 绘制集成元器件版图的能力；具备根据工艺参数的要求，对 Virtuoso 进行正确环境参数设置的能力；初步具备对中等规模集成度的电路进行全定制设计的能力；具备对各种特征尺寸下的标准单元的版图进行设计的能力，并进行验证；具备能够运用 Virtuoso 软件熟练绘制电路原理图的能力；具备能够运用 Spectre、Calibre 等软件对单元电路进行仿真的能力；具备对仿真结果进行波形显示并对结果进行简单的判断与分析的能力	Cadence 软件的使用；集成电路版图设计规则及 DRC；MOS 管版图基本结构和绘制方法；阅读一般复杂程度的集成电路版图（MOS 管、双极管）；绘制门电路（MOS 管、双极管）的版图；绘制一般复杂程度的标准单元的版图；输入一般复杂程度的电路原理图，运用 Diva 工具进行仿真、观察仿真波形，并分析判断
5	集成电路逻辑提取实战	必修	4	64	具备 ChipLogic 设计系统工具的使用能力；具备熟练识别背景图像中的器件和电路单元的能力；具备熟练掌握背景图像中线网的绘制能力；具备熟练进行线网和单元端口的连接的能力；具备进行逻辑提取结果的 ERC 检查的能力；具备在 Cadence 软件中建立单元逻辑图的能力；具备把 ChipLogic 设计系统中的逻辑提取结果导入 Cadence 系统的能力	集成电路设计的基本流程和方法；芯片背景图像和常用的半导体器件、集成电路单元；使用 ChipLogic 设计系统中的主要与逻辑提取相关的工具；逻辑提取的主要工作步骤；基于 ChipLogic 设计系统提取得到的逻辑与 Cadence 系统之间的数据转换流程和方法；对最终提取得到的逻辑进行基本的判断
6	单片机技术与应用	必修	4	64	能熟练配置单片机的存储器与 I/O 接口资源；能够熟练设置特殊功能寄存器的设定值；能够熟练应用 C51 程序完成基本程序的编写与调试；能够熟练中断功能的应用；能够根据设计需要熟练应用定时器及中断功能；能够根据需要设计单片机应用系统的硬件结构；能够根据单片机应用系统的硬件电路编程，并能够完成编译、调试与分析	单片机内部硬件电路的基本结构与功能；特殊功能寄存器及 I/O 端口头文件的功能设置、存储器变量的设置、I/O 端口的访问；基本程序的设计；程序设计的结构、顺序结构设计、选择结构设计、循环结构设计；单片机定时器结构和功能及定时器的应用；定时器的设置、定时器中断的设计、定时器的应用

七、教学基本条件

（一）师资队伍

本专业专任教师数应不少于 16 人，专业带头人由具有正高职称的资深教师承担，"双师型"教师占专业课教师的比例高于 90%。专业与企业深度合作交流，聘请来自知名集成电路企业的多名工程师作为专业兼职教师，参与专业人才培养方案制订以及专业课程教学。

专业教师能够把握微电子技术发展最新趋势，积极与企业沟通联系，了解行业企业对高职微电子专业学生的能力要求等；利用在线课程平台等多种信息化教学手段开展教学，打造教学资源库和在线开放课程；授课过程中融入思政教育，培养学生的劳动意识和精益求精的工匠精神；积极参与科研培训等，提升自身的专业素养，更好地为人才培养服务。

（二）教学设施

主要包括专业教室和校内外实训室（基地）等。

1. 专业教室应达到的基本要求

专业教室除基本设施设备以外，配备固定投影仪或者移动投影仪、无线网络，安装相关系统和软件以方便教学，满足专业的理论授课及信息化教学要求。配备满足 50 人上课要求的专业教室，能够自由安排桌椅，满足分组教学要求，满足实施混合式教学要求。

2. 校内实训室（基地）应达到的基本要求

专业配备满足 B 类、C 类课程，针对制造岗位，能够进行单道工艺演示和训练、能够进行封装过程演示、能够进行简单集成电路的测试等。针对设计岗位，除了 PC 机等硬件设备外，还需要有 Cadence 等设计软件。

继续完善 1 500 平方米的微电子实训基地的建设，维护、拓展校外紧密型实训基地，每年计划新增一批合作企业，梳理淘汰一批合作企业，不断提高产教融合人才培养的实效。

3. 校外实训基地应达到的基本要求

专业目前与 SK 海力士、华润微电子、华虹半导体等企业建立了较为密切的合作关系，这些企业为学生认知实习、体验企业文化、顶岗实习提供保障。

4. 学生实习基地应达到的基本要求

学生实习基地应当具备实习条件和管理环境,并具备实习学生所需的劳动保障和卫生、食宿等条件。实习基地有相应专业技术职务的技能人员,并配套相应的指导教师对学生进行指导,使学生能有效地进行实践锻炼,顺利完成教学实习计划。

5. 支持信息化教学方面的基本要求

专业根据课程特点及专业需求合理规划专业核心课程资源建设工作,合理运用现代信息技术,以课程信息化带动课程教学现代化,重视多种媒体教学资源的一体化设计,加强立体化教材和数字教学资源建设。每门专业课均具备教学课件,多门专业课程有教学视频、微课资源,完成精品共享课程资源的建设,很好地满足了信息化教学的要求。

(三)教学资源

主要包括能够满足学生专业学习、教师专业教学研究和教学实施需要的教材、图书及数字资源等。

1. 教材选用有关基本要求

专业优先从国家和省两级规划教材目录中选用教材,优先选择近三年出版的高职高专教材,教学内容与学科发展相适应,反映本学科的新进展、新成果。部分课程与行业企业合作开发特色鲜明的专业课校本教材,充分发挥校企双方优势,所编教材理论与实践相结合,使学生在校期间就能学习到企业的培训内容,培养职业素养。

2. 图书配备有关基本要求

专业配有能够满足学生专业学习、教师专业教学研究和教学实施需要的各类专业图书10 000多册。

3. 数字资源配备有关基本要求

专业具有丰富的数字资源,主要包括各门课程的教学课件、课程教学视频、微课视频、仿真实验实训系统、手机学习平台、试题库等,能很好地满足学生自我学习、自我检测等需要。学校配备信息化教学平台,能够满足教师进行课程教学改革实践,能够开通CNKI等相关电子资源,满足专业拓展要求。

(四)教学方法

1. 立足于加强学生自学能力以及实践操作能力的培养,采用项目教学与案例教学,以工作任务引领来提高学生的学习兴趣,激发学生的成就动机。

2. 应用多媒体教学资源辅助教学，充分利用微电子实训基地和江苏省产教融合实训平台中的设备和设施开展现场教学和理实一体化教学，有助于学生熟悉实践工作环境以及理解具体操作。

3. 加强网络教学共享平台建设，借助国家资源库、省级在线开放课程以及智慧教学平台积极开展线上线下混合式教学，进行师生交流与学习，合理利用职教云资源，提高学生的综合学习能力。

（五）教学评价

坚持过程性评价与多元化评价相结合，采用多种考核方式，包括小测验、小论文、问卷、项目、作业、报告、期末考试等，结合课堂教学、线上教学等多种教学形式，使考核评价贯穿整个教学过程，全方位考查学生的理论掌握情况和实践操作能力。实施课程思政，培养学生德智体美劳全面发展。实行督导评教、同行互评、学生评教机制，实现对教师教学过程的质量监控。

（六）质量管理

建立健全校、院两级，全员、全过程、全方位的质量保障体系。以保障和提高教学质量为目标，运用系统方法，依靠必要的组织结构，统筹考虑影响教学质量的各主要因素，结合教学诊断与改进、质量年报等职业院校自主保证人才培养质量的工作，统筹管理学校各部门、各环节的教学质量管理活动，形成任务、职责、权限明确，相互协调、相互促进的质量管理有机整体。

八、制定与实施说明

（一）制定说明

（1）人才培养方案制定的原则、思路和人才培养特色

① 制定原则

坚持育人为本，促进全面发展。全面推动习近平新时代中国特色社会主义思想进教材、进课堂、进头脑，积极培育和践行社会主义核心价值观。传授基础知识与培养专业能力并重，强化学生职业素养养成和专业技术积累，将专业精神、职业精神和工匠精神融入人才培养全过程。坚持标准引领，确保科学规范。以职业教育国家教学标准为基本遵循，贯彻落实党和国家在课程设置、教学内容等方面的基本要求，强化专业人才培养方案的科学性、适应性

和可操作性。坚持遵循规律,体现培养特色。遵循职业教育、技术技能人才成长和学生身心发展规律,处理好公共基础课程与专业课程、理论教学与实践教学、学历证书与各类职业培训证书之间的关系,整体设计教学活动。坚持完善机制,推动持续改进。紧跟产业发展趋势和行业人才需求,建立健全行业、企业、第三方评价机构等多方参与的专业人才培养方案动态调整机制,强化教师参与教学和课程改革的效果评价与激励,做好人才培养质量评价与反馈。

② 制定思路

集成电路产业是我国的战略性新兴产业之一,发展集成电路产业是经济发展的战略要求。在集成电路产业发展过程中,人才需求量急剧增加,而无锡正是中国集成电路产业发展的起源地之一,早在20世纪80年代就被确定为国家微电子工业南方基地。2001年,无锡被评为全国七大集成电路设计产业化基地之一,2008年成为第二个国家微电子高新技术产业基地,进一步确立了无锡在中国集成电路产业中的优势地位。近年来,无锡政府与SK海力士、华虹半导体等知名集成电路企业签订协议,合作项目,在未来几年内无锡地区集成电路产业将呈现爆发式发展。产业的发展离不开人才的支持,为此,专业秉持"夯实学科基础、坚定职业信仰、强化专业知能、注重实践训练、提升创新能力"的专业教育理念,坚持以学生为中心,以服务为宗旨,以就业为导向,以校企合作体制机制创新为突破口,以工学结合人才培养模式和课程体系改革为切入点,以"双师"素质师资队伍建设为抓手,以校企共建实训中心为重点,夯实人才培养基础,提高人才培养质量,加大社会服务功能,为微电子产业发展和区域经济转型培养高素质技能型人才。

③ 人才培养特色

专业以培养高级技术型人才为主线,以满足产业和行业的要求为宗旨,以就业为导向,以提升职业能力内涵为目标,明确行业企业需求,积极推进校企合作,依托华润微电子学院、华虹微电子学院,与企业联合全力打造江苏省产教融合实训平台,通过内培外引,提升师资团队综合实力,形成"基础扎实、能力突出、素质优良"的人才培养特色。

(2) 学分学时设定及占比

教学计划总学分为154学分;其中通识教育课程的学分为45学分,占比为29.22%;专业基础课程及专业课程学分为91学分,占比为59.09%;职业拓展课学分为18学分,占比为11.69%。实践性教学课程课时为1 814课时,占比63.38%。符合教育部有关制定人才培养方案的指导意见。

(二) 其他

专业人才培养方案由行业专家与专业教师共同开发与设计。

参考文献

[1] 中华人民共和国人力资源和社会保障部.2021年第三季度全国招聘大于求职"最缺工"的100个职业排行[EB/OL].(2021-10-27)[2021-12-01]. http://www.mohrss.gov.cn/SYrlzyhshbzb/dongtaixinwen/buneiyaowen/rsxw/202110/t20211027_426145.html.

[2] 中华人民共和国国务院.国务院关于印发国家职业教育改革实施方案的通知[EB/OL].(2019-01-24)[2021-12-01].http://www.gov.cn/zhengce/content/2019-02/13/content_5365341.htm.

[3] 中华人民共和国教育部.教育部关于学习宣传贯彻习近平总书记重要指示和全国职业教育大会精神的通知[EB/OL].(2021-12-01)[2021-04-26].http://www.moe.gov.cn/srcsite/A07/s7055/202104/t20210429_529235.html.

[4] 江苏省高等职业教育质量年度报告编委会.江苏省高等职业教育质量年度报告(2021)[R/OL].(2021-01-01)[2021-12-01].https://www.tech.net.cn/upfiles/zlbg2021/sf/jss.pdf.

[5] 教育部,人力资源和社会保障部,工业和信息化部.制造业人才发展规划指南[R].(2016-12-27)[2021-12-01].https://www.miit.gov.cn/jgsj/ghs/wjfb/art/2020/art_e823d7109b384f518056385de3b28703.html.

[6] 陈春花,赵海然.共生[M].北京:中信出版社,2018.

[7] 何玲,黎加厚.促进学生深度学习[J].现代教学,2005(5):29-30.

[8] 中国共产党第十九届中央委员会第五次全体会议.中共中央关于制定国民经济和社会发展第十四个五年规划和二〇三五年远景目标的建议[EB/OL].(2020-11-03)[2021-12-01].http://www.gov.cn/zhengce/2020-11/03/content_5556991.htm.

[9] 北京市人力资源和社会保障局.关于做好技能人才薪酬激励相关工作的意见(试行)[EB/OL].(2021-12-23)[2021-12-24].http://www.beijing.gov.cn/zhengce/zhengcefagui/202112/t20211225_2572633.html.

[10] 霍丽娟.基于知识生产新模式的产教融合创新生态系统构建研究[J].国家教育行政学院学报,2019(10):38-44.

[11] 袁纯清.共生理论:兼论小型经济[M].北京:经济科学出版社,1998.

[12] 邵云飞,詹坤,钱航.共生理论视角下高校协同创新共生一体化研究[J].科技进步与对策,2015(8):150-154.

[13] 和震,柯梦琳.职业教育视角下的专长与校企合作重构[J].清华大学教育研究,2017,38(4):40-47.

[14] PURANAM P, ALEXY O, REITZIG M. What's 'new' about new forms of organizing？[J]. The Academy of Management Review，2014，39(2):162-180.

[15] 忻榕,陈威如,候正宇.平台化管理:数字时代企业转型升维之道[M].北京:机械工业出版社,2010.

[16] 陈威如,王诗一.平台转型:企业再创巅峰的自我革命[M].北京:中信出版社,2017.

[17] 陈春花,尹俊,刘霄,等.共生协同的大学教育模式——基于西交利物浦大学的案例分析[J].大学与学科,2021,2(3):70-79.

[18] 穆胜.平台型组织:释放个体与组织的潜能[M].北京:机械工业出版社,2020.

[19] 杨进,等.职业教育校企合作双主体办学:治理创新与实现途径[M].北京:高等教育出版社,2019.

[20] 刘晓,等.职业教育中的校企合作:行为机制、治理模式与制度创新[M].杭州:浙江大学出版社,2019.

[21] 徐国庆.职业教育课程、教学与教师[M].上海:上海教育出版社,2015.

[22] 尹红心,李伟.费曼学习法——用输出倒逼输入[M].南京:江苏凤凰文艺出版社,2021.

[23] 乔纳森 戴维 H.学会解决问题——支持问题解决的学习环境设计手册[M].上海:华东师范大学出版社,2015.

[24] 余文森.有效教学十讲[M].上海:华东师范大学出版社,2019.

[25] 楼世洲,岑建.产教融合视角下高职院校"双师型"教师团队建设的创新机制[J].职业技术教育,2020,41(3):7-11.

[26] 文玉春.跃迁:新时代中国产业升级路径与投资布局[M].北京:社会科学文献出版社,2018.

[27] 徐国庆.职业教育项目课程开发指南[M].上海:华东师范大学出版

社,2009.

[28] 周建松.高水平专业群建设:政策、理论与实践[J].高等职业教育,2020,29(3):3-11.

[29] 徐国庆.基于知识关系的高职学校专业群建设策略探究[J].现代教育管理,2019(7):92-96.

[30] 王继平.职业教育国家教学标准体系建设有关情况[J].中国职业技术教育,2017(25):5-9.

[31] 张海明."课堂革命"从何入手.中国教育报[N].2021-06-25(5).

[32] 贾平.高职院校师资队伍建设有序培养研究与实践[M].南京:南京大学出版社,2018.

[33] 王旭善.双师型教师队伍建设[M].北京:中国建筑工业出版社,2004.

[34] 张德新,杨希武,何西海.高职院校教师"过三关"培养模式初探[J].十堰职业技术学院学报,2005(1):11-14.

[35] 李梦卿,张碧竹.教育规划纲要背景下的职业院校"双师型"教师队伍建设[J].职业技术教育,2011,32(4):55-59.

[36] 江苏省统计局.江苏经济总量跃上10万亿元台阶[EB/OL].(2021-01-28)[2021-12-01].http://stats.jiangsu.gov.cn/art/2021/1/28/art_4027_9658080.html.

[37] 2019年江苏数字经济规模超4万亿元 占GDP比重超40%.新华网[EB/OL].(2021-01-30)[2021-12-01].http://www.js.xinhuanet.com/2020-11/06/c_1126703680.htm.

[38] 中华人民共和国教育部.教育部关于印发《国家教育事业发展第十二个五年规划》的通知[EB/OL].(2012-06-14)[2021-11-20].http://www.moe.gov.cn/srcsite/A03/moe_1892/moe_630/201206/t20120614_139702.html.

[39] 赵昕,张峰.基于产业集群的职业教育专业集群基本内涵与特征[J].职业技术教育,2013,34(4):36-40.

[40] 陈锋.实施"大舰战略":加快建设学科专业集群超级平台[J].中国高等教育,2016(23):27-30.

[41] 张丽颖,张学军.高职课堂革命:内涵、动因与策略[J].中国职业教育,2021(2):18-22.

[42] 中华人民共和国教育部.教育部办公厅关于做好职业教育专业教学

资源库 2019 年度相关工作的通知[EB/OL].(2019-04-26)[2021-12-01]. http://www.moe.gov.cn/srcsite/A07/moe_953/201905/t20190510_381471.html.

[43] 赵巍胜,尉国栋,潘彪.集成电路科学与工程导论[M].北京:人民邮电出版社,2021.

[44] 国务院学位委员会,教育部.国务院学位委员会 教育部关于设置"交叉学科"门类、"集成电路科学与工程"和"国家安全学"一级学科的通知[EB/OL].(2020-12-30)[2021-09-01].http://www.moe.gov.cn/srcsite/A22/yjss_xwgl/xwgl_xwsy/202101/t20210113_509633.html.

[45] 雷娜,曾琅,张德明."三全育人"理念下人才培养模式探索与实践——以北京航空航天大学集成电路科学与工程学院为例[J].工业和信息化教育,2021(12):30-34.

[46] 邓子立.我国集成电路产业人才发展现状、问题及建议[J].中国人事科学,2021(7):66-73.

[47] 栾晓东,程加力,胡全斌.地方高校集成电路人才特色培养方向策略的研究[J].科技视界,2020(30):5-7.

后 记

2019年9月,江苏省社会科学基金立项资助项目"江苏高职院校育人模式创新与实践研究"(项目编号:19JYB004),在江苏信息职业技术学院原院长魏萍研究员的主持下和课题组8位老师的参与下,自2019年9月开始研究,到2021年12月正式结题,最终完成论文5篇、江苏省教学成果特等奖1项、被全国工商联和全国政协采用的建议1份、专著1部的整套课题研究成果。

本专著《融合共生:现代产业人才培养创新与实践研究》就是江苏省社科基金项目的重要研究成果。魏萍研究员作为项目主持人,主要负责项目的研究方向、研究思路、研究框架等的把关确定,以及专著审核统稿等重要工作,多次主持项目组成员深度研讨交流,适时提出指导意见和研究要求。周海燕研究员级高级工程师在项目研究和本专著撰写过程中,协助魏萍研究员统筹协调安排项目组成员的研究工作,承担专著部分章节撰写,并参与审核统稿等方面工作。

本书共分七章,其中第一、二章主要阐述了"融合共生"理论,提出了融合共生培养现代产业人才的改革思路。通过对比研究国内外高等职业教育融合共生人才培养模式,结合人才学、管理学、教育学等理论基础,分析现代产业人才培养的可行性和创新性。第三章基于"融合共生"视角,针对在现代产业转型升级过程中,如何适应数字经济时代对创新型、复合型人才培养需求的问题,从产教融合机制、高水平师资队伍、现代产业人才培养体系这三个最为重要的核心要素出发,进行改革创新,旨在探索出现代产业人才培养的改革模式,解决现有技术技能人才培养体系存在专业建设与产业发展脱节、培养规格与岗位需求脱节和专业教学实践与生产实践脱节问题。第四、五、六、七章贯彻"融合共生"理念,以江苏信息职业技术学院为实证,从产教融合平台建设与管理、师资团队建设与管理、现代产业人才培养体系建设、人才培育与文化融合等四个方面,进行现代产业人才培养改革路径的实践探索,重点介绍了该校牵头成立的无锡集成电路产业学院建设的典型案例,案例形成了一套较为完善的专科—本科—研究生的集成电路产业人才培养综合改革方案。

本专著第一、四章的撰写由廖海副研究员负责,第二、三、六章由孔原教授和王炎彬老师负责,第五章由尤东升教授和刘虹副研究员负责,第七章由王炎彬老师和李云副研究员负责,廖海副研究员对第三、五、七章亦有部分贡献。

此外,我们还要特别感谢浙江大学国家制度研究院特约研究员、江苏省黄炎培职业教育思想研究院研究员、浙江大学教育学院博士后阙明坤博士为本书作序,感谢江苏信息职业技术学院杰出校友、中国半导体行业协会集成电路设计分会副理事长、无锡华进半导体封装先导技术研发中心有限公司于燮康董事长,华润微电子有限公司姚东晗副总裁,上海南麟电子股份有限公司、无锡麟力科技有限公司刘桂芝董事长,海澜集团人力资源吉敏生总监,东南大学孙伟锋教授,江苏信息职业技术学院席海涛教授、辛春晖研究员、孙萍教授、徐振邦教授、阚逎庆教授、居水荣教授、顾正刚教授、顾晓燕教授、曹菁教授、蔡丽巍教授、叶露林教授、吴新燕教授、孟庆东副研究员、甘辉副教授、郭湘宇副教授、冯立元副研究员、徐江红副教授、陆渊章副教授、包懿副教授,以及宋婕、柏玉霞、吕凌云等同事在项目研究与实践,以及专著撰写过程中所提供的支持和帮助。

我们更要感谢河海大学出版社朱婵玲社长和责任编辑的倾力支持投入和精心编辑。

最后,由于项目研究与专著撰写组水平和能力有限,其中难免出现疏漏和不足之处,请大家批评指正,再次致以诚挚的谢意!

项目研究与专著撰写组
2021 年 12 月 30 日于太湖之滨